Markus A. Weingardt

Was Frieden schafft

Religiöse Friedensarbeit

Akteure – Beispiele – Methoden

Unter Mitarbeit von Friederike Faust

Gütersloher Verlagshaus

Bibliografische Information der Deutschen Nationalbibliothek
Die Deutsche Nationalbibliothek verzeichnet diese Publikation
in der Deutschen Nationalbibliografie; detaillierte bibliografische Daten
sind im Internet über https://portal.dnb.de abrufbar.

Verlagsgruppe Random House FSC® N001967.
Das für dieses Buch verwendete FSC-zertifizierte Papier
Munken Premium Cream liefert Arctic Paper Munkedals AB, Schweden.

1. Auflage
Copyright © 2014 by Gütersloher Verlagshaus, Gütersloh,
in der Verlagsgruppe Random House GmbH, München

Umschlagmotiv: Links: © Ullstein-Bild/AP; rechts: © epd-Bild/Friedrich Stark
Gestaltung und Satz: Medienstudio Christoph Lang, 72108 Rottenburg
Druck und Einband: Těšínská tiskárna, a.s., Český Těšín
Printed in Czech Republic
ISBN 978-3-579-08172-4

www.gtvh.de

INHALT

VORWORT

Die Friedens- und Konfliktforschung hat lange gebraucht, bis sie die Religionen entdeckte. Lange galten sie als wissenschaftlich irrelevant, weil die Meinung vorherrschte, sie würden – mit fortschreitender Säkularisierung – irgendwann ohnehin aussterben. Dann kam der Harvard-Professor Samuel Huntington (1993) mit seiner zwar schlichten, aber eingängigen These vom »Kampf der Kulturen« (so die deutsche Übersetzung seines Buches »Clash of Civilizations«). Jetzt auf einmal, spätestens aber mit den Terroranschlägen auf das World Trade Center 2001, stürzte sich die Forschung geradezu auf die Religionen. Es gab und gibt seither zahllose Veranstaltungen und Publikationen zum Konflikt- und Gewaltpotenzial von Religionen. Doch wohlgemerkt: zu ihrem Konfliktpotenzial! Dass es auch ein Friedenspotenzial von Religionen geben könnte, wurde weiterhin ignoriert oder marginalisiert.

Diesem Defizit zu begegnen, habe ich mich auf die Suche nach Positivbeispielen für Frieden stiftende religiöse Akteure gemacht – rund um den Globus, in allen Religionen. Eine Auswahl von 40 Fallstudien aus aller Welt ist in dem Werk »RELIGION MACHT FRIEDEN« versammelt, das seit 2010 bei der Bundeszentrale für politische Bildung (Bonn) erhältlich ist. Die positive Resonanz auf dieses Buch hat mich ermuntert, an der Thematik weiterzuarbeiten. Und die kritischen Stimmen haben gezeigt, worum und in welche Richtung es gehen muss. Denn bei vielen Vorträgen in Deutschland kam regelmäßig die Frage auf: Was hat Ruanda, Kambodscha, Sri Lanka mit uns zu tun? Schön, dass religiöse Akteure Frieden stiften können – doch bei uns herrscht ja kein Krieg! Also was können wir tun, hier, in unserem Dorf, in unserer Stadt, in unserer Religionsgemeinschaft?

Es galt also, die Friedenskompetenzen religiöser Akteure noch anschaulicher zu machen, ihre Aktualität und Relevanz darzustellen, Beispiele zu nennen, wie Friedensarbeit aussehen kann: in der internationalen ›großen Politik‹ wie auch im vermeintlich ›Kleinen‹ – bei uns, vor Ort, hier und heute.

Anschaulich zu machen bedeutet aber, die Leser nicht mit reinen ›Bleiwüsten‹ zu konfrontieren. Eine knappe, bebilderte

Broschüre hatte ich im Sinn, als ich die Arbeit begann. Doch ganz so knapp ist die ›Broschüre‹ dann doch nicht geraten, wie Sie sehen können. Dies lag zum einen daran, dass sich manche Sachverhalte nicht auf ein-zwei Seiten angemessen darstellen lassen, zu komplex sind die Sachverhalte und Zusammenhänge. Zum anderen lag dies aber auch daran, dass die Beispiele einfach zu interessant sind: Hinter jeder Friedensinitiative verbergen sich beeindruckende Menschen und höchst spannende Geschichten, die erzählt werden wollen, werden müssen! Es wäre allzu schade gewesen, diese Geschichten noch mehr zu verkürzen.

Wir müssen unser Verständnis
von Frieden und Sicherheit erweitern.
Frieden bedeutet viel mehr als die Abwesenheit von Krieg,
menschliche Sicherheit kann nicht länger
rein militärisch verstanden werden.
Vielmehr muss sie wirtschaftliche Entwicklung,
soziale Gerechtigkeit, Umweltschutz, Demokratisierung,
Abrüstung, Anerkennung der Menschenrechte
und der Herrschaft des Rechts umfassen.
Kofi Annan, UNO-Generalsekretär 1997–2006

Anschaulich zu machen heißt aber auch, bei den Beispielen nicht stehen zu bleiben. Um daraus Schlüsse für das eigene Handeln ziehen zu können, um die Ergebnisse auf die eigene Arbeit übertragen zu können, muss man auch die jeweilige Art der Friedensarbeit verstehen. Frieden ist ja viel mehr als die Abwesenheit von Krieg und Gewalt; echter Frieden umfasst auch soziale und ökonomische Gerechtigkeit oder die Wahrung der Menschenrechte. Folglich bedeutet auch Friedensarbeit bzw. konstruktive Konfliktbearbeitung sehr viel mehr als die Verhinderung physischer Gewalt. Daher werden – nach einer Einführung in die Thematik – zehn zentrale Methoden konstruktiver Konfliktbearbeitung ausgewählt, die zunächst erklärt und dann anhand je eines Beispiels aus dem internationalen und dem nationalen Kontext verdeutlicht werden.

So entstand also das Werk, das Sie in Händen halten. Es richtet sich an alle, die sich für Frieden und den Beitrag der Religionen interessieren: in Politik und Gesellschaft, Religionsgemeinschaften und Friedensorganisationen. Insbesondere ist meine Hoffnung, dass die Arbeit oder einzelne Kapitel Verwendung finden mögen in der Bildungsarbeit, sei es mit Erwachsenen oder Jugendlichen (etwa im Religions-, Ethik- oder Politikunterricht), oder sei es mit Fachkräften oder Ehrenamtlichen ...

Auch wenn die wissenschaftlichen Grundregeln von gründlicher Recherche, Nachvollziehbarkeit und Nachprüfbarkeit streng beachtet wurden, so war das Bestreben gerade nicht, ein wissenschaftliches Werk vorzulegen – weder im Stil noch nach formalen Gepflogenheiten. Darum wird auf Fußnoten und Querverweise gänzlich verzichtet; Zitate sind mit dem betreffenden Werk und Internetquellen mit dem entsprechenden Link belegt (mit Angabe des letzten Zugriffdatums). Zitierte und andere verwendete Quellen sind am Ende jedes Kapitels angegeben, außerdem Hinweise auf weiterführende Informationen zum jeweiligen Thema. Wir hoffen, damit eine bessere Lesbarkeit zu erreichen, die die Lektüre zu einem Gewinn und einem Vergnügen macht – vor allem aber zu einer Ermutigung, sich mit anderen für den Frieden einzusetzen. Nur so kann er wachsen, hier und überall.

Nicht versäumen möchte ich meinen herzlichen Dank an Friederike Faust, Ethnologin M. A., die höchst engagiert und kenntnisreich erheblich zur Entstehung des Buches beigetragen hat. Besonderer Dank gebührt der Stiftung Weltethos für die großzügige finanzielle Unterstützung bei der Herstellung, die wesentlich von Christoph Lang realisiert wurde – auch ihm sei Dank. Und Dank schließlich Herrn Diedrich Steen vom Gütersloher Verlagshaus für die stets erfreuliche Zusammenarbeit.

Markus Weingardt
Tübingen, im Januar 2014

1. EINFÜHRUNG

Schlagen wir morgens die Zeitung auf, so springt es uns entgegen: Krieg, Gewalt und blutige Auseinandersetzungen, wo man hinsieht, aus den unterschiedlichsten Gründen. Oft spielt Religion dabei eine unheilvolle Rolle. Schlagworte wie »Heiliger Krieg«, »Selbstmordattentate«, »9/11« oder auch »Kampf der Kulturen« erwecken den Eindruck, als neigten Religionen prinzipiell zu Gewalt, würden Konflikte auslösen oder zumindest

stets verschärfen. Tatsächlich ist dies häufig der Fall, aber es gibt auch zahllose gegenteilige Beispiele. Denn bei näherer Betrachtung erkennen wir, dass sehr viele Auseinandersetzungen friedlich beigelegt werden. Dahinter steckt viel beharrliche und oft mühsame Arbeit, und auch hier spielen religiöse Akteure oftmals eine zentrale Rolle. Doch dieser Arbeit wird von den Medien und der breiten Öffentlichkeit, ähnlich auch von Politik und Wissenschaft, nur wenig Aufmerksamkeit geschenkt wird. Über Gewaltakte wird mit großen Beiträgen und Bildern berichtet, die viel schwierigere Vermeidung oder Beendigung von Gewalt hingegen ist buchstäblich nicht der Rede wert. So entsteht ein fatales Zerrbild von Religion in den Köpfen und Herzen der Menschen: fatal, weil es Vorurteile und Ressentiments gegenüber anderen Religionen schürt, was wiederum der Gewalt(neigung) Vorschub leistet und in einen destruktiven Kreislauf führt; fatal aber auch, weil damit die Friedenspotenziale in den Religionen, also die ihnen eigenen Möglichkeiten und Fähigkeiten des Frieden-Stiftens, übersehen und vernachlässigt werden.

Das Bemühen um gewaltloses Frieden-Stiften wird oft als zivile oder konstruktive Konfliktbearbeitung bezeichnet. Versteht man unter Konflikt jedoch mehr als Gewaltanwendung und unter Frieden mehr als das Schweigen der Waffen, dann umfasst konstruktive Konfliktbearbeitung mehr als den Umgang mit gewaltsamen Auseinandersetzungen: Sie beinhaltet neben »klassischen« Methoden der Konfliktbearbeitung (z. B. Mediation) auch Gewaltprävention und Menschenrechtsarbeit, Friedenserziehung und

Wahlbeobachtung, ebenso Konfliktnachsorge und Versöhnungsarbeit und anderes mehr.

Einige Beispiele solcher Art von Friedensarbeit sollen in diesem
Werk vorgestellt werden. Einer Einführung in die jeweilige Methodik folgt die Veranschaulichung an zwei Beispielen, jeweils
einem aus nationalem und internationalem Kontext. Damit wollen wir deutlich machen, dass die Arbeit für Frieden keineswegs nur in fernen Ländern, in denen Krieg oder Bürgerkrieg
herrschen, sondern ebenso in unserem eigenen Umfeld, in der
Bundesrepublik Deutschland, relevant und aktuell ist. Die Herausforderungen liegen vor unserer Haustüre, und sie warten
auf das beherzte Engagement von Menschen, denen Wohl und
Würde ihrer Mitbürger am Herzen liegen. Dieses Engagement
ist nicht immer leicht, oft vielmehr mühsam und scheinbar hoff-
nungslos. Doch es ist nicht allein der Erfolg, der zählt, sondern
ebenso das Bemühen um denselben. Es ist ein Zeichen gegen
Ignoranz und Gleichgültigkeit, ein Zeichen für Menschlichkeit
und Anteilnahme.

Folgt man dieser Überzeugung, dann kann der Einsatz für Frieden zu einer erfüllenden, beglückenden und bereichernden Erfahrung werden. Hilfreich ist es jedoch, sich Mitstreiter zu suchen oder einer bestehenden Initiative anzuschließen. Das stei-
gert die Aktionsmöglichkeiten und schützt vor gut gemeintem,
aber mitunter kontraproduktivem Aktionismus, der irgendwann
auch die eigenen Kräfte übersteigt, wenn man damit allein gelassen ist.

> Der Gegensatz von Liebe ist nicht Hass,
> der Gegensatz von Hoffnung ist nicht Verzweiflung,
> der Gegensatz von geistiger Gesundheit und
> von gesundem Menschenverstand ist nicht Wahnsinn,
> und der Gegensatz von Erinnerung heißt nicht Vergessen,
> sondern es ist nichts anderes als jedes Mal die Gleichgültigkeit.
> *Elie Wiesel, Friedensnobelpreisträger 1986*

Obschon die Friedensbewegung in Deutschland nicht mehr die
Stärke und Sichtbarkeit etwa der 1980er-Jahre hat, können wir
uns noch immer einer Vielzahl und Vielfalt von Friedensinitiativen glücklich schätzen. Etliche dieser Initiativen haben ihre

Wurzeln in religiösen Kontexten wie zum Beispiel christlichen Kirchengemeinden, Moscheegemeinden oder auch interreligiösen Gruppen. Dass wir uns in diesem Werk auf solche religiösen Akteure konzentrieren, bedeutet keineswegs eine Geringschätzung von nicht (ausdrücklich) religiösen Friedensakteuren. Fraglos sind säkulare Initiativen unverzichtbar und leisten eine höchst bewundernswerte Arbeit – von der »kleinen« lokalen

Friedensgruppe bis zu den »großen« Blauhelm-Missionen oder Vermittlungsbemühungen der Vereinten Nationen. Es ist uns jedoch ein Anliegen, auf die Friedenspotenziale der Religionen hinzuweisen, denen sich doch fast die gesamte Menschheit mehr oder minder verbunden fühlt. Diese Friedenspotenziale werden nicht nur zumeist ignoriert oder marginalisiert, sie werden überdies in zahlreichen Konflikten bzw. Friedensbemühungen nicht genutzt. Damit werden große Chancen zur Überwindung von Gewalt aus Unkenntnis oder Gleichgültigkeit verschenkt. Leidtragende sind die hunderttausende Opfer von Gewalt, Unterdrückung und Ungerechtigkeit – Jahr für Jahr, Tag für Tag. Ihr Elend schreit buchstäblich zum Himmel. Darum muss jede Chance ergriffen und jeder Akteur wahrgenommen werden, der zum Frieden etwas beizutragen vermag, wie groß oder klein es sei. Die hier versammelten Beispiele religiöser Friedensinitiativen veranschaulichen beides: das Große, etwa den sensationellen Friedensvertrag, wo die Politik gescheitert war – und das Kleine, unscheinbar und abseits des Rampenlichts, doch deswegen nicht weniger beachtlich.

Seit Jahrtausenden verüben Menschen und Gruppen unsägliche Gewalt im Namen einer Religion oder eines Gottes, und sie können sich dabei auf entsprechend interpretierbare Auszüge aus ihren »heiligen Schriften« berufen. Doch in allen Religionen finden sich auch Überlieferungen, Traditionen und Erfahrungen, die Gewalt eindeutig ablehnen, die Frieden fordern und fördern. Es darf das Feld (und damit die mediale Berichterstattung und

öffentliche Wahrnehmung) nicht den Hasspredigern und Scharf-
machern gleich welcher religiösen Couleur überlassen werden.
Darum sind die Angehörigen und Verantwortungsträger aller
Religionsgemeinschaften umso mehr aufgerufen, ihr friedens-

Ein religiöser oder religionsbasierter Akteur,
der in einen Konflikt mit Methoden der konstruktiven
Konfliktbearbeitung eingreift, kann eine Einzelperson, eine
Institution, Initiative oder Bewegung sein,
deren Friedensarbeit ausdrücklich und umfassend
auf religiösen Grundlagen basiert (Schriften,
Überlieferungen usw.) und notwendig aus den eigenen
Glaubensüberzeugungen resultiert.

orientiertes und gewaltverneinendes Glaubensverständnis deutlich zu machen und in konkrete Taten umzusetzen. Dazu bedarf
es aber des Wissens über die eigenen Friedenstraditionen und
Friedenskompetenzen. Und damit das Wissen zur konstruktiven
Tat werden kann, braucht es außerdem Kenntnisse in Methoden
konstruktiver Konfliktbearbeitung. Diese notwendige Verknüpfung von Wissen und Tat, von Theorie und Praxis, spiegelt sich in
Aufbau und Inhalt der folgenden Kapitel wieder.

ALLE WOLLEN FRIEDEN   14.7.06

»Alle wollen Frieden«

1.1 BEGRIFFE UND MODELLE

KONFLIKT UND FRIEDEN

Konflikt, Gewalt und Frieden gehören zu jenen Begriffen, die sehr häufig verwendet, aber nur selten klar definiert werden. Das führt unweigerlich zu Missverständnissen oder verwässert die Diskussionen. Wie soll man gemeinsame Konfliktlösungen finden, wenn kein gemeinsames Verständnis von (einem bestimmten) Konflikt vorhanden ist? Wie soll man der Gewalt vorbeugen, wenn unklar ist, wo Gewalt beginnt bzw. von welcher Art Gewalt die Rede ist? Wie kann gemeinsam am Frieden gearbeitet werden, wenn unscharf bleibt, worin dieser Frieden eigentlich besteht?

Um die Methoden konstruktiver Konfliktbearbeitung zu begreifen und zu praktizieren, aber auch um die hier vorgestellten Beispiele von Friedensarbeit einordnen zu können, ist es notwendig zu verstehen, was sich hinter den zentralen Begriffen dieser komplexen Thematik genau verbirgt.

KONFLIKT UND GEWALT

In der Friedens- und Konfliktforschung gibt es viele unterschiedliche Definitionen für dieses Phänomen. Konflikte können sich innerhalb einer einzelnen Person abspielen (z. B. Gewissenskonflikt), sie können zwischen zwei Personen oder größeren Gruppen stattfinden oder gar auf internationaler Ebene zwischen Staaten auftreten. Dieses Buch widmet sich primär

Ein Konflikt ist eine Situation, in der sich zwei scheinbar unvereinbare Standpunkte oder Handlungswünsche gegenüberstehen.
Pat Patfoort 2008

innergesellschaftlichen Konflikten, also Auseinandersetzungen zwischen kleineren oder größeren Gruppen innerhalb eines Staates. Unter Konflikten verstehen wir dabei Situationen, in denen sich zwei (oder mehr) scheinbar unvereinbare Standpunkte oder Handlungswünsche gegenüberstehen.

Man spricht von einem latenten Konflikt, wenn lediglich unterschiedliche Vorstellungen, Wünsche oder Bedürfnisse bestehen, ohne dass sie geäußert und aktiv verfolgt werden. Sobald aber die Beteiligten versuchen, die eigenen Wünsche und Vorstellungen durchzusetzen, also in ihrem eigenen Interesse und gegen die Interessen Anderer zu handeln, entsteht ein offener Konflikt. Dieser wird dann oftmals gewaltsam ausgetragen. Dabei findet Gewalt auf drei unterschiedlichen Ebenen statt: Die direkte Gewalt ist sozusagen die Spitze des Eisbergs, sie manifestiert sich in konkreten, sichtbaren Ereignissen: Beschimpfungen von Migranten, Schlägereien zwischen Anhängern politischer Parteien oder Hetzjagden auf Andersgläubige. Direkte Gewalt kann also

> Gewalt ist eine Form von vermeidbarem Verhalten –
> physisch, verbal oder beides (Körpersprache) –,
> das verletzt bzw. schädigt.
>
> *Johan Galtung*

nicht nur körperlich sein, sondern auch verbal oder psychisch (z.B. Beleidigung, Missachtung, Ausgrenzung, Demütigung). Dahinter aber verbergen sich die Ebenen der strukturellen und kulturellen Gewalt. Kulturelle Gewalt ist schwer zu erkennen, da sie aus alltäglichen Normen und Wertvorstellungen besteht, wie zum Beispiel der Überzeugung des früheren südafrikanischen Apartheidregimes von der Minderwertigkeit der farbigen

Die drei Ebenen der Gewalt

Direkte Gewalt
Beleidigungen, Ausgrenzungen,
physische Gewalt

Strukturelle Gewalt
Regeln, Gesetze, Strukturen
Beziehungen

Kulturelle Gewalt
Werte, Einstellungen, Tabus, Ängste

Bevölkerung. Diese Annahmen und Werte sind es, die strukturelle Gewalt – etwa in Form von Gesetzen, festgeschriebenen Privilegien bzw. Verboten, oder auch in Form wirtschaftlicher Benachteiligung – begründen. So entstanden bspw. in Südafrika die Apartheidgesetze, die die Diskriminierung und Benachteiligung der farbigen Bevölkerung rechtlich verankerte.

Auf diese beiden letztgenannten Ebenen der Gewalt wird man oft erst dann aufmerksam, wenn einerseits die Unterlegenen versuchen, mit direkter Gewalt die strukturelle und kulturelle Gewalt zu beseitigen, oder wenn direkte Gewalt von der dominierenden Seite eingesetzt wird, um das Aufbegehren zu unterdrücken. Ein Konflikt hat also meist tieferliegende Dimensionen als bloße körperliche oder wortreiche Auseinandersetzungen und Streitereien.

FRIEDEN

Im Alltagsverständnis bedeutet Frieden die Abwesenheit von Krieg und physischer Gewalt. Wenn in den Nachrichten Friedensabkommen zwischen Staaten oder Waffenruhen zwischen befeindeten Parteien erwähnt werden, ist damit zumeist gemeint, dass die direkte Gewalt (vorläufig) ein Ende gefunden hat. Damit ist jedoch noch nichts gesagt über die tieferliegenden Dimensionen der kulturellen oder strukturellen Gewalt und Benachteiligung. Darum wird zwischen negativem und positivem Frieden unterschieden.

Negativer Frieden ➡ Abwesenheit direkter Gewalt
Positiver Frieden ➡ Abwesenheit sowohl direkter als auch struktureller und kultureller Gewalt

Im Zustand eines negativen Friedens gibt es zwar keine direkte körperliche Gewalt, doch bestehen kulturelle und strukturelle Ungerechtigkeiten. Gegenseitiger Hass, Vorurteile und Geringschätzung werden nicht aktiv abgebaut, Gleichberechtigung nicht garantiert und Unterdrückung oder Benachteiligung bleiben bestehen. Ein positiver Friede hingegen beginnt in den Köpfen der Menschen. Er umfasst – neben der Abwesenheit physischer Gewalt – gerechte politische Strukturen, weitgehende soziale und ökonomische Gerechtigkeit, kulturelle Rechte (z. B. den Gebrauch der eigenen Sprache), Chancengleichheit

Leymah Roberta Gbowee (*1972), gründete 2002 die Women of Liberia Mass Action for Peace, Friedensnobelpreisträgerin 2011

und den respektvollen Umgang miteinander. Nur so kann vermieden werden, dass der Konflikt latent weiterschwelt und früher oder später neue Gewalt ausbricht.

KONSTRUKTIVE KONFLIKTBEARBEITUNG

Genau dies beabsichtigt die konstruktive (oder auch: zivile) Konfliktbearbeitung: die Schaffung eines positiven Friedens. Schon im Namen werden Maxime und Art des Vorgehens deutlich: Zivil, gewaltlos und konstruktiv, nicht militärisch, sollen Konflikte gelöst werden. Mit Dialog, Verhandlung und Kompromiss – statt mit Druck, Zwang und Gewalt. Wirklicher, umfassender, stabiler und gerechter Frieden kann nur auf friedlichem Wege erreicht werden.

Konstruktive Konfliktbearbeitung ist eine übergreifende Bezeichnung für unterschiedliche Methoden, in einen bestehenden Konflikt einzugreifen und seine Eskalation zu verhindern bzw. ihn zu deeskalieren. Alle diese Interventionsarten vereint das oben genannte Prinzip der Ablehnung jeglicher Gewaltform. Konstruktive Konfliktbearbeitung kann überall praktiziert werden, wo es Auseinandersetzungen gibt: in der Familie und in Schulen, in Gemeinden und in der Nachbarschaft, in Unternehmen oder bei innergesellschaftlichen Konflikten, auf internationaler Ebene zwischen Staaten oder sogar Staatengruppen. Sowohl involvierte Personen als auch externe Drittparteien

Es gibt keinen Weg zum Frieden, denn Frieden ist der Weg.

Mahatma Gandhi

können mit Methoden der konstruktiven Konfliktbearbeitung, wie sie hier vorgestellt werden, in den Konflikt eingreifen. So unterschiedliche Erscheinungsformen die konstruktive

Konfliktbearbeitung auch annehmen mag, sie orientiert sich stets an der Menschenwürde und den Menschenrechten und verliert das Ziel eines gerechten Friedens nicht aus den Augen. Dies erfordert, dass alle wesentlichen Konfliktbeteiligten in den Lösungsprozess mit eingeschlossen werden und es nicht schon während der konstruktiven Konfliktbearbeitung zu Ausgrenzungen kommt. Es gilt, eine Lösung gemeinsam zu erarbeiten. Es gibt kein Allheilmittel und keine »Patentlösung« für Konflikte. Da jeder Konflikt andere Ursachen und Akteure hat, in unterschiedlichem (welt-) politischem Kontext stattfindet und verschiedensten Einflüssen ausgesetzt ist, erfordert jeder Fall auch eine individuelle Bearbeitung. Tragfähige Lösungen können nicht »von oben«, also von Autoritäten oder externen Mächten diktiert werden, sondern müssen von den Beteiligten und Betroffenen in einem Konflikt mitgestaltet und mitgetragen werden.

Destruktive Konfliktstrategien:
- dem Konflikt aus dem Weg gehen und den Streit vermeiden,
- eigene Interessen oder Bedürfnisse zurückstellen und nachgeben,
- aggressiv die eigenen Interessen durchsetzen und den Konflikt eskalieren lassen.

Ein solcher konstruktiver Umgang mit Konflikten muss meist erst erlernt werden, denn oft greifen Menschen »automatisch« zu destruktiven Strategien: Anstatt Konflikte offen anzusprechen, wird ihnen aus dem Weg gegangen, eigene Interessen und Bedürfnisse werden »um des lieben Friedens willen« zurückgestellt – oder aber die eigenen Interessen werden aggressiv gegen die Anderen durchgesetzt, auch wenn dies eine Eskalation mit sich bringen sollte. Vermeidung und Nachgiebigkeit sind für die Betroffenen jedoch meist belastend und keine dauerhafte Lösung – früher oder später »platzt der Kragen« und der offene Konflikt lässt sich nicht mehr verhindern.

Im letztgenannten Fall, wenn die eigene Position zur Not mit Gewalt durchgesetzt wird, wenn also Interessengegensätze oder Meinungsverschiedenheiten zu eskalieren drohen, greifen oft unabhängige Drittparteien ein. Sie werden um Hilfe gebeten, da sich die Konfliktparteien nicht (mehr) in der Lage sehen, aus eigener Kraft eine Lösung zu erarbeiten und aus der verfahrenen Situation zu entkommen. Bei diesen Drittparteien kann es sich um ausgebildete Streitschlichter oder Mediatoren, Diplomaten oder Politiker, Geistliche oder Juristen, Vertreter von Nichtregierungsorganisationen oder von staatlichen Institutionen handeln.

Doch nicht nur externe Drittparteien, sondern auch wer unmittelbar in einen Konflikt involviert oder indirekt davon betroffen ist, kann zu konstruktiven Mitteln der Konfliktbearbeitung greifen und die Spirale der Gewalt durchbrechen. So sind auch die Friedensakteure in den beschriebenen Fallbeispielen teilweise selbst in den Konflikt verwickelt, teils handelt es sich bei ihnen um externe Dritte.

1.2 KONFLIKTVERLAUF

Der Verlauf eines Konflikts hängt von vielen unterschiedlichen Faktoren ab: von der Art des Konflikts, der Strategiewahl der Konfliktparteien (konfrontativ oder kompromissorientiert), dem Kräfteverhältnis zwischen den Parteien, den politischen und wirtschaftlichen Rahmenbedingungen, dem Zugang zu Waffen oder Medien, möglicher externer Unterstützung etc. Dennoch lässt sich idealtypisch darstellen, welchen Verlauf ein Konflikt je nach Bearbeitungsart nimmt.

DESTRUKTIVE KONFLIKTBEARBEITUNG

Anhand des dargestellten Stufenmodells des Friedensforschers Friedrich Glasl (1999) lässt sich erkennen, welche Dynamiken einem Konflikt zugrunde liegen, wie sich die Wahrnehmung der Beteiligten verändert und welche Ausmaße ein Konflikt annehmen kann, wenn niemand deeskalierend eingreift.

Latenter Konflikt

DESTRUKTIVE KONFLIKTBEARBEITUNG

Eintreten für eigene Interessen .... **Verhärtung**

Vorurteile und Misstrauen, Polarisierung .... **Debatte**

Gruppe rückt zusammen, Druck auf Gegner wächst .... **Aktionen**

Selbstglorifizierung und Dämonisierung des Gegners .... **Koalitionen**

Gegner = existentielle Bedrohung Kampf = Pflicht .... **Gesichtsverlust**

Ziel: Unterwerfung des Gegners und eigener Sieg .... **Drohstrategie**

Entmenschlichung des Gegners: Ziel: maximalen Schaden zufügen .... **Begrenzte Vernichtungsschläge**

Ziel: Auslöschung des Gegners, aber eigenes Überleben .... **Maximale Zerstörung**

Ziel: Vernichtung des Gegners um jeden Preis, auch bei eigenem Untergang .... **Gemeinsam in den Abgrund**

Besitzen die Beteiligten nicht die Fähigkeit, sich in einer Krisensituation konstruktiv zu verhalten, und treten sie entschieden für ihre eigenen Interessen ein – die denen der anderen widersprechen –, so verhärten sich schnell die Fronten. Schon hier bilden sich aus zwei unterschiedlichen Interessen zwei Pole, die

Latenter Konflikt

KONSTRUKTIVE KONFLIKTBEARBEITUNG

Aufklärung, Bewusstseinsbildung, Empowerment

Offener Konflikt

Vorbereitung von Gesprächen

Gespräche / Verhandlungen

Ausgleich, Kompromiss, Einigung

Vorurteile und Stereotypen abbauen

Vergangenheitsbearbeitung

Versöhnung

Gemeinsamer Wiederaufbau, Stabilisierung von Zivilgesellschaft und Demokratie

Gerechte Machtbeziehungen stärken

Positiver Friede

Friedenssicherung und Gewaltprävention

scheinbar nicht miteinander in Einklang zu bringen sind. Das Verhältnis zwischen den Parteien ist geprägt von Vorurteilen und Misstrauen, daher erzielen Debatten und Streitgespräche keine Einigung, sondern verstärken eher Ressentiments und zugleich den internen Gruppenzusammenhalt. Durch Druck versuchen die jeweiligen Gruppen nun, den Anderen zum Nachgeben zu drängen. Taten und Aktionen werden in dieser Phase Worten und Verhandlungen vorgezogen. Die Identifizierung mit der eigenen Gruppe wird dadurch so stark, dass es zu einer Glorifizierung der eigenen und einer Dämonisierung der anderen Partei kommt.

Es gibt nur noch Gut und Böse, Schwarz oder Weiß. Meinungsverschiedenheiten innerhalb der eigenen Gruppe werden ebenso übersehen wie Gemeinsamkeiten mit dem Gegner. Alle Energie wird nun darauf verwendet, das eigene Image des Guten und Gerechten zu pflegen – und zugleich das Bild des Gegners negativ zu zeichnen: Seine Anliegen werden als unmoralisch, ungerecht und illegitim betrachtet und seine Bekämpfung wird zur ›heiligen Pflicht‹. Mittels Lügen, Verzerrungen und Stereotypen werden die Massen mobilisiert und ein Klima der Gewalt geschaffen. Mit öffentlichen verbalen Angriffen soll der Gegner als unmenschlich entlarvt werden, jegliches Vertrauen weicht dem Hass auf ihn. Da die Betroffenen selbst keinen anderen Ausweg aus der Situation sehen als Sieg oder Niederlage, steigt die Eskalationsdynamik erheblich. Sie wird weiter vorangetrieben durch Drohungen und Gegendrohungen, Forderungen und Ultimaten. Absolute, unverrückbare Forderungen machen Verhandlungen unmöglich. Zugeständnisse verbieten sich, denn sie würden die eigene Druck- und Drohstrategie schwächen. Doch wenn die Drohungen nicht die gewünschten Wirkungen erzielen, gibt es schließlich keinen anderen Weg mehr als den der physischen Gewalt.

Zunächst werden gezielt einzelne Gewaltakte auf die Gegenseite ausgeübt, um sie zu schädigen. Diese reagiert natürlich ihrerseits mit mindestens ebenbürtiger

Joseph Goebbels, Hitlers Propaganda-Minister

Gewalt, wodurch eine sich immer rascher drehende Eskalationsspirale in Gang kommt. Sie endet erst, wenn eine der Parteien aufgibt oder besiegt bzw. vernichtet wird. Sind die Konfliktgegner jedoch etwa gleich stark, so stellt sich ein militärisches Patt ein. Jetzt, da ein Sieg nicht mehr zu erreichen ist, wird jede Schwächung des Gegners als eigener Gewinn verbucht, selbst wenn sie überhaupt keinen realen Nutzen bringt. Das ursprüngliche Anliegen ist längst in den Hintergrund gerückt, inzwischen geht es nur noch um die Vernichtung der

Existenzgrundlage des Gegners. Die Angriffe richten sich nun vor allem auf die Zerstörung der gegnerischen Machtzentren, seiner Infrastruktur (Verkehr, Kommunikation, Energieversorgung) und Einkommensquellen (Landwirtschaft, Industrie, Rohstoffquellen). Zwar werden hierfür eigene Verluste in Kauf genommen, dennoch sind die Gruppenmitglieder um ihr Überleben bemüht. Dies ändert sich jedoch auf der letzten Eskalationsstufe: Zum Schluss geht es nur noch um die vollständige physische Auslöschung des Feindes – koste es, was es wolle, und sei es das eigene Leben. Jetzt wird auch kein Unterschied mehr zwischen Gegnern und Neutralen gemacht, es wird nur noch fanatisch um sich geschlagen. Der Konflikt zieht alle gemeinsam in den Abgrund, Schuldige und Unschuldige, Feinde und Freunde.

KONSTRUKTIVE KONFLIKTBEARBEITUNG

Konstruktive, also gewaltlose Konfliktbearbeitung kann auf jeder der neun Stufen einsetzen, es gibt kein ›zu spät‹ oder ›zu früh‹. Durch die gezielte Einwirkung auf die Konflikt- und Gewaltdynamiken nimmt die Entwicklung dann einen ganz anderen Verlauf. Schon ein latenter Konflikt bedarf eines konstruktiven Umgangs. Dazu muss die zugrunde liegende Problematik zunächst allen Betroffenen bewusst gemacht werden; denn oft wissen viele Menschen gar nicht, dass und warum andere mit dem Status quo unzufrieden sind. Eingehende Situationsanalysen sowie Aufklärungs- und Bildungsarbeit sind notwendig. Sie machen unterschiedliche Stärkeverhältnisse, strukturelle

Unterdrückung oder Benachteiligung sichtbar. Indem die schwächere Seite gestärkt wird, sei es durch materielle, politische und organisatorische Unterstützung oder durch Zugang zu Bildung und Medien, werden gleichwertige Verhandlungspartner geschaffen. Der schwelende Konflikt wird so für alle Parteien sichtbar.

Entscheidend ist dabei, dass keine unüberwindbare Kluft zwischen den Parteien entsteht. Um Verhandlungen vorzubereiten, ist es wichtig, in ersten Dialogrunden – mit oder ohne Vermittler – Brücken zwischen den Parteien zu bauen, die Kommunikation zu fördern, Gemeinsamkeiten zu betonen und auf beiden Seiten Respekt für die jeweils andere Seite zu schaffen. Wenn ein gewisses Verständnis und Mindestvertrauen zwischen den Gegnern entstanden ist und sie prinzipiell zu Zugeständnissen bereit sind, können inhaltliche Gespräche beginnen. Ziel ist eine einvernehmliche Beilegung des Konflikts und die dauerhafte Beseitigung der Konfliktursachen. Natürlich kann es dabei immer wieder zu Rückschlägen kommen: Verhandlungen werden unterbrochen, Kompromisse verweigert und die Fronten verhärten sich. Es besteht während des gesamten Prozesses die Gefahr, dass der Konflikt entgleitet und die Beteiligten in destruktive Verhaltensstrategien zurückfallen.

Die Aufgabe der Konfliktbearbeiter ist es, dies zu verhindern, indem sie die Situation regelmäßig kritisch reflektieren. Immer wieder muss der Prozess den Bedürfnissen aller Beteiligten und der aktuellen Entwicklung angepasst werden, selbst wenn dies bedeutet, noch einmal ganz von vorne zu beginnen. Ist einmal eine Vereinbarung getroffen, mit der alle Beteiligten zufrieden sind, geht es darum, die tiefer liegenden Gewaltformen zu transformieren. Nun muss die strukturelle Gewalt – diskriminierende Gesetze, Chancenungleichheit, mangelnde politische Teilhabe etc. – beseitigt und kulturelle Gewaltformen wie Vorurteile, Stereotype und Werturteile in den Köpfen und Herzen der

Menschen verändert werden. Wenn die Vergangenheit mit all ihrem Unrecht, ihrer Gewalt und ihrem Leid aufgearbeitet wurde, können sich die Menschen wirklich versöhnen. Bis zu diesem Schritt kann es allerdings viele Jahre oder Jahrzehnte dauern. Oftmals ist erst die nächste oder übernächste Generation zu echter Versöhnung fähig.

Damit zukünftige Kontroversen nicht wieder neuen Hass und Gewalt heraufbeschwören, ist es unabdingbar, die neu geschaffenen Strukturen zu stärken und zu pflegen. Dies gilt ebenso für zwischenmenschliche Freundschaften wie für innergesellschaftliche oder zwischenstaatliche Beziehungen. Ebenso müssen die neuen, gerechten Machtbeziehungen fest etabliert werden, z.B. durch Gesetzesänderungen, Mitspracherechte für vormals Benachteiligte oder Friedenserziehung an Schulen und in Gemeinden. Nur dadurch kann zukünftiger Gewalt vorgebeugt und positiver Friede dauerhaft gesichert werden.

Für Konfliktbearbeiter ist es oft nicht möglich, einen Konflikt von Anfang bis Ende alleine zu begleiten. Meist bedarf es unterschiedlicher, sich ergänzender Akteure und Methoden. Aus diesem Grund spezialisieren sich internationale Organisationen, Friedensarbeiter und Nichtregierungsorganisationen oftmals auf eine oder mehrere Methoden der konstruktiven Konfliktbearbeitung, die je nach Art, Intensität und Entwicklungsstand des Konflikts einsetzbar sind.

Konfliktbearbeitung in einem Gefängnis in Vorberg, Südafrika

KONFLIKTANALYSE

Konflikte haben meist eine lange Vorgeschichte, die – je länger, desto mehr – zu hoher Komplexität führt und nur schwer zu entwirren ist. Um hier hilfreich einzugreifen und gravierende Fehler zu vermeiden, muss man die Gesamtsituation verstehen und beurteilen können. Konfliktbearbeiter müssen sich daher vor jeder Intervention mit Hilfe einer Konfliktanalyse ein genaues und umfassendes Bild verschaffen. Dabei gibt es in der Fachliteratur ganz unterschiedliche Leitfäden, nach denen eine solche Analyse ablaufen kann. Die Friedensforscherin Ulrike Wasmuht (1996) schlägt vor, einen Konflikt anhand folgender Fragen zu untersuchen:

KONFLIKTBESCHREIBUNG

- Was sind Konfliktthema und -inhalt?
- Warum handelt es sich hierbei um einen Konflikt?
- Haben die Parteien unterschiedliche (asymmetrische) oder ähnliche (symmetrische) Einflussmöglichkeiten?
- Ist der Konflikt interpersonell, innergesellschaftlich oder international?
- Welche Formen von Gewalt treten auf?

KONFLIKTGESCHICHTE

- Was hat den aktuellen Konflikt ausgelöst?
- Wer ist beteiligt und wie tragen die Parteien den Konflikt aus?
- Gibt es einen tieferliegenden Grundkonflikt und was ist seine Geschichte?
- Was sind die strukturellen und kulturellen Ursachen?
- Welche Eskalationsstufen gab es und auf welcher Stufe steht der Konflikt aktuell?
- Gibt es eine Drittpartei, die vermitteln könnte?

KONFLIKTZUSAMMENHANG

- Welche Rolle spielen einzelne Personen?
- Wie sind die (innen- und außen-)politischen, ökonomischen und sozialen Rahmenbedingungen?
- Wie hängen alle Elemente zusammen?

KONFLIKTPARTEIEN

- Wer sind die maßgeblichen Parteien und Personen?
- Welche Mittel und Ressourcen haben sie?

- Wer ist darüber hinaus direkt oder indirekt vom Konfliktgeschehen betroffen?
- Was hängt für sie vom Konfliktergebnis ab?
- Wer profitiert vom Konflikt, wer von dessen Beilegung?

KONFLIKTORIENTIERUNG

Um welche Art von Konflikt handelt es sich?

- inhaltsorientiert (es geht um eine konkrete Sache, z.B. Streit um Land)
- wertorientiert (es geht darum, wie etwas sein sollte, etwa eine Gesellschafts- oder Herrschaftsordnung)
- interessenorientiert (es geht um unterschiedliche Interessen, z.B. Zugang zu Ressourcen)
- machtorientiert (es geht darum, wer mehr Einfluss hat)
- nicht-rational orientiert (es geht um psychische Motive und Gefühle, z.B. Rassismus)

KONFLIKTDYNAMIKEN

- Wie verlief der Konflikt unter Berücksichtigung der strukturellen und kulturellen Ursachen?
- Welchen Einfluss hatte und hat das Verhalten von einzelnen Personen/Gruppen auf die Eskalation?
- Welche Rolle spielen externe Akteure?

PRAKTIZIERTE KONFLIKTREGELUNG

- Wie wird der Konflikt ausgetragen?
- Welche konstruktiven Methoden (Verhandlungen, Mediation, Schiedsgerichte etc.) wurden bereits versucht?
- Welche Regelungen gab oder gibt es bereits?
- Warum ist das bisherige bzw. aktuelle Konfliktverhalten problematisch/abzulehnen?
- Welche Folgen und Entwicklungen sind in absehbarer Zeit zu erwarten?
- Welche Lösungen oder Kompromisse sind denkbar und was sind deren Vor- bzw. Nachteile?

Anhand eines solchen Fragenkatalogs lassen sich Konflikte und Konfliktverhalten besser verstehen und durchschauen. Dieses Verständnis ist notwendig, um daraus die richtigen Schlussfolgerungen ziehen zu können, sowohl für die Methoden der Konfliktbearbeitung als auch für inhaltliche Lösungsansätze.

WEITERFÜHRENDE INFORMATIONEN:

- Knappe Erläuterungen zu zentralen Begriffen der Friedens- und Konfliktforschung finden sie unter www.friedenspaedagogik.de.
- Begriffe und Konzepte der Zivilen Konfliktbearbeitung werden im »Wiki« der Plattform Zivile Konfliktbearbeitung unter www.konfliktbearbeitung.de erörtert.
- Eine umfassende Einführung in die konstruktive Konfliktbearbeitung mit anschaulichen Beispielen findet sich in einem Buch der Aktionsgemeinschaft »Dienst für den Frieden AGDF« (Hg.): Gewaltfrei streiten für einen gerechten Frieden (Oberursel 2008).

QUELLEN:

Glasl, Friedrich 1999: Konfliktmanagement. Ein Handbuch für Führungskräfte, Beraterinnen und Berater. 6. erg. Aufl., Stuttgart: Verlag Freies Geistesleben.

Patfoort, Pat 2008: Sich verteidigen ohne anzugreifen. Die Macht der Gewaltfreiheit. Karlsruhe: Gewaltfrei Leben Lernen e. V.

Wasmuht, Ulrike 1996: Friedensforschung als Konfliktforschung. Zur Notwendigkeit einer Rückbesinnung auf den Konflikt als zentrale Kategorie. In: Imbusch, Peter / Zoll, Ralf (Hg.): Friedens- und Konfliktforschung. Eine Einführung mit Quellen. Opladen: Leske & Budrich, S. 175–187.

2. GEWALTFREIE AKTION

2.1 METHODE

Allen hier vorgestellten Methoden der Konfliktbearbeitung ist eines gemeinsam: Sie sind gewaltfrei. Kein Wunder, schließlich ist Gewaltfreiheit die Basis und das wichtigste Charakteristikum der Zivilen Konfliktbearbeitung. Was ist dann noch das Besondere an der Methode der Gewaltfreien Aktion? Verdienen nicht alle hier beschriebenen Methoden und Beispiele diese Bezeichnung? Der entscheidende Unterschied ist der, dass Gewaltfreiheit, wie sie in diesem Kapitel verstanden wird, eine ganze Philosophie und Lebenseinstellung umfasst. Bei der Gewaltfreien Aktion handelt es sich also um eine Form des konstruktiven Widerstandes gegen verschiedene Arten von Gewalt, wobei Widerstand als Ausdruck und Konsequenz einer umfassenden Lebenshaltung und Lebensweise der Handelnden verstanden wird.

IDEE

Die Philosophie der Gewaltfreiheit versucht, das herkömmliche Denken herauszufordern und eine Alternative zu diesem zu bieten. Sie gibt nicht nur Handlungsweisen in Konfliktsituationen vor, sondern umfasst alle Bereiche des persönlichen und gesellschaftlichen Lebens und entwickelt einen Gegenentwurf, der Gewalt in allen Situationen ablehnt und zu überwinden versucht. So bezeichnet man jene Handlungen, die aus dieser Haltung der Gewaltfreiheit resultieren, als ›Gewaltfreie Aktionen‹ oder ›Gewaltfreien Widerstand‹. Dabei kann der Verzicht auf physische Gewalt unterschiedlich begründet werden:

Volksaufstand auf dem Tiananmen-Platz, Peking 1989

Moralisch: An erster Stelle steht die Ehrfurcht vor allem Leben auf dieser Erde. Diese verbietet es, Gewalt gegen Menschen, Natur oder Sachen anzuwenden.

Politisch: Konflikte oder Ungerechtigkeiten können mit Gewalt oder deren Androhung nicht dauerhaft beseitigt werden; dadurch würden nur neue Ungerechtigkeiten und Verletzungen entstehen.

Pragmatisch: Sind die Konfliktparteien ungleich stark und wird im Konflikt physische Gewalt angewendet, so wird die stärkere Partei immer überlegen sein und die Strukturen werden immer ungerecht bleiben. Die unterlegene Partei kann sich nur mit Hilfe anderer Mittel als der physischen Gewalt wirksam wehren.

Ich persönlich bin überzeugt, dass die Kirche in die Irre gegangen ist, wann immer sie Gewalt legitimiert hat.
Jesus Christus war kein Revolutionär mit der Waffe in der Hand.
Er hat Frieden gepredigt, nicht Krieg, Feindesliebe, nicht Hass.
Margot Käßmann , Landesbischöfin a. D. 2007

Da Gewaltfreie Aktionen vor allem in asymmetrischen Konflikten – wenn also eine Partei deutlich stärker als die andere ist – praktiziert werden, dienen sie einerseits dazu, die Öffentlichkeit auf bestehende Ungerechtigkeiten aufmerksam zu machen, und andererseits dazu, eine eigene Gegenmacht zu entwickeln. Daran wird deutlich, dass Gewaltfreie Aktionen zwar auf physische Gewalt verzichten, jedoch gezielt Druckmittel einsetzen, um ihr Gegenüber zu Gesprächen zu bewegen. Streiks, Sitzblockaden, der Boykott bestimmter Produkte oder Unterschriftensammlungen bezwecken genau dies: Menschen nutzen ihre Macht und üben Druck auf eine andere Partei aus, ohne dabei gewalttätig zu werden. Besonders wichtig ist dabei, dass der anderen Partei keine Lösung aufgezwungen wird. Das Ziel ist vielmehr, als gleichwertige Verhandlungspartner anerkannt zu werden, Gespräche auf Augenhöhe zu führen und schließlich neue, gerechte Strukturen zu erschaffen.

Sitzblockade vor dem Atomwaffenstandort im schwäbischen Großengstingen, 1980er Jahre

MERKMALE

Kennzeichen der Gewaltfreien Aktion sind unter anderem:

- Bewusster Verzicht auf Gewalt gegen Personen
- Enge Verknüpfung von Ziel (Überwindung von Gewalt) und Mittel (gewaltfreie Mittel)
- Konstruktive Alternativen zu den kritisierten Missständen anbieten
- Alle an der Aktion Beteiligten entscheiden gleichberechtigt mit

- Zusicherung an den Gegner, dass nur gewaltfreie Mittel eingesetzt werden
- Öffentliche Ankündigung der Aktion, keine Geheimhaltung
- Bereitschaft, negative Konsequenzen zu ertragen
- Kritisches Vertrauen, dass sich der Gegner ändern und durch Argumente überzeugen lässt
- Unterscheidung zwischen der Person des Gegners (ein Mensch, mit dem man in einen Dialog treten kann) und seiner Rolle (aufgrund einer gesellschaftlichen, politischen oder militärischen Funktion)
- Kombination von gewaltfreien Druckmitteln und stetigem Gesprächsangebot
- Kombination verschiedener aufeinander aufbauender Aktionen, um nachhaltig politischen Einfluss auszuüben

Nicht jede Aktion weist all diese Merkmale auf, und die Aktionen und ihre Konsequenzen für die Aktivisten können sehr verschieden sein. So können Demonstrationen, die in Deutschland zum demokratischen Standard gehören, für Menschen in anderen Ländern (z. B. Burma oder China) bereits Haftstrafen nach sich ziehen. Auch sind es nicht immer Zivilisten, die sich gegen einzelne Regierungsentscheidungen oder ganze Regime auflehnen. Wie das folgende Beispiel aus Ruanda zeigt, kann Gewaltfreier Widerstand auch dort eingesetzt werden, wo sich einfache Bürger gegenüberstehen. Und noch eine dritte Konstellation ist

GEWALTFREIER LEBENSSTIL

- Ökologisch verantwortungsvoll
- Solidarisch mit Benachteiligten
- Konstruktiver Umgang mit der eigenen Aggression
- Entwicklung alternativer Lebensformen (z. B. Ökodörfer, Mehrgenerationenhäuser)
- Engagierte Nachbarschaftshilfe
- Verbindung von persönlichem und politischem Handeln
- Gewaltfreie Erziehung
- Zivilcourage im Alltag

möglich: Bürger und Staatsorgane wehren sich gemeinsam gegen Staatsstreiche (z. B. Militärputsche) oder Angriffe von anderen Staaten.

ZIVILER UNGEHORSAM

Eine Sonderform des Gewaltfreien Widerstands ist der Zivile Ungehorsam. Er spielt bei vielen gewaltfreien Aktionen eine spezielle Rolle: Um besonders große Aufmerksamkeit auf Missstände, Ungerechtigkeiten und Unterdrückung zu lenken, überschreiten Aktivisten bewusst bestimmte Grenzen. Dabei handelt es sich immer um – aus ihrer Sicht – ungerechte oder illegitime Gesetze, also eine Form struktureller Gewalt. Kennzeichnend für Handlungen des Zivilen Ungehorsams ist, dass alle legalen Mittel bereits ausgeschöpft sind und die Aktionen nach herrschendem

Warum ›direct action‹? Warum Sitzstreiks, Aufmärsche und dergleichen? Wäre der bessere Weg nicht der der Verhandlung gewesen? Sie haben ganz recht damit, auf den Verhandlungsweg hinzuweisen. Gerade das ist ja der Zweck der gewaltlosen direkten Aktion: Sie will eine Krise herbeiführen, eine schöpferische Spannung erzeugen, um damit eine Stadt, die sich bisher hartnäckig gegen Verhandlungen gesträubt hat, zu zwingen, sich mit den Problemen auseinanderzusetzen. Sie will diese Probleme so dramatisieren, dass man nicht mehr an ihnen vorbei kann.
Martin Luther King, amerikanischer Bürgerrechtler, zitiert nach: Gugel 1999

Recht folglich als illegal gelten, dass aber zugleich die Würde anderer Menschen unbedingt geachtet wird. Wer Zivilen Ungehorsam leistet und bestehende Gesetze als ungerecht bezeichnet, der bezieht sich dabei immer auf ein ›höheres‹ Gesetz, sei es auf universale Rechte (Menschenrechte), religiöse Gebote, das eigene Gewissen oder übergeordnete Moralvorstellungen.

BERÜHMTE GEWALTFREIE WIDERSTANDSKÄMPFER

Die wohl berühmtesten gewaltfreien Widerstandskämpfer, deren Aktionen auch immer wieder zivilen Ungehorsam umfassten, sind der Inder Mahatma Gandhi (1869–1948) und der US-Amerikaner Martin Luther King (1929–1968). Neben diesen weltweit herausragenden Persönlichkeiten gibt es aber auch eine Vielzahl unbekannter gewaltloser Aktivisten und zahlreiche Einzelaktionen von Friedensinitiativen, etwa die Menschenkette von Ulm nach

Der Baptistenpastor Martin Luther King
(1929–1968) war in den 1950er und 1960er Jahren
der bedeutendste Sprecher der
US-amerikanischen Bürgerrechtsbewegung

Stuttgart im Jahr 1983 als Protest gegen die Stationierung von Mittelstreckenraketen in Deutschland, oder
die Beschädigung amerikanischer Atomsprengkopf-
hülsen durch die Pflugscharbewegung 1980.

WIRKUNG

Gewaltfreie Aktionen machen auf Gewalt, Ungerechtigkeit, Unterdrückung, Diskriminierung und
Ausbeutung aufmerksam. Durch diesen öffentlichen und politischen Druck werden die Verantwort-
lichen zum Einlenken bewegt und damit Gewalt
effektiv eingedämmt. Man kann dieses Instrument
bereits bei einem latenten Konflikt einsetzen, um
einerseits die Öffentlichkeit zu gewinnen und andererseits eine Gegenmacht zu bilden. Was dabei geschieht, ist ›Empowerment‹ der schwächeren Seite:
Sie wird sich ihrer Stärke und Machtmittel bewusst
und setzt diese gezielt ein. Aber auch wenn dieses Ziel erreicht
ist und der Konflikt nun für alle sichtbar ist, bleiben gewaltfreie
Aktionen sinnvoll, um den Gegner zu Verhandlungen zu drängen

Wenn ich bestehende Gesetze breche, dann tue ich es nur,
um einem höheren Gesetz zu genügen.
Wir erinnern die Leute immer wieder daran, dass wir in Japan
und Deutschland Menschen als Kriegsverbrecher hingerichtet
haben, weil sie die Gesetze ihres Landes befolgt haben,
weil sie gegen die Gesetze, die sie zu Kriegsverbrechen gezwungen
haben, nicht zivilen Ungehorsam geleistet haben.
Philip Berrigan, Mitbegründer der Pflugscharbewegung in den USA,
zitiert nach: Der Spiegel 1983

und den Ausbruch von physischer Gewalt zu verhindern. Besonders in Nachkriegssituationen kann eine Haltung grundsätzli-
cher Gewaltfreiheit dazu beitragen, positiven Frieden zu stärken
und zu erhalten.

WEITERFÜHRENDE INFORMATIONEN:

- Hilfe bei der Organisation gewaltfreier Aktionen, Seminare in gewaltfreier Konfliktaustragung sowie Ausbildungskurse bietet bspw. die Werkstatt für Gewaltfreie Aktion Baden: www.wfga.de.
- Eine Vielzahl von Beispielen und eine Einführung in das Prinzip der Gewaltlosigkeit sind zu finden bei Günther Gugel: Wir werden nicht weichen. Erfahrungen mit Gewaltfreiheit. Eine praxisorientierte Einführung (Tübingen 1999).
- Da der Nationalsozialismus häufig als Beispiel für die Grenzen gewaltfreien Widerstandes bemüht wird, sei insbesondere hingewiesen auf ein Büchlein der Werkstatt für Gewaltfreie Aktion (Hg.): Gewaltfrei gegen Hitler? Gewaltloser Widerstand gegen den Nationalsozialismus und seine Bedeutung für heute (Karlsruhe 1999).

QUELLEN:

Berrigan, Philip 1983: Blut vorsichtig einsetzen (Interview). In: Der Spiegel 36/1983, S. 118. URL: www.spiegel.de/spiegel/print/d-14018911.html (Rev. 2.7.2011).

Bläsi, Burkhard 2004: Gewaltfreier Widerstand. In: Sommer, Gert / Fuchs, Albert (Hg.): Krieg und Frieden. Handbuch der Konflikt- und Friedenspsychologie. Weinheim: Beltz, S. 412–424.

Gugel, Günther 1999: Wir werden nicht weichen. Erfahrungen mit Gewaltfreiheit. Eine praxisorientierte Einführung. Tübingen: Verein für Friedenspädagogik Tübingen e. V.

Jochheim, Gernot 1984: Die gewaltfreie Aktion: Idee und Methoden, Vorbilder und Wirkungen. Hamburg: Rasch & Röhring.

Rieche, Bernd / Weingardt, Markus 2008: Gewaltfreier Widerstand: Die evangelische Kirche in der DDR. In: Aktionsgemeinschaft Dienst für den Frieden e. V. (Hg.): Gewaltfrei streiten für einen gerechten Frieden. Oberursel: Publik-Forum, S. 100–109.

2.2   DEUTSCHLAND: LETZTE HOFFNUNG KIRCHENASYL

Seit Jahrhunderten gelten Gotteshäuser als besondere Schutzräume. Ein ungeschriebenes Gesetz schützt oft Kirchen, Moscheen, Synagogen, Tempel und andere heilige Stätten vor staatlichen und militärischen Übergriffen. Oft gewähren sie daher Flüchtlingen, verfolgten und bedrohten Personen Schutz und Sicherheit. Diese besondere Stellung, die auch die Kirchen in Deutschland genießen, nutzt die Ökumenische Bundesarbeitsgemeinschaft Asyl in der Kirche (BAG) gezielt, um Flüchtlingen zu helfen.

MOTIVATION

In der BAG (gegründet 1984) vernetzen sich evangelische und katholische Kirchengemeinden, Klöster und Kommunitäten, die eingreifen, wenn Flüchtlingen in Deutschland die Abschiebung in Krisenregionen droht, wo sie Gefahren für Leib und Leben ausgesetzt sind (durch Unterdrückung, Gefängnis, Folter etc.). Dieser Einsatz basiert auf der Annahme, dass auch staatliches

›Kirchenasyl‹ ist die zeitlich befristete Aufnahme von Flüchtlingen ohne legalen Aufenthaltsstatus, denen bei Abschiebung in ihr Herkunftsland Folter und Tod drohen oder für die mit einer Abschiebung nicht hinnehmbare soziale, inhumane Härte verbunden wäre. Während des ›Kirchenasyls‹ werden alle in Betracht zu ziehenden rechtlichen, sozialen und humanitären Gesichtspunkte geprüft. In vielen Fällen gelingt es nachzuweisen, dass Entscheidungen von Behörden überprüfungsbedürftig sind und ein neues Asylverfahren erfolgversprechend ist.

BAG 2006a

Handeln im Einzelfall sowohl fundamentale Rechtsnormen als auch bestimmte Gefahrenlagen übersehen oder gar missachten kann. In solchen Fällen, wo Menschen aufgrund von Fehlentscheidungen der Behörden in Gefahrensituationen abgeschoben

werden, steht das christliche Gewissen im Widerspruch zu staatlichen Regelungen und Maßnahmen. Damit steht die BAG in der jahrhundertealten Schutztradition der christlichen Kirchen. In einem ›Gemeinsamen Wort der Kirchen zur Herausforderung durch Migration und Flucht‹ von 1997 heißt es daher: »Es ist von ihrem Selbstverständnis her die Aufgabe der Kirche, immer dort mahnend einzugreifen, wo Rechte von Menschen verletzt sind und sich eine kirchliche Beistandspflicht für bedrängte Menschen ergibt. (...) Kirchengemeinden, die sich für die Verwirklichung dieser Menschen- und Grundrechte (v. a. Schutz vor Folter und Verfolgung, Anm. d. Verf.) einsetzen, verdienen für ihr Eintreten für ethische Prinzipien, die zu den Grundlagen unseres Glaubens gehören, grundsätzlich Unterstützung und Anerkennung.« (Zitiert nach BAG 2006a)

Kirchengemeinden gewähren ihren Beistand meist öffentlich und immer gewaltfrei. Sie beanspruchen keinen rechtsfreien Raum, vielmehr kann der Staat jederzeit von seinem Zugriffsrecht Gebrauch machen und die Abschiebung vollziehen.

Kirchenasyl ist der letzte legitime Versuch, Flüchtlinge durch zeitlich befristete Unterbringung in Kirchenräumen vor der akut drohenden Abschiebung zu bewahren und auf eine erneute, sorgfältige Überprüfung ihres staatlich garantierten Schutzanspruchs hinzuwirken.

Kirchenasylgemeinden setzen sich
für das Menschenrecht auf Schutz der Menschenwürde,
auf Freiheit und körperliche Unversehrtheit ein,
wie es im deutschen Grundgesetz verankert ist.

Zwar beziehen sich die Asyl gebenden Kirchengemeinden auf Rechtsnormen, die im deutschen Grundgesetz und im internationalen Recht verankert sind, dennoch ist dieser Akt ein klarer Verstoß gegen staatliche Gesetze und Verordnungen. Sich diesen zu widersetzen kann strafrechtliche Konsequenzen nach sich ziehen. Daher ist es unablässig, dass alle Beteiligten die volle Verantwortung zu übernehmen bereit sind. Bislang wurden allerdings sämtliche Ermittlungsverfahren eingestellt und nur vereinzelt Strafgelder verhängt.

VORAUSSETZUNGEN

Bevor Kirchenasyl gewährt wird, müssen einige Punkte geklärt werden. Es muss zuerst einmal eindeutig bewiesen sein, dass eine Abschiebung unmittelbar droht. Dann sollte ausführlich untersucht werden, ob und welche Gefahren die Flüchtlinge erwarten. Experten müssen die rechtlichen Möglichkeiten und Wege prüfen, wie eine Abschiebung doch noch verhindert werden kann, z. B. durch erneute rechtliche Verfahren, Härtefallanträge oder Petitionen. Schließlich müssen noch der Kirchenvorstand bzw. der Kirchenkreisvorstand das Asyl beschließen, immer auch im Hinblick auf die Kapazitäten der Gemeinde. Und nicht zuletzt müssen die Flüchtlinge bereit sein, die eingeschränkten und beschwerlichen Lebensverhältnisse während des Kirchenasyls auf sich zu nehmen und die Kirchenräume danach auch wieder zu verlassen.

Afghanistan • 10

Somalia • 4

Türkei (Kurden) • 4

Syrien (Yeziden, Kurden) • 3

Irak • 3

Guinea • 3

Mazedonien • 2

Serbien • 2

Eritrea • 2

Armenien • 2

Sonstige • 15

Herkunftsländer der Betroffenen in den 50 Kirchenasylen im Jahr 2012
Quelle: BAG 2013b

KIRCHENASYLE IM JAHR 2012

Insgesamt sind für das Jahr 2012 50 Kirchenasyle in der BAG dokumentiert (zum Vergleich: 32 Kirchenasyle im Jahr 2011).

Neu begonnen wurden 19 Kirchenasyle. Von 19 beendeten Kirchenasylen ist ein positiver Ausgang (d. h. mindestens mit einer Duldung) in 16 Fällen zu verzeichnen.

Mindestens 24 evangelische und 2 katholische Gemeinden, eine katholische Hochschulgemeinde, eine reformierte Gemeinde, eine ökumenische Gemeinde, zwei evangelische Kirchenkreise sowie ein ökumenisches Netzwerk konnten mindestens 105 Personen Zuflucht gewähren, darunter waren mindestens 49 Kinder und Jugendliche.

Des Weiteren beherbergten viele Gemeinden vorübergehend Flüchtlinge in Gästewohnungen.

(Quelle: BAG 2013a)

Gute Öffentlichkeits-
arbeit und die
Unterstützung der
Medien sind wichtige
Erfolgsfaktoren
für Kirchenasyle

ABLAUF

Ein Kirchenasyl sollte gut und möglichst frühzeitig geplant werden – schließlich genügt es auf Dauer nicht, Unterkunft, Nahrung und Kleidung zur Verfügung zu stellen. Professionelle Beratung bieten die Migrations- und Flüchtlingsbeauftragten der Landeskirchen und Bistümer, ebenso die Migrationsdienste von Diakonie und Caritas sowie lokale (ehrenamtliche) Asylarbeitskreise.

Schnellstmöglich muss ein Unterstützerkreis von Gemeindemitgliedern aufgebaut werden, die den Flüchtlingen in vielerlei Hinsicht beistehen: Der eine begleitet sie bei Behördengängen, die andere gibt den Flüchtlingskindern schulische Nachhilfe, ein anderer wiederum hilft bei sprachlichen Problemen, und die nächste kümmert sich um die Öffentlichkeitsarbeit. Gerade Letzteres ist ein zentraler Punkt. Nur mit gezielter Information und Mobilisation der Öffentlichkeit kann auf das Schicksal der Menschen aufmerksam gemacht, der Schutz vor staatlichen Zugriffen verstärkt und Mängel im Asylverfahren aufgezeigt werden. Die Dauer des Kirchenasyls variiert dabei je nach Fall zwischen mehreren Monaten und wenigen Wochen, wie im Falle einer afghanischen Familie in Erkrath-Hochdahl.

BEISPIEL

Am 19. Januar 2009 erfährt die fünfköpfige Familie Sharifi, dass ihr Asylantrag in Deutschland abgelehnt wurde und sie schon eine Woche später nach Italien abgeschoben werden soll. Auf ihrer Flucht vor den Taliban gab es einen Zwischenstopp in Italien, wo die Familie von der Polizei erkennungsdienstlich behandelt wurde. Nach europäischem Flüchtlingsrecht müsste die Familie nun nach Italien zurückkehren, um dort einen Asylantrag zu stellen. Den Geflohenen erscheint dies wie der erste Schritt zurück nach Afghanistan. Medizinische und psychologische Gutachten attestieren insbesondere Mutter und ältester Tochter Reiseunfähigkeit aufgrund der erlittenen Traumata. Acht Jahre zuvor war der Familienvater von den Taliban ermordet worden, wenige Jahre später verschwand der Großvater. Kurz vor der Flucht im Jahr 2008 überfielen die Fundamentalisten die Familie, übergossen die Mutter mit Benzin und zündeten sie an – als Strafe dafür,

dass sie sich in einem Film in ›westlicher Kleidung‹ gezeigt habe.
Auch die heute siebzehnjährige Tochter war misshandelt worden.
Eine Abschiebung wäre für die gesamte Familie eine ungeheure

> Das tun wir um unserer eigenen Menschenrechte willen.
> Denn eine Demokratie, die immer menschenverachtender mit Asyl-
> suchenden, mit Menschen mit Migrationshintergrund umspringt,
> ist auch für uns bedrohlich. Wir sind also nicht die freundlichen
> Gutmenschen und Helfer, sondern die, die sich für die Rechte aller
> engagieren – und das auf gleicher Augenhöhe.
>
> *Fanny Dethloff, Vorsitzende der BAG, zitiert nach BAG 2006b*

psychische Tortur, Mutter und älteste Tochter sind akut selbst-
mordgefährdet. Am 25. Januar, einen Tag vor der drohenden Abschiebung, gewährt ihnen die evangelische Kirchengemeinde Erkrath-Hochdahl Kirchenasyl. Zusammen mit dem Freundeskreis
Flüchtlinge Hochdahl, der Erkrather Tafel, einem Rechtsanwalt
und dem Gymnasium Hochdahl kämpft Pfarrer Volker Horlitz um
eine Neubewertung des Asylantrags: »Wir wollen zunächst einen
Zeitaufschub, damit alle in Betracht zu ziehenden rechtlichen,
sozialen und humanitären Gesichtspunkte
geprüft und alle Informationen ausgewer-
tet werden können.« (zitiert nach Evangelische Kirche im Rheinland 2009a)

Während des vier Wochen andauernden
Asyls kümmern sich die Unterstützer mit
vollem Einsatz um die Schützlinge: Sie
werden in den Räumen der Gemeinde
beherbergt, mit Nahrungsmitteln, Kleidung und notwendigen Medikamenten
versorgt, die Kinder können weiterhin
die Schule und Deutschkurse besuchen.
Für alles kommt die Gemeinde selbst auf
und erfährt dafür großen Zuspruch. Am
22. Februar erhält die Familie endlich den

Familie Sharifi
mit UnterstützerInnen

Bescheid, dass ihr Asylantrag noch einmal geprüft wird. Wenig
später erhielten sie die Erlaubnis, ihren Asylantrag in Deutschland (und nicht in Italien) zu stellen. Im Dezember 2009 wird diesem Antrag stattgegeben – die Familie Sharifi darf auf Dauer in
Deutschland bleiben.

RESÜMEE

Dies ist kein Einzelfall: Zwischen 1996 und 2001 konnten für 75 Prozent aller Fälle von Kirchenasyl annehmbare Lösungen gefunden werden. Wie an dem oben geschilderten Beispiel deutlich wird, stellt sich die Gemeinde schützend vor die Familie und behindert somit die Vollziehung der Abschiebung. Der Gewaltfreie Widerstand enthält hier also deutliche Elemente des Zivilen Ungehorsams, wenn sich über behördliche Beschlüsse hinweggesetzt wird. Abgesehen von der wichtigsten Wirkung, nämlich der Rettung von Menschenleben, zeigt Kirchenasyl auch einen anderen Erfolg: Die mediale Aufmerksamkeit, die solchen Fällen oft zuteil wird, ruft die Situation von Flüchtlingen und Asylsuchenden in Deutschland immer wieder ins Bewusstsein. Je mehr Menschen die Einwanderungspolitik der Bundesregierung sowie die Verhältnisse, unter denen Asylsuchende leben müssen, kritisieren, desto eher kommt es hier zu einer positiven Veränderung. Im weiteren Sinne ist Kirchenasyl also auch eine Form der Menschenrechtsarbeit (siehe Kap. 10 ›Menschenrechte‹).

KIRCHENASYLE 2003–2012

Von 2003 bis 2012 ...

- stellten jährlich 46.629 Menschen einen Antrag auf politisches Asyl in Deutschland,
- wurden 1,3 % der Asylanträge anerkannt,
- wurden 13,9 % abgelehnt, aber den Antragstellern vorläufiger Flüchtlingsschutz gewährt (bspw. wenn im Herkunftsland Bürgerkrieg herrscht),
- wurde 4,2 % abgelehnt, aber die Antragsteller (zunächst) nicht abgeschoben (bspw. aus gesundheitlichen Gründen),
- wurden 52,2 % abgelehnt und die Antragsteller abgeschoben,
- kamen 28,5 % der Anträge gar nicht zur Verhandlung, v. a. weil die Antragsteller über sogenannte »sichere Drittstaaten« eingereist waren (z. B. Italien, Griechenland).

Durchschnittszahlen, Quelle: Bundesamt für Migration und Flüchtlinge BAMF (Hg.) 2013, S. 45.

WEITERFÜHRENDE INFORMATIONEN:

- Alle Informationen über die BAG, ihre Arbeit und Kirchenasyl im Allgemeinen finden sich auf ihrer Internetseite: www.kirchenasyl.de.
- Daten und Fakten zu Asyl und Migration in Deutschland finden sich auf der Seite des Bundesamtes für Migration und Flüchtlinge BAMF: www.bamf.de.

QUELLEN:

Bundesamt für Migration und Flüchtlinge BAMF (Hg.) 2013: Das Bundesamt in Zahlen 2012: Asyl, Migration und Integration. Nürnberg: BAMF.

Ökumenische Bundesarbeitsgemeinschaft (BAG) Asyl in der Kirche 2013a: Aktuelle Zahlen. Kirchenasyle bundesweit (Stand 3. Juli 2013). URL: www.kirchenasyl.de/3_kirchenasyl/3_1_zahlen/zahlen_inhalt.html (Rev. 8.7.2013).

Ökumenische Bundesarbeitsgemeinschaft (BAG) Asyl in der Kirche 2013b: Tätigkeitsbericht 2012. URL: www.kirchenasyl.de/6_publikation/6_3_tat/download/T%E4tigkeitsbericht%202012_website.pdf (Rev. 8.7.2013).

Ökumenische Bundesarbeitsgemeinschaft (BAG) Asyl in der Kirche 2006a: Erstinformation Kirchenasyl. Handreichung für Gemeinden und ihre Gremien. URL: www.kirchenasyl.de/6_publikation/6_1_unsere/download/erstinfo. pdf (Rev. 8.7.2013).

Ökumenische Bundesarbeitsgemeinschaft (BAG) Asyl in der Kirche 2006b: Tätigkeitsbericht des Vorstandes und der Geschäftsführung für 2005/06. URL: www.kirchenasyl.de/6_publikation/6_3_tat/download/Jahresbericht%2005-06%20BAG.pdf (Rev. 8.7.2013).

Dethloff, Fanny / Mittermaier, Verena (Hg.) 2011: Kirchenasyl. Eine heilsame Bewegung. Karlsruhe: Von Loeper Literaturverlag.

evangelisch.de 2009: Wie ein echtes Weihnachtsgeschenk. URL: www2.evangelisch.de/themen/nrw/wie-ein-echtes-weihnachtsgeschenk8689 (Rev. 8.7.2013).

Evangelische Kirche im Rheinland 2009a: Gemeinde gewährt afghanischer Familie Kirchenasyl. URL: www.evangelischekirchehochdahl.de/ekh/archiv-und-material/sonstige-texte/epd-meldung-kirchenasyl.html (Rev. 8.7.2013).

Evangelische Kirche im Rheinland 2009b: Afghanische Familie bleibt in Deutschland. URL: www.ekir.de/www/service/015C62B03E074FD589F016A71BBDFE8D.php (Rev. 8.7.2013).

Just, Wolf-Dieter / Sträter, Beate 2001: »Unter dem Schatten Deiner Flügel... « Empirische Untersuchung über den Erfolg und Misserfolg von Kirchenasyl. Berlin: Ökum. BAG Asyl in der Kirche e.V.

Ramcke, Arnulf 2009: Hochdahl: Das Schicksal der Flüchtlinge im Kirchenasyl bewegt. In: Westdeutsche Zeitung vom 12.2.2009. URL: www.wz-newsline.de/lokales/kreis-mettmann/mettmann/hochdahl-das-schicksal-der-fluechtlinge-im-kirchenasyl-bewegt-1.117190 (Rev. 8.7.2013).

2.3 RUANDA: MUSLIME GEGEN DEN GENOZID

Das kleine ostafrikanische Land Ruanda ist vor 15 Jahren zu einem Synonym für schier unfassbare Gewalt geworden. Schon nach der Unabhängigkeit 1962, dann erneut während des Bürgerkrieges in den 1990-Jahren, durchzog eine Welle blutigen Mordens das Land. Im Zuge des 100 Tage dauernden Genozids an den Tutsi im Jahr 1994 verloren bis zu eine Million Menschen ihr Leben. Die Gewalt schien vor niemandem Halt zu machen; bis dahin friedliebende Menschen griffen zur Machete, um ihre Nachbarn zu töten. Doch eine kleine religiöse Minderheit verweigerte ihre Beteiligung: die ruandischen Muslime. Sie setzten den Grausamkeiten ihren gewaltlosen Widerstand entgegen und konnten dadurch viele Menschenleben retten.

HINTERGRUND

Ruanda/Afrika

Schon in vorkolonialer Zeit leben in Ruanda drei ethnische Gruppen: die Hutu – mit 85 Prozent die zahlenmäßig größte Gruppe –, die Tutsi und die kaum ins Gewicht fallenden Twa. Bevor Ruanda 1890 als Kolonie an Deutschland und später an Belgien fällt, spielen diese ethnischen Unterschiede aber keine große Rolle. Doch die Kolonialherren erzeugen künstlich und bewusst ethnische Spannungen: Sie binden die ihrer Ansicht nach ›zivilisierteren‹ Tutsi als lokale Machtträger in ihr Verwaltungs- und Herrschaftssystem ein, die ›rückständigen‹ Hutu hingegen schließen sie von politischen Ämtern aus. Als 1933 die ethnische Zugehörigkeit im Pass eines jeden vermerkt wird, verfestigt sich das Denken in ethnischen Kategorien auch in den Köpfen der Ruander. Für sie ist es plötzlich enorm wichtig, welcher Ethnie sie angehören. Wachsendes Misstrauen und Ablehnung gegenüber den anderen sind die Folge. Im Jahr 1959 kommt es schließlich zu einer Revolte der Hutu-Bauern gegen die Tutsi-Elite und ihren König, in der 10.000 Menschen ihr Leben verlieren und viele ins Nachbarland Burundi fliehen. Die daraus entstandene Hutu-Partei ergreift nach der ruandischen Unabhängigkeit 1961 die Macht und verfestigt die ethnischen Unterschiede. Westliche Entwicklungshilfegelder fließen in die Taschen der neuen Hutu-Regierung. Korruption, Misswirtschaft und Unterdrückung der Tutsi sind alltäglich. Dies ändert sich auch nicht, als sich 1973 General Juvénal Habyarimana, ebenfalls ein Hutu, an die Macht putscht und diese 21 Jahre innehält.

1990 haben sich die nach Burundi geflohenen Tutsi so weit organisiert, dass sie als Front Patriotique Rwandais (FPR) Ruanda vom Nachbarland aus angreifen können. In dem nun entflammenden Bürgerkrieg führt der tief sitzende Hass zwischen den Ethnien zu Massakern, die durch gezielte politische Propaganda angestachelt werden. Eine besondere Rolle spielt hierbei der Radiosender Radio-Télévision Libre des Mille Collines, die einzige im ganzen Land verfügbare Informationsquelle. Gezielt streut der Sender Falschinformationen, um die Hutu gegen die Tutsi aufzuhetzen. Das Klima im ganzen Land ist bald so angespannt, dass die Tutsi als Sündenböcke für Verteilungskämpfe, Bodenknappheit, Armut und sogar Missernten herhalten müssen.

DER GENOZID AN DEN TUTSI

Als am 6. April 1994 der Präsident bei einem angeblich von Tutsi verursachten Flugzeugabsturz ums Leben kommt und am selben Tag das landesweite Morden beginnt, wird klar: Der Genozid wurde bereits lange im Vorfeld von einer kleinen Machtclique im Staatsapparat akribisch geplant. Ihr Ziel ist die vollständige Vernichtung aller Tutsi und oppositioneller Hutu. Durch das ganze Land ziehen Mili-

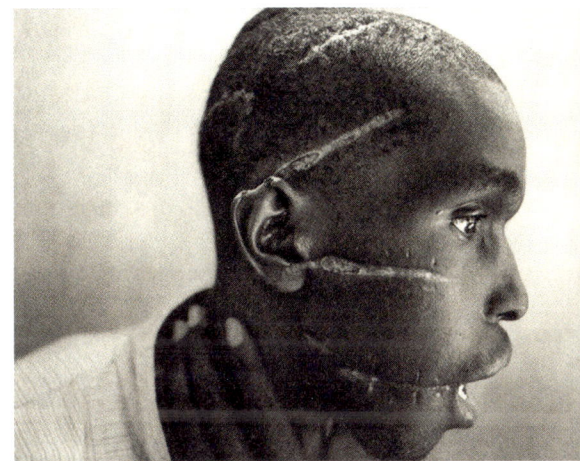

Krieg hinterlässt immer körperliche, aber auch seelische Narben

zen mit Gewehren und Macheten. Menschen töten ihre langjährigen Nachbarn, Familienangehörige verraten sich gegenseitig, und Kirchen voller Schutzsuchender stehen in Flammen, mitunter von Kirchenangehörigen selbst in Brand gesteckt. Beendet wird das Grauen erst durch den Vormarsch der FPR, die schließlich die Hauptstadt Kigali einnimmt. Nun wird das ganze Ausmaß sichtbar: In nur hundert Tagen, vom 6. April bis 15. Juli 1994, wurden vor den Augen der Welt zwischen 800.000 und einer Million Menschen brutal ermordet, viele weitere flohen in die Nachbarländer.

DER WIDERSTAND DER RUANDISCHEN MUSLIME

Mitten in diesem Klima des Hasses und der Gewalt, inmitten eines Krieges, der zwischen Nachbarn, einstigen Freunden und sogar innerhalb von Familien ausgetragen wird, gibt es nur wenige, die sich gegen die Propaganda der Machthaber wehren. Die einzige Bevölkerungsgruppe, die sich fast kollektiv dem Hass und der Gewalt verweigert, sind die ruandischen Muslime. Sie stellen 5–10 Prozent (sowohl Hutu als auch Tutsi) in dem ansonsten nominell christlichsten aller afrikanischen Staaten. Schon früh erkennen die muslimischen Gelehrten und religiösen Führer die drohende Gefahr und sensibilisieren die Gläubigen in ihren Gemeinden. Lehrer instruieren ihre Schüler in eigens aufgelegten Programmen, sich nicht von der Gewaltpropaganda verführen zu lassen. Auf der Basis des Koran lehren sie, dass Ethnizität nicht entzweien dürfe, dass vielmehr alle Menschen gleich seien und niemand das Recht habe, einen anderen zu töten. Geistliche ermahnen ihre Anhänger in Gottesdiensten, Medien und Flugblättern, dass es Pflicht eines jeden Muslim

Kein einziger islamischer Geistlicher wurde wegen Mitwirkung am Genozid angeklagt

sei, sich für alle Opfer einzusetzen und nicht der Polarisierung zu verfallen, sich also auch nicht politischen Parteien anzuschließen. In einem ›Hirtenbrief‹, der in allen Moscheen des Landes verbreitet wird, rufen religiöse Führungspersönlichkeiten dazu auf, keiner Ideologie zu folgen, die nicht mit dem Koran vereinbar sei. Im Radio warnen sie das ganze Land, dass harte Zeiten bevorstünden, und fordern dazu auf, friedliche Werte beizubehalten.

Ihre Ablehnung gegenüber der Hasspropaganda gründet sich auf Werte, die sie unmittelbar aus dem Koran ableiten. Diese Werte stehen, so die Botschaft, im genauen Gegensatz zu der Ideologie der Hutu-Milizen: Töten betrachten sie als Sünde gegen Gott, stattdessen rufen sie zu Gewaltlosigkeit, Schutz der Schwachen und Hilfe für Bedürftige auf, gleich welcher ethnischen oder religiösen Zugehörigkeit.

Ermutigt von der konsequenten Haltung ihrer religiösen Führer positionieren sich auch die muslimischen Gemeinden ent-

Viele Flüchtlinge suchten Schutz in Kirchen, doch oftmals wurden diese zur tödlichen Falle

schlossen gegen Hass und Gewalt. Neben der Weigerung muslimischer Hutu, sich an dem Morden zu beteiligen (oder aber mit Gegengewalt zu reagieren), leisten viele auch ganz aktiven, aber stets gewaltlosen Widerstand: Verfolgte finden in ihren Häusern und Moscheen Schutz, ohne Verrat fürchten zu müssen. Muslime verstecken gesuchte Tutsi in ihren Siedlungen, versorgen sie mit Lebensmitteln und stellen sich zwischen sie und die Mörderbanden – was sie nicht selten ihr eigenes Leben kostet. Einige errichten Straßensperren, um die Milizen am Vorrücken zu hindern, oder schleichen sich bei den Todesschwadronen ein, um ihre Pläne auszuspionieren – und dadurch die Flüchtlinge rechtzeitig warnen und in sichere Gebiete führen zu können. Andere retten Tutsi vor dem Ertrinken oder veranstalten ›Schein-Massaker‹ und ›Schein-Beerdigungen‹, mit denen sie die Hutu-Milizen täuschen und zum Abzug bewegen.

All dies geschieht freilich unter höchster Lebensgefahr. Sowohl der öffentliche Widerstand der religiösen Führer als auch der direkte Einsatz der Gemeinden und jedes Einzelnen birgt ein enormes Risiko, erfordert großen Mut und Entschlossenheit. Dieses beispielhafte Verhalten der ruandischen Muslime lässt sich zum Teil mit ihrer eigenen Geschichte erklären. Seit im 19. Jahrhundert der Islam durch indische und arabische Händler nach Ruanda gelangte, zählen seine Anhänger zu einer marginalisierten Minderheit. Während der Kolonialherrschaft, die eng mit der christlichen Kirche verbunden war, wurden sie als Bedrohung wahrgenommen und in isolierte Siedlungen verbannt.

Auch nach der Unabhängigkeit grenzen Regierung und die überwiegend katholische Bevölkerung die Muslime aus und brandmarken sie als Fremde. Sie gelten weder als Hutu noch als Tutsi oder Twa, sondern werden als eine vierte, befremdliche Gruppe wahrgenommen.

An diese Erfahrungen der muslimischen Gemeinschaft in Ruanda knüpfte ihr gewaltloser Widerstand von 1994 an: Aufgrund der weitgehenden gesellschaftlichen Ausgrenzung wird ihr innerer Zusammenhalt gestärkt. Das gemeinsame religiöse Leben fördert das Gemeinschaftsgefühl zusätzlich (z. B. durch tägliches gemeinsames Beten oder gemeinsames Fastenbrechen im Ramadan). Durch die selbst erfahrene Diskriminierung können sie sich mit den verfolgten Tutsi identifizieren. Der Glaube an religiös begründete Werte wie Gewaltlosigkeit und interethnische Nächstenliebe ist (auch) aus eigenem Interesse tief verankert. Er verbietet das Töten und gebietet Schutz der Schwachen.

Lehrt uns, wie man zusammenlebt! Staatspräsident Bizimungu

Durch die weitgehende politische Ausgrenzung bestehen keinerlei Verbindungen zu den Parteien. Dadurch haben die Muslime – im Gegensatz zu den christlichen Kirchen – genug Distanz, um frühzeitig die Entwicklung von Politik und Propaganda richtig einschätzen zu können; überdies bieten sich ihnen keinerlei Vorteile durch eine Beteiligung am Genozid.

Durch den erschwerten Zugang zu öffentlichen Schulen werden Kinder und Jugendliche weniger mit der hetzerischen Hutu- bzw. Regierungspropaganda infiltriert; hingegen konnten an den eigenen muslimischen Schulen Sensibilisierungsprogramme gegen Hass und Gewalt durchgeführt werden.

Der Film »Hotel Rwanda«
schildert die wahre Geschichte
des Hotelmanagers Paul Rusesabagina,
der während des Genozids 1994
unter Lebensgefahr
mehr als 1000 Flüchtlinge
vor dem sicheren Tod rettete

RESÜMEE

Zwar gab es auch einzelne Muslime, die sich von ihrer Gemeinde
abwandten und am Morden beteiligen. Gleichwohl wurden zahllose Menschen – Tutsi und oppositionelle Hutu, Muslime und
Christen – durch die Hilfe von Muslimen gerettet, wie der Bericht
des UN-Sonderermittlers Christian P. Scherrer bestätigte. Auch
wurde bis heute kein einziger islamischer Geistlicher (im Gegensatz zu etlichen christlichen Geistlichen verschiedener Konfessionen) wegen Mithilfe am Genozid angeklagt. Stattdessen bat
der Präsident des Landes bei der Vereidigung des ersten muslimischen Ministers im Kabinett, an die ruandischen Muslime ge-
wandt: »Lehrt die anderen Ruander, wie man zusammenlebt!«
(Pasteur Bizimungu, zitiert nach Doughty/Ntambara 2005).

WEITERFÜHRENDE INFORMATIONEN:

- Es gibt manche Werke über den Völkermord an den Tutsi, die aufgrund der schonungslosen Beschreibungen aber nur sehr bedingt zu empfehlen sind (insbesondere für Jugendliche). In seinem Roman »Wir möchten Ihnen mitteilen, dass wir morgen mit unseren Familien umgebracht werden« (Berlin 1999) schildert der amerikanische Autor Philip Gourevitch die Gräuel des Genozids. Aus eigener Anschauung berichtet der damalige UNO-Kommandeur in Ruanda vom Versagen der Weltgemeinschaft: Roméo Dallaire: Handschlag mit dem Teufel: Die Mitschuld der Weltgemeinschaft am Völkermord in Ruanda (Springe 2008). Sehenswert ist auch der preisgekrönte Film »Hotel Ruanda« (2004) über einen mutigen Hotelmanager, der über tausend Menschen rettete.
- Ausführlicher zum Genozid und zum muslimischen Widerstand ist das Kapitel »Ruanda« bei Markus Weingardt: RELIGION MACHT FRIEDEN. Bonn 2010: Bundeszentrale für politische Bildung. Auch im Internet unter URL: www.compass-infodienst.de/Markus_Weingardt__Religion_Macht_Frieden_-_Beispiel_Ruanda.5490.0.html.

QUELLEN:

Doughty, Kristin / Ntambara, David Moussa 2005: Resistance and Protection. Muslim Community Action during the Rwandan Genocide. STCPP-Case Study. URL: www.cdainc.com/publications/steps/casestudies/stepsCase02Rwanda.pdf (Rev. 13.7.2013).

Scherrer, Christian P. 1996: Der Holocaust an den Tutsi. Das Verbrechen war von langer Hand geplant und organisiert. In: pogrom – Zeitschrift für bedrohte Völker Nr. 190/1996: S. 38–40. URL: www.gfbv.it/3dossier/africa/ruanda-dt.html (Rev. 13.7.2013).

Scherrer, Christian P. 1995: Der apokalyptische Völkermord in Rwanda und die Rolle der internationalen Gemeinschaft. In: Calließ, Jörg / Merkel, Christine M. (Hg.) 1995: Peaceful Settlement of Conflicts – A Joint Task for International Organisations, Governments and Civil Society. Loccumer Protokolle 24/95, Bd. 1. Loccum: Evangelische Akademie, S. 311–350.

Tom, Ndahiro 2005: Genocide and the Role of the Church in Rwanda. URL: www.newsfromafrica.org/newsfromafrica/articles/art_10231.html (Rev. 13.7.2013).

Weingardt, Markus 2010: RELIGION MACHT FRIEDEN. Bonn: Bundeszentrale für politische Bildung, S. 310–316.

3. FRIEDENSERZIEHUNG

3.1 METHODE

Die einleitenden Worte aus der Verfassung der UNESCO (UN-Organisation für Erziehung, Wissenschaft und Kultur) verweisen auf einen grundlegenden Aspekt ziviler Konfliktbearbeitung, dem sich eine ganz besondere Art von Bildung verschrieben hat:

> Da Krieg im Geiste der Menschen entsteht,
> muss auch der Friede im Geiste der Menschen verankert werden.
>
> *Präambel der UNESCO-Verfassung*

die Erziehung zum Frieden. Denn Friedensfähigkeit und konstruktives Konfliktverhalten kann gelernt und muss daher auch gelehrt werden. Doch wie kann es gelingen, zum Frieden zu erziehen inmitten einer Welt, die von Ungleichheit, Ungerechtigkeit und Gewalt geprägt ist; in einer Welt, in der scheinbar nur das ›Recht des Stärkeren‹ gilt?

DIE IDEE

In der Friedenspädagogik wird Frieden nicht als ein Zustand verstanden, auf den die Menschen hingeführt werden. Es ist auch kein plötzliches Ereignis, das beginnt, wenn die Gewalt aufhört – und ebenso abrupt wieder enden kann. Vielmehr ist Frieden ein Prozess abnehmender Gewalt und zunehmender Gerechtigkeit, den zu gestalten und erhalten die Menschen lernen sollen. Friedensfähig zu sein bedeutet demnach, friedliche Konfliktaustragung

Die »schwimmende Friedensuniversität« der japanischen Peace Boat-Initiative steuert Konfliktregionen in aller Welt an

einer gewaltförmigen, destruktiven vorzuziehen und aktiv die Gewalt im eigenen Umfeld zu bekämpfen, indem man konstruktive, gewaltlose Verhaltensalternativen wählt und der Eskalationsspirale entgegenwirkt. Um diese Fähigkeit zu erlernen, müssen die ›Friedensschüler‹ wichtige Tatsachen erkennen:

- Kriege werden von Menschen geführt und sind somit vermeidbar.
- Krieg und direkte Gewalt sind nur die sichtbare Spitze des Eisbergs, unter der noch andere Formen von Gewalt verborgen sind.

- Gewalt muss auf allen ihren Ebenen verringert werden, wenn nachhaltiger Frieden erreicht werden soll.
- Gewaltlosigkeit bedeutet weder Passivität noch Schwäche, und wer Gewalt anwendet, ist keineswegs der Stärkere.

Selbsterkenntnis und Reflexionsvermögen spielen hierbei eine große Rolle. Wie gehe ich selbst mit meinen Ängsten und Aggressionen um und wie verhalte ich mich in einer Konfliktsituation?

Auch die Fähigkeit, hoch komplexe Situationen wie innergesellschaftliche Konflikte oder internationale Kriege zu analysieren, wird trainiert. Zudem ist es wichtig, neben Sensibilität für Formen und Zyklen der Gewalt auch interkulturelle Kompetenzen, den kritischen Umgang mit (Massen-)Medien und Methoden der gewaltfreien Kommunikation zu lernen. Jedoch ist es mit einem rein kognitiven Wissen über Konflikte und Methoden nicht getan: Friedenserziehung möchte Menschen zum politischen Handeln und konstruktiven Konfliktverhalten befähigen, anregen und ermutigen.

ZIEL UND WEG

Ziel ist die wachsende Friedensfähigkeit jeder einzelnen Person. Diese wird auf drei Ebenen vermittelt:
- Theoretische Wissensvermittlung über Gewalt, Konflikt und Frieden
- Praktische Einübung von aktivem, friedlichem Handeln
- Aufforderung und Ermutigung zum Engagement für Frieden in einer friedlosen Welt

GRUNDREGELN

Um dem Prinzip der Gewaltlosigkeit bereits während des Lernprozesses gerecht zu werden, gibt es gewisse Grundregeln:

Indoktrinationsverbot: Dem Schüler darf keine Meinung oder Erkenntnis aufgezwungen werden, sondern er muss sich sein eigenes Urteil bilden.

Kontroversegebot: Was in Politik und Wissenschaft kontrovers diskutiert wird, muss auch mit all seinen Widersprüchen und Facetten vermittelt werden.

Gewaltverbot: In keiner Situation darf der Lehrende physische oder psychische Gewalt anwenden oder die Schüler als Objekte behandeln; vielmehr ist ein Lehrer-Schüler-Bündnis anzustreben, in dem auch der Lehrende lernbereit ist.

DER UNTERRICHT

Im Laufe der Jahrzehnte hat die Friedens-pädagogik eine Vielzahl an didaktischen Konzepten, Methoden und Unterrichts-materialien entwickelt, die diesen Grund-regeln gerecht werden.

Der eigentliche Unterricht kann dann in ganz unterschiedlichen Rahmen stattfin-den. Er kann bereits in der Vorschule be-ginnen und sich bis in die Universität oder Fachhochschule erstrecken. Aber auch im außerschulischen Bereich ist die Frie-denserziehung von großer Notwendigkeit: in Vereinen, in der Gemeinde, in Jugendeinrichtungen, in Kir-chengemeinden und Bürgerinitiativen, in der Erwachsenenbil-dung und in den Massenmedien. Die Lehrenden können entwe-der eine Unterrichtseinheit diesem Thema widmen, Projekttage abhalten oder regelmäßige friedenspädagogische Einheiten in die sonstigen Aktivitäten einbauen. Um den friedlichen Umgang mit Konflikten zu erlernen, gibt es keinen falschen Zeitpunkt; niemand ist zu jung oder zu alt, es ist nie zu früh oder zu spät.

WIRKUNG

Mittels friedenspädagogischer Maßnahmen kann einer Konflikt-eskalation vorgebeugt werden, indem die Menschen lernen, sich anbahnende Konflikte von Beginn an konstruktiv auszutragen. Sie eignen sich dort besonders gut, wo die Menschen durch langjährige Gewalt den konstruktiven Umgang verlernt haben und Gewalt als ›normaler‹ Umgang miteinander betrachtet wird. Hinzu kommt die deeskalierende Wirkung von friedenspädago-gischen Maßnahmen während eines bereits ausgebrochenen, offenen Konflikts. Friedenspädagogik hilft somit, den Frieden nachhaltig zu sichern und zukünftige Gewaltausbrüche zu verhindern. Im Bewusstsein alternativer Handlungsstrategien lernen die Konfliktparteien einen konstruktiven Umgang miteinander. Oft sind es hier auch Kinder, die ihr Wissen an ihre Eltern weitergeben oder als neue Generation einen anderen, friedlicheren Weg einschlagen können.

WEITERFÜHRENDE INFORMATIONEN:

- Literatur, Materialien, Erfahrungsberichte und Veranstaltungshinweise bietet das Institut für Friedenspädagogik Tübingen e. V. an (jetzt: Berghof Peace Education): www.friedenspaedagogik.de.
- Einen umfassenden Blick auf das Thema Friedenserziehung aus unterschiedlichen wissenschaftlichen und religiösen Perspektiven samt Beispielen guter Praxis bieten Werner Haussmann u. a. (Hg.): Handbuch Friedenserziehung. Interreligiös – interkulturell – interkonfessionell (Gütersloh 2006).
- Ein geschichtlicher und theoretischer Überblick findet sich bei Karl Ernst Nipkow: Der schwierige Weg zum Frieden (Gütersloh 2007).

QUELLEN:

Deutsche UNESCO-Kommission e. V. 2001: Verfassung der Organisation der Vereinten Nationen für Bildung, Wissenschaft und Kultur (UNESCO). URL: www.unesco.de/unesco_verfassung.html (Rev. 13. 7. 2013).

Grasse, Renate / Gruber, Bettina / Gugel, Günther (Hg.) 2008: Friedenspädagogik. Grundlagen, Praxisansätze, Perspektiven. Reinbek: Rowohlt Taschenbuchverlag.

Gugel, Günther / Jäger, Uli 2007: Frieden gemeinsam üben. Didaktische Materialien für Friedenserziehung und Globales Lernen in der Schule. Tübingen: Institut für Friedenspädagogik e. V.

Gugel, Günther / Jäger, Uli 1999: Friedenspädagogik und Friedenserziehung. URL: www.friedenspaedagogik.de/index.php?/ift/themen/friedenspaedagogik/friedenspaedagogik_artikel_und_dokumente_seit_1900/1990_2000/guenther_gugel_uli_jaeger_friedenspaedagogik_und_friedenserziehung_1999 (Rev. 13. 7. 2013).

Nicklas, Hans 1996: Erziehung zur Friedensfähigkeit. In: Imbusch, Peter / Zoll, Ralf (Hg.): Friedens- und Konfliktforschung. Opladen: Leske + Budrich, S. 463–480.

3.2 DEUTSCHLAND: SCHRITTE GEGEN TRITTE

In Deutschland herrscht heute kein Krieg, und doch wachsen viele Kinder und Jugendliche in einem Umfeld auf, das durch Konflikte, Gewalt, Bedrohung, Diskriminierung und Hass geprägt ist. Sie werden immer wieder mit Situationen konfrontiert, in denen sie sich entscheiden müssen: Wende ich Gewalt an oder nicht? Verhalte ich mich fair und ehrlich, oder sollte ich mich lieber mit einer Lüge herausreden? Mache ich mit, wenn ein Mitschüler gemobbt wird, halte ich mich raus – oder greife ich ein? Das Gewaltpräventionsprojekt ›Schritte gegen Tritte‹ zeigt Jugendlichen ab der 7. Klasse einen Weg aus diesen Dilemmata.

IDEE

Seit 1993 ist es Ziel dieses kirchlichen Projekts, Schüler im konstruktiven Umgang mit Gewalt zu stärken und gleichzeitig strukturelle Ungerechtigkeiten ab- und friedliche Umfangsformen aufzubauen. Dies geschieht, indem Schüler sich des eigenen Umgangs mit Gewalt bewusst werden, Ausgrenzungs- und Rassismustendenzen erkennen und gemeinsam neue Wege suchen, mit der alltäglichen Gewalt umzugehen.

Die Idee dieses Projekts stammt von Pastor Klaus J. Burckhardt von der evangelischen Landeskirche Hannovers. Ihn inspirierte zum einen die biblische Spiritualität der Gewaltfreiheit, zum anderen das Engagement gegen Rassismus und Apartheid in Südafrika, das er während seiner sozial-diakonischen Arbeit in einem Flüchtlingslager miterlebte.

Inspirationsquellen:
Das biblische Prinzip der Gewaltfreiheit sowie persönlichen Erfahrungen mit dem Kampf gegen Ausgrenzung und Diskriminierung

DURCHFÜHRUNG

Die in Afrika gesammelten Erfahrungen spiegeln sich nun deutlich in Burckhardts Arbeit mit Jugendlichen in Deutschland wider. So beginnen die sechs Unterrichtseinheiten, die man für die Durchführung benötigt, mit einem Simulationsspiel, in dem die Jugendlichen in ›Bürger‹ und ›Flüchtlinge‹ aufgeteilt werden und Ausgrenzung am eigenen Leibe erfahren. Werden die ›Bürger‹

Rechtsextremismus hat viele Gesichter, doch nicht alle tragen Bomberjacken und Glatzen

großzügig mit leckerem Frühstück versorgt, dürfen die ›Flüchtlinge‹ eng zusammengepfercht lediglich dabei zusehen; nur durch richtig beantwortete Quizfragen können sie sich etwas vom Frühstück ›verdienen‹. Nach einem Raumwechsel gruppieren sich die ›Flüchtlinge‹ gemäß ihrer Herkunft und rekonstruieren gemeinsam mit einem ›Bürger‹ die Flüchtlingsschicksale. Mit Hilfe von Videoausschnitten, Biografiekärtchen und Referaten erfahren die ›Flüchtlinge‹ mehr über Verlauf und Gründe ihrer Flucht und den politisch-historischen Hintergrund.

Zusammen spielt die Gruppe das Brettspiel ›Reise in die Sicherheit‹. Am Anfang steht dabei die entscheidende Frage: Was nehme ich mit, wenn ich nur 3 Minuten Zeit zum Packen habe? Beim Würfeln entlang der Fluchtroute treten dann unerwartete Hindernisse auf: »Euer Schiff bekommt keine Anlegeerlaubnis und muss weiter durchs Meer fahren. Bleibe bis zum Ende des Spiels auf diesem Feld stehen.« Oder: »Dein Asylantrag wurde abgelehnt. Du wirst mit dem Flugzeug zurück in dein Herkunftsland geschickt.« Flüchtlingsschicksale werden für die Spieler am eigenen Leib spürbar. Anschließend erarbeiten sie gemeinsam die Rechte und Pflichten von Flüchtlingen im Gastland. Hier ist nun Platz, eigene Erfahrungen mit Flüchtlingen auszutauschen. Nach einem erneuten Raumwechsel erfolgt der Brückenschlag

zum eigenen sozialen Handeln. Begonnen wird mit der Analyse der anfänglichen Raumaufteilung: Wo war hier Gewalt ›im Spiel‹?

Die Jugendlichen lernen also zuerst, strukturelle, kulturelle und direkte Gewalt im fremden Kontext eines Flüchtlingsschicksals zu identifizieren. Behutsam wird dann die eigene Lebenssituation untersucht. Wie kann die im Spiel erfahrene Gewalt auf den Alltag der Teilnehmer übertragen werden? Wann grenzen wir andere aus, welche ›Etiketten‹ verteilen wir und wie erleben das die Ausgegrenzten?

Es geht darum, unterschiedliche Formen der Gewalt zu erkennen und alltägliche Situationen danach kritisch zu bewerten. Daran anknüpfend werden in geschlechterspezifischen Gruppen unter Aufsicht eines Mitarbeiters eigene Gewalterfahrungen besprochen. In diesem geschützten Raum verpflichten sich alle zu gegenseitigem Respekt.

Mit Hilfe eines weiteren Rollenspiels sowie von Videoaufzeichnungen wird mögliches Verhalten in einer Gewaltsituation auf seine eskalierende oder deeskalierende Wirkung hin untersucht. Abschließend erarbeiten die Jugendlichen gemeinsam konstruktive Verhaltensregeln.

Besonders wichtig ist neben einer professionellen Leitung auch der richtige Abschluss des Projektes. Dies geschieht hier durch meditative Auseinandersetzung mit einem ›Hungertuch‹, das Hamburger Schüler über ihre Stadt gestalteten.

RESÜMEE

Es lohnt sich also der lange Weg von Südafrika nach Deutschland, denn das Resultat ist beachtlich: Schüler werden im Umgang mit Gewaltsituationen gestärkt. Sie entdecken, dass sie über ihre eigenen Gewalterfahrungen reden können, dabei nicht ausgelacht werden und dass Angst vor Gewalt ›normal‹ ist. Sie lernen, auf Körpersignale zu achten, sich ihrer eigenen Möglichkeiten zu bedienen und einen dritten Weg, weit weg von Flucht oder Kampf, zu wählen. Das stärkt das persönliche

Im Rollenspiel wird der konstruktive Umgang mit Gewaltsituationen geübt

Selbstwertgefühl und macht Mut, beim nächsten gewalttätigen Konflikt nicht wegzusehen, sondern konstruktiv einzugreifen.

Bisher wurden rund 150 Multiplikatoren ausgebildet, die das Projekt »Schritte gegen Tritte« inzwischen in Kirchengemeinden und Schulen in mehreren Bundesländern durchführen und dabei Tausende Jugendliche erreichen. Allein 2007 nahmen ca. 5000 Jugendliche in Projekttagen oder Konfirmandenwochenenden daran teil.

WEITERFÜHRENDE INFORMATIONEN:

- Alles über das Projekt und über die Multiplikatorenausbildung, sowie Kontaktdaten zu Multiplikatoren und umfangreiche Unterrichtsmaterialien sind im Internet erhältlich: www.schrittegegentritte.de.
- Die Amadeu-Antonio-Stiftung betreibt eine ausgezeichnete Website mit vielen wichtigen – grundsätzlichen und tagesaktuellen – Informationen rund um das Thema Rechtsextremismus: www.Netz-gegen-Nazis.de.

QUELLEN:

Arbeitsstelle Friedensarbeit im Haus kirchlicher Dienste der Ev.-luth. Landeskirche Hannovers o. J.: Projekt Schritte gegen Tritte: Offizielle Website. URL: www.schrittegegentritte.de (Rev. 13. 7. 2013).

3.3 KONGO: DER FRIEDENSWEG IM KRIEGSGEBIET

Demokratische
Republik Kongo

Seit vielen Jahren tobt in der Demokratischen Republik Kongo ein fürchterlicher Bürgerkrieg. Besonders in den Provinzen Nord- und Südkivu liefern sich rivalisierende Milizen unerbittliche Gefechte. Vergewaltigung, Zwangsrekrutierung von Kindersoldaten, Massaker, Plünderungen und andere grausame Menschenrechtsverletzungen werden hier sowohl von der Regierungsarmee als auch von den Rebellengruppen verübt. Die anhaltende Gewalt beeinflusst das Leben und die Werte der leidtragenden Bevölkerung stark. Der pure Kampf um das eigene Überleben und das Denken in Freund-Feind-Kategorien drängen friedliche Konfliktlösungen in den Hintergrund. Um diese wieder in das Bewusstsein zurückzurufen, bedarf es ganz besonderer Initiativen.

HINTERGRUND

Die DR Kongo ist fast sieben Mal so groß wie die Bundesrepublik Deutschland und damit das drittgrößte Land in Afrika. Die Bevölkerung wird auf 62 Millionen geschätzt, wovon rund 8 Millionen allein in der Hauptstadt Kinshasa leben. Die DR Kongo ist reich an Bodenschätzen wie Coltan, Zinn, Kupfer, Gold, Uran und Diamanten, die von ausländischen Konzernen ausgebeutet werden. Nachdem das Land 1960 von der Kolonialmacht Belgien in die Unabhängigkeit entlassen wird, kommt es immer wieder zu Unruhen, Plünderungen und bürgerkriegsähnlichen Zuständen.

Nach 32 Jahren brutaler Herrschaft und einem völligen Kollaps der Wirtschaft und Infrastruktur wird 1997 Diktator Joseph-Désiré Mobutu gestürzt. Neuer Präsident wird Joseph Kabila, doch kehrt keineswegs Frieden ein. Ganz im Gegenteil sind in der Folgezeit so viele Akteure in den Konflikt verwickelt, dass sogar von einem ›afrikanischen Weltkrieg‹ gesprochen wird: Nicht nur kongolesische Truppen und Rebellengruppen, sondern auch Armeen aus anderen afrikanischen Ländern kämpfen um die Macht im Land und über die Bodenschätze. Erst ab 2002 entspannt sich die Lage allmählich, und im Jahr 2006 können mit internationaler Unterstützung die ersten demokratischen Wahlen seit 40 Jahren abgehalten werden. Trotzdem gehen die Gefechte besonders in den Provinzen Nord- und Südkivu weiter.

Vertraut Euch dem Gesetz an! »Lasst uns den Richter fragen, wer Recht hat!«

RECOURIR A LA LOI

DEMANDONS AU JUGE DE DIRE QUI A RAISON.

28/03/2009

DAS FRIEDENSPÄDAGOGISCHE PROJEKT

Sowohl die Situation in der DR Kongo als auch der Genozid in Ruanda veranlassen die Organisation Réseau d'Innovation Organisationnelle (RIO) und ihre ruandische Partnerorganisation UMUSEKE dazu, gemeinsam ein grenzüberschreitendes, friedenspädagogisches Projekt durchzuführen. Ziel soll sein, junge Menschen in Ruanda und im Ostkongo zu mündigen, verantwortungsbewussten Bürgern zu erziehen. Sie sollen Gerechtigkeit, Toleranz und den Frieden in der Region der Großen Seen verteidigen.

RÉSEAU D'INNOVATION ORGANISATIONNELLE (RIO)

Die Organisation RIO ist der protestantischen Kirche in der DR Kongo angeschlossen. Seit ihrer Gründung 1996 spezialisiert sie sich auf Friedenserziehung und Friedenskultur im Gebiet der Großen Seen in Zentralafrika. 2005 organisiert RIO in Bukavu (Südkivu) eine Ausstellung mit integrierter Fortbildung zur Friedenserziehung mit Friedensaktivisten aus Ruanda, Burundi und der DR Kongo.

In Südkivu baut RIO auch ein Ausbildungszentrum für Friedenskultur im Bereich der Großen Seen auf und verfügt gleichzeitig über eine ausgesuchte Expertise im Bereich Mediation zwischen religiösen Konfliktakteuren. Darüber hinaus beschäftigt sich RIO mit Organisationsentwicklung, vor allem für die Mitglieder der Église du Christ au Congo (ECC), der protestantischen Kirche in der DR Kongo. Aufgrund der engen Zusammenarbeit mit dem Evangelischen Entwicklungsdienst (EED, 2012 zusammengeführt mit Brot für die Welt) wird das friedenspädagogische Engagement von RIO seit 2007 von einer Fachkraft aus Deutschland unterstützt.

Die Idee zu diesem Projekt stammt ursprünglich aus Frankreich, wo nach Ende des Zweiten Weltkriegs der sogenannte ›Kriegsweg‹ eine Reflexion über die Auswirkungen des Kriegs anregen sollte. Nach dem Genozid in Ruanda entwickelt UMUSEKE Mitte der 1990er-Jahre das daran angelehnte Projekt ›Der Bürger auf dem Weg des Friedens‹ als pädagogische Methode, um einen nachhaltigen Frieden gemeinsam mit den Jugendlichen zu schaffen.

Im Jahre 2005 organisiert RIO eine Ausstellung über unterschiedliche Instrumente der Friedenserziehung. Eingeladen sind Friedensaktivisten sowohl aus der DR Kongo als auch aus den Nachbarländern Ruanda und Burundi. Im Rahmen dieser Ausstellung stellt UMUSEKE seinen ›Friedensweg‹ vor, der auf so große Begeisterung stößt, dass RIO ihn sogleich übernimmt und umzusetzen beginnt.

DURCHFÜHRUNG
Der ›Friedensweg‹ vermittelt eine Vielzahl von pädagogischen Methoden, die in ca. 30 Übungseinheiten von 1 bis 2 Stunden mit Jugendlichen im Alter zwischen 10 und 18 Jahren umgesetzt werden. Im Zentrum stehen hierbei 28 Plakate mit Bildern oder Symbolen, die von den Jugendgruppen diskutiert und bearbeitet werden. Dabei stehen zwei Aspekte im Vordergrund:
Bewusstmachung von Verhaltensweisen, die zu Ausgrenzung anderer führen (Verallgemeinerungen, Vorurteile, jemanden als Sündenbock abstempeln, Gerüchte, Verdächtigungen, Diskriminierungen etc.)
Erarbeiten von Vorgehensweisen gegen ausgrenzendes Verhalten (bspw. Rechte und Pflichten der Bürger, persönlicher Einsatz, Motto ›Eine Welt für alle‹)

Gelehrt wird diese neue Denk- und Verhaltensweise vor allem mittels partizipativer Methoden, was für einige Lehrer eine Herausforderung darstellt, wenden sie ansonsten doch überwiegend

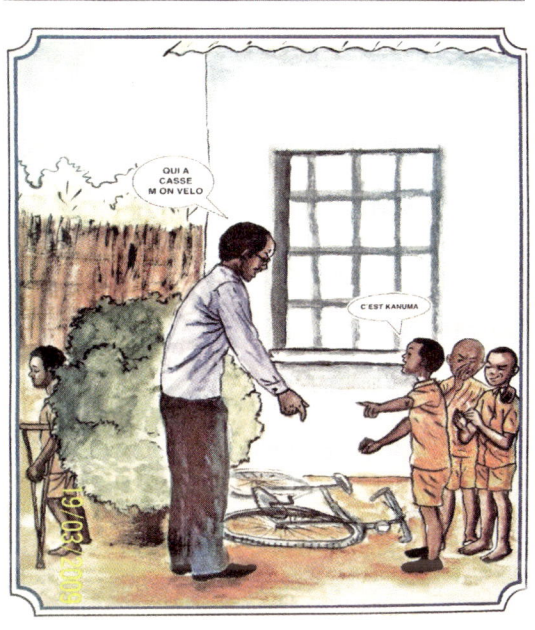

BOUC EMISSAIRE

Der Sündenbock.
»Wer hat mein Fahrrad kaputt gemacht?«
»Das war Kanuma!«

Anwendung
des Gesetzes:
»Du hast das Haus
deines Nachbarn
beschädigt.
Du musst den
Schaden
reparieren.«

klassische Unterrichtsformen an. Die Jugendlichen hingegen nehmen die neuen pädagogischen Methoden, die neben Diskutieren und Debattieren auch Rollenspiele und Chansons beinhalten, mit Begeisterung an.

In einem dreitägigen Workshop bilden RIO und UMUSEKE Lehrer, Gruppen- und Übungsleiter aus, die die Friedenspädagogik in Schulen, Friedensclubs, Straßenkindergruppen, Ferienlagern und Mädchengruppen praktizieren und weitergeben. Zum gegenseitigen Austausch und zur Weiterentwicklung der Unterrichtseinheiten treffen sich die neuen Gruppenleiter regelmäßig auf regionaler Ebene.

WIRKUNG

Insgesamt konnten in den Jahren 2008 und 2009 rund 60 Gruppen in Ruanda und im Ostkongo den ›Friedensweg‹ beschreiten. Die bisherigen Erfahrungen zeigen, dass sowohl die teilnehmenden Jugendlichen als auch die Erwachsenen von den für sie neuen pädagogischen Methoden profitieren. Viele Lehrer setzen die erlernten Instrumente in ihrem regulären Schulunterricht ein. Jugendliche pflegen einen anderen Umgang miteinander, was auch auf ihr Umfeld ausstrahlt. Der Übungsleiter eines Friedensclubs in Bukavu berichtete, dass Jugendliche mit ihrem neuen Wissen Konflikte in der Nachbarschaft gelöst haben. Die Jugendlichen haben also nicht nur ihr eigenes Denken und Handeln verändert, sondern teilen ihre neuen Friedenskompetenzen auch mit ihren Familien und Nachbarn und tragen so zu einem friedlichen und konstruktiven Zusammenleben bei.

Gerüchte

Weiterhin bemerken Lehrer und Übungsleiter, dass die Jugendlichen nach dem Kurs anfingen, den Nachrichten und Begebenheiten, denen sie ausgesetzt sind, sachlicher und vorsichtiger zu begegnen. In der DR Kongo wachsen Jugendliche in einem Umfeld auf, das stark von nicht überprüfbaren Gerüchten bestimmt wird. Es gibt kaum verlässliche und unabhängige Medien. Besonders einflussreich sind die wenigen Radiosender mit ihren oft die Wirklichkeit verzerrenden Meldungen. Um solchen rasch kursierenden Gerüchten entgegenzuwirken und sie zu entschärfen, ist sachliches Prüfen und Abwägen der tatsächlichen Fakten ein wichtiger Schritt.

ZUKUNFT

Die ausgebildeten Lehrer, Gruppen- und Übungsleiter werden ermutigt, als Multiplikatoren ihre Fähigkeiten weiterzugeben, damit der ›Friedensweg‹ flächendeckend bekannt wird. Um dieses große Ziel zu erreichen, wird das Projekt inzwischen stark von der französischen Hilfsorganisation Comité Catholique contre la faim et pour le Développement – Terre Solidaire gefördert.

Mitarbeiter
der Organisation RIO,
die der protestantischen Kirche
in der DR Kongo
angeschlossen ist

WEITERFÜHRENDE INFORMATIONEN:

- Auf der Website (frz.) der Organisation RIO findet sich alles über ihre Arbeit: http://riobukavu.net.
- Mehr über die ruandische Partnerorganisation UMUSEKE erfährt man unter http://umuseke1.afrikblog.com und unter www.umusekerwanda.org.
- Hintergründe über Land, Gesellschaft und den Krieg bietet InWent (Autor: Karl Wirtz): http://liportal.giz.de/kongo.html (Rev. 14. 7. 2013).

Herzlichen Dank an Jessie Bohr, die als Autorin für dieses Kapitel verantwortlich zeichnet (einschl. der Bilder der Ausstellungstafeln und des RIO-Gruppenbildes). Sie war Friedensfachkraft beim Réseau d'Innovation Organisationnelle (RIO) in Bukavu/DR Kongo, entsendet vom Evangelischen Entwicklungsdienst (EED). Zur Zeit arbeitet sie als Beraterin für die GIZ an der Provinzregierung des Eastern Cape im »Department of Sport, Recreation, Arts and Culture (DSRAC)« in King Williams Town in Südafrika.

4. TRAINING FOR PEACE

4.1 METHODE

Wann genau wird aus einer Meinungsverschiedenheit ein Konflikt? Nach welchem Schema laufen innergesellschaftliche Konflikte ab? Welche Ursachen können diesen zugrunde liegen? Und das Wichtigste: Wie soll ich mich in einer solchen Situation verhalten? Diese Fragen beschäftigen viele Menschen, deren Lebensumfeld von einem gewaltsamen Konflikt beherrscht wird. Um diese Menschen zu befähigen und zu stärken, positiv auf ihr Umfeld einzuwirken, wurden sogenannte »Trainings for Peace« oder auch »Trainings for Conflict Transformation« entwickelt.

ZIEL

Im Repertoire der Zivilen Konfliktbearbeitung spielen solche Trainings eine große Rolle. Ihr Anliegen ist, die Teilnehmer
a) für die Ursachen und Dynamiken von Konflikten zu sensibilisieren,
b) zu befähigen, besser mit krisenhaften Situationen umzugehen, und
c) auf die Folgen des eigenen Handelns in Konflikten aufmerksam zu machen.

Daher zielt ein Training vor allem auf die persönliche Weiterentwicklung der Teilnehmer ab: Sie erkennen ihre eigenen Werte, Motive, Denk- und Verhaltensweisen, und lernen, sie im Sinne eines konstruktiven Konfliktaustrags einzubringen – oder auch zu verändern. Das Training dient damit der Kompetenzerweiterung jedes Einzelnen.

DIE TEILNEHMER

Nach diesen Kompetenzen streben jedoch nicht nur vom Konflikt unmittelbar betroffene Personen. Die Teilnehmer rekrutieren sich meist aus drei verschiedenen Gruppen:
• Personen, die bereits in der Konfliktbearbeitung tätig sind oder in ihrem Alltag direkt von Konflikten betroffen sind und auf diese positiv einwirken möchten

• Personen, die selbst Trainer werden und ihr Wissen weitergeben möchten

• Interessierte Dritte, also Personen, die im weiteren Umfeld von Konflikten arbeiten und gewaltfreie Strategien in ihrem (beruflichen) Alltag einsetzen möchten.

Im Normalfall besteht eine Trainingsgruppe aus 10 bis 20 Personen aus ganz unterschiedlichen Berufsfeldern, biografischen und sozioökonomischen Kontexten. Findet ein Training inmitten eines gewaltsamen Konflikts statt, kann es hilfreich sein, Personen der zerstrittenen Parteien in einem Training zusammenzubringen. Das funktioniert selbstverständlich nur, wenn die Teilnehmer ernsthaft gewillt sind, sich auf den mitunter schwierigen Prozess des gemeinsamen Trainings und eine konstruktive Konfliktbearbeitung einzulassen.

INHALT

Da die Motivation für eine Teilnahme oft sehr verschieden ist, gibt es auch unterschiedliche Arten von Kursen. Man kann hier unterscheiden in:

• Trainings für Friedensaktivisten, die selbst vom Konflikt betroffen sind

• Trainings für zukünftige Trainer

• Drittpartei-Trainings für Außenstehende, die konstruktiv auf Konflikte einwirken möchten oder sollen

• Wissensvermittlung durch akademische Einrichtungen (Universitäten, Forschungsinstitute) für Personen mit primär wissenschaftlichem Interesse an Konflikt- und Friedensprozessen.

Jede ausbildende Einrichtung und jeder Trainer richten dementsprechend den Trainingsinhalt an den Bedürfnissen, Interessen und am Wissensstand ihrer Teilnehmer aus. In Basiskursen wird zunächst vor allem breites Grundwissen vermittelt, etwa über Konfliktanalyse, Konflikt-

verlaufsmodelle und Instrumente der Konfliktbearbeitung. Spezialisierungskurse bieten dann die Möglichkeit, tiefer in einzelne Themen einzutauchen, bspw. in die gewaltfreie Kommunikation, in Methoden der interkulturellen Mediation oder in die Problematik ethnopolitischer Konflikte. Vermittelt werden die Inhalte mit vorwiegend partizipatorischen und interaktiven Methoden (Rollenspiele, Simulationen etc.). So können neue Verhaltensweisen am besten erprobt und Schwierigkeiten unmittelbar erfahren werden.

TRAINER

Die Anforderungen an (werdende) Trainer sind hoch. Sie sollten selbstbewusst und zugleich selbstkritisch sein; theoretisch gebildet und zugleich praktisch erfahren; intuitiv und empathisch und zugleich analytisch und mit professioneller Distanz; kritikfähig und lernbereit und zugleich mit klarem Profil und innerer

Autorität; großes Wissen über den Konflikt besitzen und zugleich stets wissbegierig sein; günstigenfalls stammen sie aus dem jeweiligen Konfliktgebiet, ohne aber parteilich involviert zu sein, sodass sie von allen Konfliktparteien als Vermittler akzeptiert werden können. Nur äußerst selten finden sich Friedensakteure, die all diese Eigenschaften und Fähigkeiten in sich vereinen. Daher bieten sich Trainerteams an, die sich mit ihren Kompetenzen ergänzen. In manchen Situationen kann auch ein Team, das die unterschiedlichen Konfliktparteien widerspiegelt, deren Verständigung fördern. Von den Trainern praktizierte konstruktive Teamarbeit gibt zudem ein überzeugendes Beispiel, dass die besten Ergebnisse nur gemeinsam erreicht werden können.

ABLAUF

Trainings for Peace dauern manchmal nur ein oder zwei Tage, andere erstrecken sich über einige Wochen oder finden berufsbegleitend an mehreren Wochenenden statt. Gewöhnlich läuft ein Lernprozess in drei Phasen ab:

- Zuerst werden sich die Teilnehmer ihrer eigenen Annahmen, Denk- und Verhaltensweisen bewusst.
- Anschließend entwickeln sie ein Verständnis für einzelne Handlungsweisen und Konzepte der Konfliktbearbeitung. Sie gewinnen ein Gespür dafür, das richtige Element zum rechten Zeitpunkt einzubringen.
- In der letzten Phase entsteht die Fähigkeit, bestimmte Verhaltensmuster ohne Anstrengung anzuwenden; sie werden Teil des natürlichen Verhaltens der Personen.

Wie dieser Lernprozess gestaltet wird, können Trainer und Lernende teilweise gemeinsam erarbeiten. Wichtige Aspekte sind dabei:

- Auswahl der Teilnehmer (adäquate Gruppenkonstellation)
- Wahl und Gestaltung eines sicheren und vertrauensvollen Umfeldes
- Bedürfnisse, Erwartungen und Vorkenntnisse zu Beginn genau klären
- Lehrplan und Methoden an diesen ausrichten
- Gemeinsam Ziele formulieren
- Trainerteams leben konstruktive Heterogenität und respektvollen Umgang vor
- Flexible Gestaltung der Trainings, Anpassung an unerwartete Entwicklungen
- Feedback und Evaluation
- Supervision und Coaching
- Langfristiges Engagement

Besonders der letzte Punkt ist von enormer Bedeutung. Ein Training allein erzielt selten den erwünschten Erfolg. Das neu ausgebildete Friedenspersonal sollte nun in Strukturen eingebettet sein, in denen es die erworbenen Fähigkeiten einbringen und Erfahrungen sammeln kann. Vernetzung, dauerhafte Kontakte zu anderen Friedensaktivisten oder Trainern und die Zusammenarbeit mit Partnerorganisationen können hierbei helfen.

Friedensarbeit wird oftmals vor allem von Frauen getragen, hier bei einem Friedenstraining in Afghanistan

RESÜMEE

Aufgrund ihrer flexiblen Inhaltsgestaltung können Trainings for Peace in jedem Konfliktstadium angewendet werden. Es ist nie zu spät, gewaltfreies Handeln und konstruktives Eingreifen zu

Habt keine Angst, den Frieden zu wagen, zu lehren.
Frieden wird in der Geschichte das letzte Wort haben.
Papst Johannes Paul II.

lernen. Aber auch nie zu früh! Kleine Konflikte in der Familie oder am Arbeitsplatz lassen sich oft vermeiden, wenn man sein eigenes Verhalten reflektieren und das der anderen besser verstehen kann. Dasselbe gilt auch in der ›großen‹ Politik.

WEITERFÜHRENDE INFORMATIONEN:

- Die Plattform Zivile Konfliktbearbeitung bietet neben umfangreichen Infos zum Thema Konfliktbearbeitung einen umfassenden Terminkalender mit Vorträgen, Workshops und Lehrgängen zum Thema Konfliktbearbeitung: www.konflikt-bearbeitung.de.
- Trainer für Gewaltfreiheit und Zivile Konfliktbearbeitung haben sich unter anderem im Kölner Trainingskollektiv und Trainingskollektiv Windrose zusammengeschlossen: www.trainingskollektiv.de und www.tk-windrose.de.

QUELLEN:

Mischnick, Ruth 2007: Gewaltfreie Konflikttransformation. Trainingsmanual für einen Training-of-Trainers-Kurs. (Hg. von KURVE Wustrow u. a.) URL: www.ruthmischnick.de/pdf/manual_konflikt.pdf (Rev. 7. 1. 2013).

Austin, Beatrix 2011: Training for Conflict Transformation – An Overview of Approaches. (Hg. von Berghof Forschungszentrum für konstruktive Konfliktbearbeitung) URL: www.berghof-handbook.net/documents/publications/austin_handbookII.pdf (Rev. 7. 1. 2013).

4.2 DEUTSCHLAND: AUSBILDUNG ZUR FRIEDENSFACHKRAFT

Frieden? Klar, aber wie? In allen Kapiteln werden Beispiele gezeigt, wie sich einzelne Personen oder Gruppen für den Frieden einsetzen. Viele von ihnen erbringen als Laien großartige Leistungen, andere wiederum werden professionell dafür ausgebildet, wie zum Beispiel Jessie Bohr im Kongo, die den Beitrag zur Friedenserziehung im Kongo verfasst hat (siehe Kap. 3.3). In Deutschland gibt es ein breites Spektrum an Kursen, Seminaren und Aus- oder Weiterbildungen, die für den Umgang mit Konflikten qualifizieren, die eigene Persönlichkeit weiterentwickeln und Methoden der Konfliktbearbeitung vermitteln.

DIE IDEE

Seit 1992 schult der Verein gewaltfrei handeln e.V. (früher: Ökumenischer Dienst Schalomdiakonat OeD) Männer und Frauen aus verschiedenen Kirchen bzw. Religionen, Ländern und gesellschaftlichen Bereichen in Konfliktbearbeitung und gewaltfreiem Handeln. Die Einstiegskurse gewähren Einblicke in die Möglichkeiten gewaltfreier Konfliktbearbeitung, in die Wirkungsweise aktiver Gewaltfreiheit (siehe Kap. 2 ›Gewaltfreie Aktion‹) und in Methoden der Konfliktdeeskalation.

gewalt*frei* handeln e.V.
ökumenisch Frieden lernen

FRIEDENSFACHKRAFT

Eine relativ neue Erscheinung in der Entwicklungszusammenarbeit ist der Zivile Friedensdienst ZFD. Er verbindet staatliche und nicht-staatliche Organisationen, die sich aktiv für Frieden, Verständigung und Konfliktbewältigung einsetzen. Um für den Zivilen Friedensdienst im Ausland tätig zu werden, bedarf es meist einer speziellen Ausbildung zur Friedensfachkraft, in der der Umgang mit Konflikten systematisch erlernt wird. Neben anderen Institutionen ist gewaltfrei handeln e.V. ein anerkannter Ausbilder zur Friedensfachkraft.

Vertiefende, themenspezifische Fortbildungen werden als einzelne Seminartage oder berufsbegleitende zertifizierte Ausbildungsgänge angeboten.

Wir sind überzeugt davon, dass nur gewaltfrei bearbeitete Konflikte Aussicht auf nachhaltige Klärung haben.
gewaltfrei handeln e. V. 2013

DIE MOTIVATION

Gewaltfreiheit stellt für die Mitarbeiter von gewaltfrei handeln e. V. ein Lebensprinzip dar, das sie verbreiten möchten. Gleichzeitig wurzelt ihre praktische Arbeit in einer ökumenischen Spiritualität. Inspiriert durch den 1983 initiierten weltweiten Konziliaren Prozess christlicher Kirchen für Gerechtigkeit, Frieden und Bewahrung der Schöpfung, schließt sich 1992 eine Gruppe zusammen, die sich diesem Ziel verpflichtet – der Ökumenische Dienst Schalomdiakonat wird gegründet. Leitend ist dabei der hebräische, sehr umfassend zu verstehende Friedensbegriff Schalom:

Handlungsfähig werden in Konflikten

Wir bilden Sie darin aus,
mit Konflikten konstruktiv und gewaltfrei umzugehen.

Wir bieten Ihnen Vernetzung und Begleitung
in Ihrem Engagement für Frieden und für eine sozial, ökologisch und wirtschaftlich nachhaltige Entwicklung.

Unser Handeln basiert
auf der christlichen Tradition der Gewaltfreiheit. Wir sind offen für Menschen aller Religionen und Weltanschauungen.

„In der Mitte des Konflikts liegt die Kraft."
Eva-Maria Willkomm, Bildungsreferentin

AUSBILDUNG ZUR FRIEDENSFACHKRAFT

Ein Schwerpunkt von gewaltfrei handeln e. V. ist die Ausbildung als Schalomdiakon(in)/Fachkraft für Friedensarbeit. Ein Trainerteam behandelt an insgesamt 45 Kurstagen zentrale Themen der Friedensarbeit wie etwa:

- Ethische und spirituelle Grundlagen der Gewaltfreiheit
- Methoden der Konfliktanalyse und Konflikttransformation
- Eigene Identität, persönliches Konfliktverhalten und Gruppenprozesse
- Konstruktive Bearbeitung von sozialen und gesellschaftlichen Konflikten
- Gewaltfreier Umgang mit Unrecht und Gewalt
- Interkulturelle und interreligiöse Aspekte von Konfliktbearbeitung und Gewaltfreiheit, interreligiöser Dialog
- Menschenrechts-, Trauma- und Versöhnungsarbeit
- Chancen und Grenzen gewaltfreier Konfliktbearbeitung

In verschiedenen, stets praxisorientierten Modulen wird die Rolle von Macht, Hierarchie und Autorität in Konflikten untersucht und nach einem konstruktiven Umgang mit ihnen gesucht. Oder es werden Möglichkeiten und Hindernisse gewaltfreier Aktionen eruiert und die genaue Planung und Durchführung erprobt. Auch die Reflexion über die eigene Person und über das eigene Verhalten in Gruppen bzw. Konflikten ist ein wichtiger Bestandteil der Ausbildung, da die Persönlichkeit der Friedensfachkraft einen großen Einfluss auf die Konfliktentwicklung haben kann. Ziel der Ausbildung ist es, den Teilnehmern die Fähigkeit zu vermitteln, selbstreflexiv Perspektiven zu wechseln und kreative Problemlösungen zu finden.

MAGAZIN forumZFD
Nr. II/2012
inklusive Geschäftsbericht 201

FRIEDENSFACHKRAFT
EIN BERUFSBILD MIT ZUKUNFT

NACH DER AUSBILDUNG

Viele Absolventen möchten anschließend ihre gewonnenen Kenntnisse aktiv in Krisengebieten umsetzen. Dazu hat gewaltfrei handeln e.V. das Konzept der Kooperationspartnerschaft entwickelt: Kooperationspartner sind weltweit Personen oder Gruppen, die sich selbstverantwortlich für Gerechtigkeit, Frieden und Bewahrung der Schöpfung einsetzen und sich eindeutig zur Gewaltfreiheit bekennen. Für einen bestimmten Zeitraum erhalten sie von gewaltfrei handeln e.V. fachliche und personelle Verstärkung durch eine Friedensfachkraft.

Uns inspiriert die biblische Vision vom Schalom:
einem Frieden, der auf Gerechtigkeit basiert und
auch den Frieden mit der Natur umfasst.
Darauf gründen wir unser spezifisches Profil,
das in der Verbindung von fachlicher Kompetenz
mit einer politisch verstandenen Spiritualität der Gewaltfreiheit
liegt und sich im früheren Vereinsnamen
Schalomdiakonat ausdrückte.
gewaltfrei handeln e. V. 2013

BEISPIEL: BOSNIEN-HERZEGOWINA

Ein Kooperationspartner von gewaltfrei handeln e.V. ist der Bürgerverein Putevi mira (deutsch: Friedensweg) in Bosnien-Herzegowina. Im serbischen Teil des Landes gelegen, kümmert er sich um die Rückkehr und Reintegration von Flüchtlingen in deren ehemalige Heimatstadt Kozarska Dubica. Als nämlich 1999 nach jahrelangem Krieg die ersten Flüchtlinge unter dem Schutz internationaler Soldaten zurückkehren, werden sie feindlich aufgenommen. Die Helfer von Putevi Mira richten daraufhin ein Büro ein, das sich für die Menschenrechte der Flüchtlinge und deren Ansprüche auf ehemaliges Eigentum einsetzt. Von Anfang an ist Heike Mahlke dabei, eine ehrenamtliche Mitarbeiterin des OeD. Sie hilft, das Beratungsbüro und die Partnerschaft mit dem OeD aufzubauen. Infolge dieser Partnerschaft wird eine deutsche Friedensfachkraft in das Beratungsbüro entsandt. Sie kann mit ihrem Fachwissen die Arbeit vor Ort unterstützen und zugleich ihre Erfahrungen an den OeD/gewaltfrei handeln e.V. zurückgeben, etwa hinsichtlich Verbesserungen der Ausbildungskurse.

Das Büro wird bald zu einer wichtigen Anlaufstelle. Neben rechtlicher und finanzieller Beratung dient das Büro auch als Begegnungs- und Lernstätte: Frauen begegnen sich in Seminaren zu gewaltfreier Konfliktlösung, Kinder und Jugendliche lernen miteinander und alte Menschen treffen sich zum Kochen. So gelingt es den Menschen, das erfahrene Unrecht des Krieges gemeinsam aufzuarbeiten. Auch für diese schwierige Situation in einer tief gespaltenen Gesellschaft gilt das Konfliktverständnis des OeD:

»Konflikte konstruktiv und gewaltfrei auszutragen, bedarf einer veränderten Sicht auf Konflikte und Menschen – nicht zuletzt auf uns selbst. Wir verstehen Konflikte als Chancen für positive Veränderungen.« (OeD 2011)

Drei Viertel aller Misshelligkeiten und Missverständnisse
werden aus der Welt verschwinden,
wenn wir uns in die Lage unserer Gegner versetzen
und ihren Standpunkt verstehen.
Wir werden dann entweder sogleich mit ihnen einig werden
oder wir werden nachsichtig über sie denken.
Mahatma Gandhi

WEITERFÜHRENDE INFORMATIONEN:

- Der Ökumenische Dienst Schalomdiakonat bzw. (seit 2012) gewaltfrei handeln e. V. stellt sich und sein Kursangebot auf der eigenen Homepage vor: www.gewaltfreihandeln.org.
- Auch die Akademie für Konflikttransformation im Forum Ziviler Friedensdienst e. V. bietet (u. a.) Ausbildungskurse zur Friedensfachkraft an: www.forumzfd-akademie.de.
- Das Magazin forumZFD (Ausgabe 2/2012) berichtet ausführlich über Einsatzfelder von Friedensfachkräften nach ihrer Ausbildung: www.forumzfd.de/sites/default/files/downloads/Magazin%20forumZFD%203_2012.pdf.

QUELLEN:

Forum Ziviler Friedensdienst e. V. (Hg.) 2012: Magazin forumZFD, Ausgabe 2/2012. Köln: Forum ZFD.

Gewaltfrei handeln e. V. 2013: Offizielle Website unter URL: www.gewaltfreihandeln.org (Rev. 20. 2. 2014).

Ökumenischer Dienst Schalomdiakonat 2011: Offizielle (ehemalige) Website unter URL: www.schalomdiakonat.de (Rev. 7. 1. 2013; aktualisiert bis 2011, seit 2012 unter www.gewaltfreihandeln.org weitergeführt).

Siegmund, Maxi / Plisch, Uwe-Karsten 2006: Reader Friedensfachkraft. URL: www.bundes-esg.de/downloads/inhalt/Friedensfachkraefte.pdf (Rev. 7. 1. 2013).

4.3 SIERRA LEONE: DIE CLUBS DER FRIEDENSSTIFTER

Als am 18. Januar 2002 der damalige Präsident von Sierra Leone, Ahmad Tejan Kabbah, das offizielle Ende des Bürgerkriegs ausruft, hat das Land elf Jahre voller Verwüstungen, Morde, Verstümmelungen und Vergewaltigungen hinter sich. Mindestens 50.000, nach anderen Quellen sogar 200.000 Menschen verloren ihr Leben, viele weitere flohen. Die Bevölkerung ist gezeichnet von schwerem Leid, von Armut, Unzufriedenheit und Misstrauen. Die Mitglieder des Sierra Leone Fellowship of Evangelical Students (SLEFES), einer Vereinigung christlicher Studenten, erleben dies in ihrem direkten Umfeld an den Universitäten des Landes. Mit Hilfe einer deutschen Friedensfachkraft schulen sie deshalb ihre Kommilitonen im konstruktiven, gewaltlosen Umgang mit Konflikten.

Sierra Leone

HINTERGRUND

Seit der Unabhängigkeit von Großbritannien 1961 ist die Politik des westafrikanischen Landes gekennzeichnet von Korruption, Vetternwirtschaft und damit einhergehender Verarmung der Bevölkerung. Arbeitslosigkeit und Armut steigen auch nach der Machtübernahme durch General Joseph Momoh im Jahr 1980. In diesem Klima der Hoffnungslosigkeit und sozialen Ungerechtigkeit formiert sich die Rebellenarmee Revolutionary United Front (RUF), die vom damaligen Rebellenführer und späteren Diktator des Nachbarlandes Liberia, Charles Taylor, unterstützt wird. Durch den Handel mit den reichen Diamantenvorkommen Sierra Leones rüstet sich die RUF für den bewaffneten Kampf auf. 1991 bricht schließlich der Bürgerkrieg aus und überzieht das Land mit unvorstellbarer Gewalt. Neben der regulären Armee und den Kämpfern der RUF treten noch weitere Akteure auf dem Schlachtfeld in Erscheinung, insbesondere zahlreiche

»Blutdiamanten« und andere Bodenschätze finanzierten den Bürgerkrieg

bewaffnete Bürgerwehren und Milizen, aber auch englische ›Sicherheitsdienste‹, die die Regierung unterstützen. Unter Drogeneinfluss foltern, verstümmeln und morden die Kämpfer, oft noch Kinder, im ganzen Land. Nachdem mehrere Friedensabkommen scheitern, gelingt es 2001 endlich dank internationaler Unterstützung, den Krieg zu beenden und die Parteien zu entwaffnen. Die seitdem stattfindenden demokratischen Wahlen verlaufen weitgehend friedlich und der Wiederaufbau schreitet voran, trotz mancher Rückschläge.

Was geblieben ist, sind die seelischen Wunden der Menschen. Versöhnung und gewaltfreie Mechanismen der Konfliktaustragung sind in dem Jahrzehnt des Bürgerkriegs in Vergessenheit geraten. Ihre Wiederentdeckung wird zudem von alltäglichen Problemen wie Korruption oder fehlender Infrastruktur (Straßen, Elektrizität, Wasserversorgung etc.) behindert. Die politische Lage im Land bleibt angespannt und der Frieden brüchig. Dies ist auch an den Universitäten zu spüren, an denen

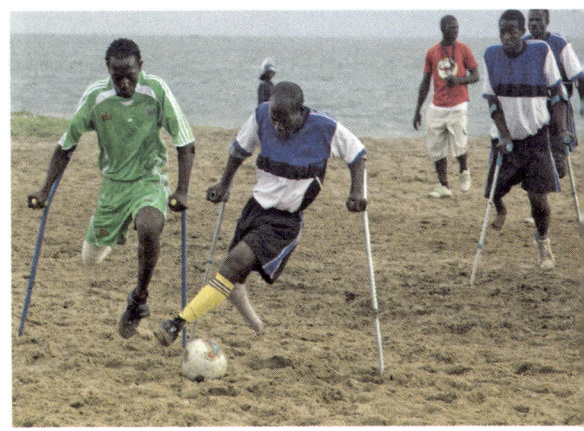

die SLEFES-Mitglieder studieren: Kleine Meinungsverschiedenheiten zwischen Kommilitonen eskalieren rasch gewaltsam und studentische Gruppen kämpfen mit Mord und Totschlag um Ämter und Einfluss.

DIE IDEE

SLEFES ist entschlossen, dieser Gewaltsituation an den Hochschulen etwas entgegenzusetzen. Gemeinsam mit der in Deutschland ansässigen Organisation Christliche Fachkräfte International (CFI) entwickeln sie eine Idee: Mit Hilfe einer Vollzeitfachkraft sollen Studenten in Methoden der Zivilen Konfliktbearbeitung geschult werden, damit diese ihr Wissen in den christlichen Hochschulgruppen anwenden und weitergeben können.

DIE UMSETZUNG

Was als kleines Projekt beginnt, hat inzwischen viele Früchte getragen. 2004 nimmt Frank Wittmann in seinem 10 qm großen Büro in der Hauptstadt Freetown seine Arbeit als Friedensfachkraft auf, entsandt von CFI. Zusammen mit SLEFES entwickelt er ein Projekt, das sich speziell an

SIERRA LEONE FELLOWSHIP OF EVANGELICAL STUDENTS

SLEFES ist überkonfessionell und vereinigt 34 christliche Gruppen an Universitäten und Ausbildungszentren des Landes sowie Christen aus unterschiedlichen Berufsfeldern. Regelmäßige gemeinsame Gebete und Bibelunterricht finden in allen Gruppen statt, die durch dieselben Ziele miteinander verbunden sind: Nachfolge nach dem Vorbild Jesu, Verkündigung, verantwortungsvolle Kirchenmitgliedschaft und Engagement – besonders unter Studierenden, um damit langfristig das Land zu verändern.

die Studenten der dortigen Universitäten richtet. Allein im ersten Jahr schult er 90 Personen aus vier Provinzen des Landes in Grundfragen der Konfliktbearbeitung: Wie erkenne ich einen Konflikt? Wie verläuft dieser und wie kann ich konstruktiv eingreifen? Wie kann ich vorgehen, was muss ich beachten? Große Unterstützung erhält Wittmann durch eine einheimische Mitarbeiterin. Da sie die lokale Kultur und Konfliktlage bestens kennt, können die Trainings effektiv den Bedürfnissen und Ansprüchen der Teilnehmer angepasst werden. Das neue Wissen nehmen die Studierenden mit Engagement und Begeisterung auf. Einige der 90 teilnehmenden Studenten sind an einer weiteren Ausbildung interessiert. In vertiefenden Workshops zu friedlicher Konfliktlösung, Traumaarbeit, Beratung und Mediation (siehe Kap. 9 ›Mediation‹), aber auch in Projekt- und Zeitmanagement werden sie zu sogenannten ›Friedenspromotoren‹ (Friedensförderern) ausgebildet.

CHRISTLICHE FACHKRÄFTE INTERNATIONAL E. V.

CFI wurde 1984 als Personalentsendeorganisation auf Bitten von Kirchen in Afrika, Lateinamerika und Asien gegründet. Diese benötigten dringend qualifizierte Fachkräfte zur Ausbildung einheimischer Mitarbeiter. Schnell vergrößerte sich der staatlich anerkannte Entwicklungsdienst (mit Sitz in Stuttgart), so dass er nun jährlich bis zu 90 Fachkräfte in über 40 Länder der Welt entsendet. Ziel ist es, die dortigen Christen in ihrem Leben und ihrer Arbeit durch ›Hilfe zur Selbsthilfe‹ zu unterstützen, insbesondere in den Bereichen Landwirtschaft, Gesundheit, technische und handwerkliche Ausbildung, Beratung und Bildung.

Im Anschluss an ihre Ausbildung teilen sich die Studenten ihrem Studienort gemäß in vier Gruppen auf, um alle Regionen Sierra Leones abzudecken. Tatsächlich gelingt es den neuen Teams, innerhalb eines Jahres fast 500 Studenten in Konfliktanalyse, Kommunikation und friedlicher Konfliktaustragung zu schulen. Dieses Wissen eröffnet den jungen Menschen friedliche und konstruktive Verhaltensstrategien bzw. Handlungsoptionen, die sie in ihrem Umfeld unmittelbar umsetzen können.

In einem Abschlussworkshop präsentieren die Gruppen ihre Projekte, tauschen Erfahrungen aus und entwickeln gemeinsam kreative Ideen für die Zukunft. Sie veranstalten u. a. Podiumsdiskussionen, machen Rundfunksendungen, entwickeln kommunalpolitisches Engagement, führen Theaterstücke auf und gründen sogenannte Peace Mediation Clubs (PMC).

Diese Friedensclubs sollen als feste Institutionen dort entstehen, wo die Gruppen tätig sind. An Universitäten würden demnach Kompetenzzentren für konstruktive Konfliktbearbeitung geschaffen, der Friedensclub würde als Anlaufstelle bei aktuellen Auseinandersetzungen dienen, neutrale Hilfe anbieten und immer mehr Studenten die Fähigkeiten zur friedlichen Konfliktaustragung vermitteln.

WIRKUNG

Trotz des erfreulichen Erfolgs und der schnellen Verbreitung hat das Projekt aber auch mit vielen Hindernissen zu kämpfen, insbesondere mit der defizitären Infrastruktur. Sie erschwert die Kommunikation zwischen dem zentralen Büro in Freetown und den Friedenspromotoren, die über das ganze Land verstreut tätig sind. Öffentliche oder interne Veranstaltungen sind unter solchen Bedingungen schwer zu organisieren. Zudem sind die Mitarbeiter natürlich auch durch das Studium oder die Arbeit stark gefordert.

Mitglieder
eines Friedensclubs
in Sierra Leone

Dennoch sind die Erfolge nicht zu unterschätzen. Durch die Schulung der Multiplikatoren werden die Ideen und Methoden der konstruktiven Konfliktbearbeitung an den Universitäten bekannt und institutionell verstetigt. Viele Kursteilnehmer engagieren sich mit viel Energie und Verantwortungsbewusstsein in

> Jesus bietet uns einen neuen Weg, mit unseren Feinden umzugehen, einen anderen Weg zu reagieren, der die Möglichkeiten hat, den endlosen Kreislauf der Vergeltung zu brechen, der uns heute alle mit endgültiger Gewalt bedroht.
>
> *Jim Wallis*

verschiedensten Bereichen der Gesellschaft. Frank Wittmann ist inzwischen nach Deutschland zurückgekehrt und seine einstige Assistentin führt die Arbeit nun alleine weiter. Der Stein ist ins Rollen gekommen.

WEITERFÜHRENDE INFORMATIONEN:

- SLEFES stellt sich und seine Arbeit auf seiner Facebook-Seite vor: https://www.facebook.com/pages/Sierra-Leone-Fellowship-of-Evangelical-Students-SLEFES/144348382412461 (Rev. 15. 1. 2014).
- Alles über die Arbeit von Christliche Fachkräfte International, einzelne Projekte und die Möglichkeiten, selbst als Fachkraft ins Ausland zu gehen, finden sich auf deren Homepage: www.cfi.info.
- Länderinformationen über Sierra Leone bietet die Deutsche Gesellschaft für Internationale Zusammenarbeit GIZ: http://liportal.giz.de/sierra-leone.html (Rev. 13. 1. 2013).

QUELLEN:

Christliche Fachkräfte International e.V. o. J.: Vergangenheit kennen, Zukunft gestalten. URL: www.gottes-liebe-weltweit.de/christliche-fachkraefte-international/vergangenheit-und-zukunft_2 (Rev. 13.1.2013).

Sierra Leone Fellowship of Evangelical Students / Wittmann, Frank 2006. Jahresbericht 2005. Friedensschaffende Maßnahmen und Konfliktbewältigung – Sierra Leone. Unveröffentlicht.

Sierra Leone Fellowship of Evangelical Students / Wittmann, Frank 2007. Jahresbericht 2006. Friedensschaffende Maßnahmen und Konfliktbewältigung – Sierra Leone. Unveröffentlicht.

Sierra Leone Fellowship of Evangelical Students / Wittmann, Frank 2008. Jahresbericht 2007. Friedensschaffende Maßnahmen und Konfliktbewältigung – Sierra Leone. Unveröffentlicht.

5. FRIEDENSMARSCH

5.1 METHODE

Fast jede Religion kennt die Idee der Wallfahrt. Gläubige begeben sich – allein oder in einer Gruppe – auf einen meist mühsamen Weg. Ihr Ziel ist eine religiös bedeutsame Stätte oder ein zentraler Ort ihres Glaubens. Schon seit vielen Jahrhunderten spielen neben persönlich-spirituellen Gründen auch immer wieder politische Motive bei der Pilgerreise eine Rolle. Sei es, um sich demonstrativ über Staatsgrenzen hinwegzusetzen, um auf bestimmte Anliegen aufmerksam zu machen oder um Protest gegen eine bestimmte Idee, Entscheidung oder Situation auszudrücken. Selbstverständlich sind nicht alle Wallfahrten ein politischer Protestakt, meist geschehen sie aus rein religiösem Interesse. Doch wo die politische Realität dem eigenen Glauben und den damit verbundenen Wertvorstellungen widerspricht, da lassen sich Pilgermärsche als konstruktive Form der Konfliktbearbeitung nutzen. Dabei gesellen sich zu den religiösen Motiven auch politische; aus der Pilgerreise wird ein Friedensmarsch.

MERKMALE

Wie bei der Pilgerreise hat auch ein Friedensmarsch einen festen Ausgangs- und Endpunkt, die meist eine spirituelle und/oder politische Bedeutung haben. Er wird in der Regel von einer kleinen Gruppe religiös motivierter Menschen initiiert und

Frauen-Friedensparade in New York 1914, kurz nach Ausbruch des Ersten Weltkrieges

mehrere Tage oder Wochen, in einzelnen Fällen auch nur einen Tag oder aber über Jahre hinweg durchgeführt. Diese Gruppe bildet den Kern, doch nicht selten gesellen sich vorübergehend Unterstützer dazu. Der Weg kann sich innerhalb eines Landes oder über die Grenzen mehrerer Länder, ja sogar Kontinente hinweg erstrecken. Meist wird er zu Fuß zurückgelegt, so bleiben die für eine Pilgerreise typischen mühsamen Bedingungen erhalten. Nur wenn es gar nicht anders geht, wird auf Verkehrsmittel zurückgegriffen – etwa beim Überqueren eines Flusses oder Meeres.

Marsch für
Frieden und Toleranz
in Rawalpindi
(Pakistan), 2009

Ihren Willen, für eine Idee einzustehen, drücken die Friedenspilger nicht nur durch die Bereitschaft zu großen körperlichen Anstrengungen aus, sondern auch durch vielerlei Entbehrungen. Während des Marsches nehmen sie nur das Nötigste mit, das sie selbst auf dem Rücken tragen können. Einige ernähren sich lediglich von Spenden und Almosen. Auch die Unterkünfte sind meist sehr einfach: in Herbergen, bei Privatpersonen oder in Zelten. Es wird bewusst ein bescheidener und einfacher Lebensstil gepflegt; denn entscheidend ist allein der Glaube und die Sache, für die sie marschieren. Überzeugte Friedenspilger sind bereit, drohendes Leid zu ertragen, von Blasen an den Füßen über Unverständnis und Anfeindungen bis hin zu Gefängnisstrafen. Denn unter gewissen Umständen, etwa unter diktatorischen Regimes, können solche Formen der Meinungsäußerungen durchaus verboten sein. Daran wird deutlich: Ein Friedensmarsch kann sowohl illegal als auch legal sein, je nach Gesetzeslage in den jeweiligen Ländern. Doch die Märsche, wollen sie den Frieden stärken und Unrecht beseitigen, sind immer strikt gewaltlos. Werden sie trotz gesetzlicher Verbote durchgeführt, handelt es sich dabei um eine Form des Zivilen Ungehorsams (siehe Kap. 2 ›Gewaltfreie Aktion‹).

ORGANISATION

Es ist wichtig, dass alle Beteiligten über die Ziele, Bedingungen, Anforderungen und den Ablauf informiert sind. Oftmals organisiert sich eine Friedenspilgergruppe nach demokratischen Prinzipien, wie das Beispiel der Ostermärsche zeigt (s.u.). In jeder Gruppe und für jeden Marsch werden dabei unterschiedliche Regeln und Protestformen ausgehandelt. Jedoch gleichen sich alle darin, dass ihre Mitglieder sehr diszipliniert sein müssen: Meist gilt ein strikter Tagesablauf mit festen Gebets- oder Meditationszeiten – und natürlich absolute Gewaltlosigkeit auch bei massiven Provokationen.

Neben Disziplin ist Geduld ein wesentliches Merkmal der Friedenspilger. Nicht immer stoßen ihre Argumente und ihre Anliegen auf Zustimmung, nicht immer dürfen sie ungehindert von einem Ort zum nächsten, von einem Land ins andere ziehen.

Jede Gruppe sollte ihre politischen oder gesellschaftlichen Anliegen klar formulieren und diese samt konkreten Forderungen immer wieder deutlich machen. Dazu finden unterwegs Kundgebungen, Informationsveranstaltungen, gemeinsame Gebete oder Meditationen, Workshops oder Gedenkfeiern statt. Die Menschen in den Städten und Dörfern, durch die der Friedensmarsch zieht, erhalten dadurch Informationen und können sich eine eigene Meinung bilden. Daheimgebliebene und andere Unterstützer können Begleitveranstaltungen an weiteren Orten organisieren und damit die Aufmerksamkeit auf den Marsch erhöhen.

Friedensmärsche haben vor allem im Buddhismus eine lange Tradition

WIRKUNG

Ein Friedensmarsch wirkt in sehr unterschiedliche Richtungen. Zum einen macht er auf einen konkreten Missstand aufmerksam. Er verschafft damit einem Anliegen Gehör. Der Friedensforscher Johan Galtung stellte fest, dass ein solcher Marsch in der Lage ist, eine Aufmerksamkeit zu erregen, die auf verbalem Wege nicht zu erreichen wäre. Ein Friedensmarsch kann so der Unterstützung einer schwachen Konfliktpartei dienen und gleichzeitig durch die breite Öffentlichkeit Druck auf die stärkere Partei ausüben. Die Schwächeren werden dadurch gestärkt, um mit ihrem Gegenüber zukünftig auf Augenhöhe verhandeln zu können.

Die Friedenspilger können aber auch, wie im Fall Maha Ghosanandas in Kambodscha (s. u.), die Aufmerksamkeit dazu nutzen, ihrem Anliegen, nämlich der Versöhnung nach dem Bürgerkrieg, Gehör zu verschaffen. Nicht alle Konfliktparteien sind am Frieden interessiert, viele profitieren von einer instabilen Lage. Die Friedenslobby bekommt durch diesen Marsch eine laute, unüberhörbare Stimme.

Die durch den Friedensmarsch entstandene Öffentlichkeit kann außerdem dazu genutzt werden, auf einen bislang unbeachteten Konflikt aufmerksam zu machen. Die Friedenspilger leisten Aufklärungsarbeit und informieren die Bevölkerung am Straßenrand über Menschenrechtsverletzungen, Unterdrückung oder andere Ungerechtigkeiten. Sie tragen so zu einer umfassenden und kritischen politischen Bildung bei.

Interreligiöse Friedensmärsche sind besonders starke Zeichen (nicht nur) in religiös aufgeladenen Konflikten

WEITERE INFORMATIONEN:

Es gibt inzwischen zahllose »Friedensmärsche« verschiedenster Art, wie im Internet rasch zu ersehen. Aber Vorsicht: Mitunter missbrauchen auch nationalistische, sogar rassistische Gruppen das Etikett »Friedensmarsch« für ihre ganz und gar nicht friedlichen Zwecke!

QUELLEN:

Galtung, Johan 1987: Der Weg ist das Ziel. Gandhi und die Alternativbewegung. Wuppertal: Hammer.

Riffelmann, Doris / Ritter, Carola o. J.: Auf den Spuren Egerias. Ein Frauen-Pilger-Projekt. URL: www.ahzw-online.de/htdocs/index.php?aID=560&ma=0501&in=2 (Rev. 24.7.2013).

Wallner, Karl 2009: Macht christlicher Glaube glücklich? Teil 2: Wallfahren als Protest. ORF-Radiosendung zum Nachhören unter http://vbgv1.orf.at/magazin/klickpunkt/focus/stories/383290/ (Rev. 15.01.2014).

Winter, Franz 2005: Wallfahrt/Wallfahrtsorte. In: Betz, Hans-Dieter u. a. (Hg.): Religion in Geschichte und Gegenwart. Handwörterbuch für Theologie und Religionswissenschaft, Band 8. Tübingen: Mohr Siebeck, Sp. 1279–1281.

5.2 DEUTSCHLAND: DIE OSTERMÄRSCHE

Schon wenige Jahre nach dem Zweiten Weltkrieg beschäftigt die deutsche Bevölkerung die Frage, ob die Bundesrepublik Deutschland wieder über eine Armee und Waffen verfügen soll. Gegen den 1950 beschlossenen Aufbau der Bundeswehr (1955 werden die ersten Soldaten rekrutiert) ist die neue Friedensbewegung noch machtlos. Als Bundeskanzler Konrad Adenauer jedoch 1957 erklärt, dass selbstverständlich auch die Bundeswehr nach taktischen Atomwaffen strebe, wird der Protest lauter. Zusammen organisieren SPD, Deutscher Gewerkschaftsbund (DGB), evangelische Kirche und einzelne bekannte Persönlichkeiten die Kampagne ›Kampf dem Atomtod‹. Doch schon wenige Jahre später entziehen SPD und DGB ihre Unterstützung und die Kampagne versiegt. In den frühen sechziger Jahren schwappt aber eine neue Protestform von England auf das europäische Festland über: die Ostermärsche. Diese Aktionsform bietet den Rüstungsgegnern ein geeignetes Mittel, um ein möglichst breites Spektrum von Menschen und Gruppen zu einer einheitlichen Kraft zu vereinen, Öffentlichkeit zu schaffen und dem Aufrüstungsstreben eine deutlich vernehmbare Stimme entgegenzusetzen.

GESCHICHTE

An Ostern 1958 marschieren britische Friedensaktivisten und Atomwaffengegner vier Tage lang von London aus zum Raketenforschungszentrum in Aldermaston. Mit dabei sind auch Helga und Konrad Tempel, zwei engagierte deutsche Pazifisten und Mitglieder der Quäker, einer der

April 1958: Schweigemarsch gegen Atomrüstung in München

historischen christlichen Friedenskirchen. Von dieser Erfahrung inspiriert, initiieren sie zu Ostern 1960 den ersten Sternmarsch in Deutschland, zusammen mit dem kleinen religiöspazifistisch motivierten Hamburger Aktionskreis für Gewaltlosigkeit. Am 15. April 1960 machen sich 150 Atomwaffengegner aus Hamburg-Harburg auf den Weg nach Bergen-Hohe, wo die US-Armee Trägerraketen für Atomwaffen erprobt. Zur gleichen Zeit starten Ostermarschgruppen in Braunschweig, Hannover und Bremen. Der Friedensaktivist und -forscher Andreas Buro, der damals dabei war, berichtet: »Der erste Ostermarsch der Atomwaffengegner war alles andere als eine Massenbewegung. Aus Braunschweig standen wir zu 24 zwischen zwei Stützpfeilern der Kirche, deren Pfarrer uns mit bewegenden Worten in die kalte und nebelige Landschaft hinausschickte. (...) Am Tag der Vereinigung mit den anderen ›Marschsäulen‹ war es eine große Erleichterung zu sehen, dass auch andere den Protest mittrugen.« (Buro 2005)

Für Rüstungskritiker in der Bundesrepublik stellte sich somit zu Beginn der 60er Jahre die Aufgabe, alle Kräfte, die für Abrüstung eintraten, in einer Sammlungsbewegung zu konzentrieren und durch unkonventionelle Protestformen die Öffentlichkeit herzustellen, die ihnen zunächst verschlossen war. Der Ostermarsch war die zeitgemäße Aktionsform.
Butterwegge 1990

Sind es bei der ersten Kundgebung in Bergen-Hohe noch etwa 1000 Zuhörer, so beteiligen sich im nächsten Jahr bereits 20.000 Menschen. Vier Jahre später marschieren 150.000 Aufrüstungsgegner für eine atomwaffenfreie Welt auf 100 verschiedenen Strecken quer durch die Bundesrepublik, 1968 sind es gar 300.000. Im darauf folgenden Jahr findet nach gewaltsamen Ausschreitungen der vorerst letzte Marsch statt.

Unser Marsch

Unser Marsch ist eine gute Sache,
weil er für eine gute Sache geht.
Wir marschieren nicht aus Haß und Rache,
wir erobern kein fremdes Gebiet.
Unsre Hände sind leer,
die Vernunft ist das Gewehr,
und die Leute versteh'n uns're Sprache:

Marschieren wir gegen den Osten? Nein!
Marschieren wir gegen den Westen? Nein!
Wir marschieren für die Welt,
die von Waffen nichts mehr hält.
Denn das ist für uns am besten. ...

*Aus: »Unser Marsch« von Hannes Stütz,
einer Hymne der Ostermarschbewegung*

Wie breit das Spektrum der Teilnehmer, Unterstützer und Sympathisanten in der Zwischenzeit gefächert ist, beweist der Aufruf zum Ostermarsch 1967: 1.416 Geistliche und Theologen, 1.507 Pädagogen, 486 Hochschullehrer und Wissenschaftler, 1.378 Gewerkschaftsfunktionäre, 1.008 Vertreter von Jugend- und Studentenorganisationen, 891 Künstler und 577 Schriftsteller und Publizisten unterzeichnen das Dokument.

AUFBAU UND ORGANISATION

1968 finden die Aktivisten ihren endgültigen Namen: ›Kampagne für Demokratie und Abrüstung‹. Doch handelt es sich hierbei nicht um eine zentral geleitete und organisierte Vereinigung, vielmehr basiert das Engagement auf der Arbeit vieler

> **Es war wie ein ewiges Spießrutenlaufen.**
> *Andreas Buro über den ersten Ostermarsch 1958, zit. nach Dick 2013*

kleiner Gruppen. Die eigentliche Koordinierungs- und Organisationsarbeit wird nämlich von regionalen und örtlichen Ausschüssen übernommen. Nach dem Konsensprinzip werden hier Entscheidungen getroffen und Aktionen geplant. Denn neben den alljährlichen Ostermärschen finden immer wieder Demonstrationen, einzelne Aktionen des Zivilen Ungehorsams und intensive Öffentlichkeitsarbeit statt. Dabei wird sehr auf Unabhängigkeit sowohl von politischen Parteien als auch von den Kirchen oder anderen Organisationen geachtet.

FORDERUNGEN UND POSITIONEN

Die Ostermarsch-Bewegung greift das Postulat der ›Kampf dem Atomtod‹-Kampagne auf und erweitert es. Die Forderung, die Bundeswehr nicht mit Atomwaffen aufzurüsten, wird zum übergeordneten Prinzip der Atomwaffenfreiheit in Ost und West ausgeweitet. So lautet die Losung der Abschlusskundgebung 1962: »Nicht Atomwaffen – nicht Völkermord, sondern Abrüstung und Völkerfrieden«. Hinzu tritt die Idee, auch eine einseitige Abrüstung

Teilnehmer des Ostermarschs 1998 in der Ruppiner Heide (Brandenburg), einst Bombenabwurfplatz der sowjetischen Armee in der DDR

zu erwägen. Eine inhaltliche Umorientierung ist unverkennbar: Begannen die Ostermärsche aus einer ethisch-religiösen Ablehnung jeglicher Waffengewalt, so werden nun vermehrt konkrete politische Forderungen laut: Verzicht auf die atomare Bewaffnung der Bundeswehr und auf die Stationierung atomar gerüsteter fremder Truppen innerhalb Deutschlands sowie Einrichtung einer atomwaffenfreien Zone in Mitteleuropa. Die zunehmende Mitwirkung von Künstlern und Prominenten macht die Ostermärsche für ein breiteres Spektrum der Bevölkerung interessant. Dadurch werden auch die Themen sozialkritischer. Neben Vietnamkrieg und Notstandsgesetzen rücken in der zweiten Hälfte der sechziger Jahre auch der Abbau demokratischer Rechte und die einseitige mediale Berichterstattung in den Fokus.

HINDERNISSE

Am Anfang werden den Ostermarschierenden viele Steine in den Weg gelegt. Bereits der Beginn des ersten Marsches in Hamburg wird durch bürokratische Hürden um einige Stunden hinausgezögert. Bei einem anderen Marsch stehen die Aktivisten eines Abends vor den verschlossenen Türen des Gasthauses, in dem sie für die Nacht Betten reserviert haben. 1963 werden 55 junge Engländer, die am deutschen Ostermarsch teilnehmen wollen, auf dem Düsseldorfer Flughafen von der Polizei an der Einreise gehindert. Unklar ist, inwiefern die Bundesregierung in den Ostermarsch-Aktivisten tatsächlich eine, wie stets propagiert, kommunistische Bedrohung sieht, oder ob sie dies nur als Vorwand benutzt, um kritische Stimmen in der Bevölkerung zu diffamieren.

Die Ostermärsche ziehen von Anfang an Menschen jeden Alters und verschiedenster Gesellschaftsschichten an (Stuttgart 1964)

WIRKUNG

Durch die Ostermarsch-Bewegung werden zum ersten Mal in der Bundesrepublik Formen der unmittelbaren Interessenwahrnehmung und der Basisdemokratie praktiziert, wie sie bis dahin als suspekt gelten: Konsensfindung anstatt Mehrheitsentscheidung, Meinungspluralismus und Heterogenität der Teilnehmer, Integration von Minderheiten und Radikalpositionen. Dank der Ostermarsch-Bewegung können sich diese Formen etablieren und so den Spielraum für politische Bürgerbeteiligung nachhaltig erweitern. Die Aktivitäten im Kontext der Ostermärsche sind zugleich Vorbilder für andere Bürgerinitiativen. Sie legen auch den Grundstein für die Liberalisierung des Rechts auf Kriegsdienstverweigerung oder für die in Westdeutschland an Einfluss gewinnende Außerparlamentarische Opposition (APO). Gemeinsam tragen diese Bewegungen zu einem politischen Klimawandel in Westdeutschland bei, »so dass man von einer kulturrevolutionären Veränderung durch den Ostermarsch sprechen kann«. (Butterwegge 1990)

Tatsächlich findet die geplante atomare Aufrüstung der Bundesrepublik nicht statt. Stattdessen tritt die BRD 1975 dem Vertrag über Nichtverbreitung von Kernwaffen bei. Damit verpflichtet sie sich, Kernwaffen von niemandem anzunehmen, sie nicht selbst herzustellen oder sonst wie zu erwerben.

> Die Ostermarsch-Bewegung trug, wie andere Teile der Friedensbewegung der BRD, ihren Teil zur Öffnung des Weges in Richtung Entspannung bei.
> *Knorr 1983*

Abgesehen von den innerstaatlichen Veränderungen, die durch die Ostermärsche angestoßen werden, ist auch ihre Wirkung auf internationaler Bühne beachtenswert.

Nach Jahrzehnten des Wettrüstens und angesichts ständig drohender atomarer Vernichtung ist diese Entspannung von unschätzbarem Wert. Ehemalige Berater Gorbatschows bestätigen, dass es ohne die westliche Friedensbewegung kaum denkbar gewesen wäre, 1985 einen Entspannungs- und Abrüstungsbefürworter wie Gorbatschow zum Staatschef der Sowjetunion zu wählen.

Allerdings gab es auch herbe Rückschläge und Misserfolge. So konnte die Stationierung ausländischer Atomwaffen auf deutschem Boden nicht verhindert werden. Auch die Beteiligung der Bundeswehr an den Kriegen in Jugoslawien und später in Afghanistan geschah gegen den Willen der Friedensbewegung und der Bevölkerungsmehrheit.

Gleichwohl ist und bleibt es ein großes Verdienst, dass sich durch das langjährige Wirken der zahlreichen Friedensinitiativen, gepaart mit den Erfahrungen des Zweiten Weltkriegs, die Einstellung der deutschen Mehrheit zu Krieg und Frieden we-

> Es ist uns immerhin gelungen, jeden Jahrgang mit rund 50 Prozent Kriegsdienstverweigerern auszustatten.
> *Willi van Ooyen, Ostermarsch-Organisator, zit. nach Dick 2011*

sentlich verändert hat. Sie unterscheidet sich heute in positivem Sinne maßgeblich von »den Einstellungen früherer Generationen, insbesondere ›der Deutschen‹ vor 1945« (Strutynski 2003). Ein Blick in andere Länder zeigt, dass dies keineswegs selbstverständlich ist.

DIE WESTDEUTSCHE FRIEDENSBEWEGUNG

Die Wurzeln der Friedensbewegung in Deutschland reichen weit zurück, bis in die Weimarer Republik und ins Kaiserreich. Nach dem Zweiten Weltkrieg wird sie maßgeblich vom ›Kalten Krieg‹ und dem Wettrüsten zwischen den USA und der Sowjetunion geprägt. Dieser Groß-konflikt, der fast die ganze Welt in ›Ost‹ oder ›West‹ teilt, bestimmt auch die sicherheitspo-litischen Entscheidungen in beiden deutschen Staaten (BRD und DDR). Doch die Friedens-bewegung lässt sich nicht als eine geschlossene Gruppe von Aktivisten mit denselben Zielen und Vorgehensweisen begreifen. Vielmehr besteht sie – noch heute – aus vielen kleinen Organisationen, Initiativen, Parteien, Interessengruppen und Einzelpersonen. Menschen aus den verschiedensten gesellschaftlichen und politischen Kontexten beteiligen sich aus ganz unterschiedlichen Motiven, aber vereint in dem Anliegen: »Frieden schaffen – ohne Waffen!«

Die Entwicklung der westdeutschen Friedensbewegung durchläuft mehrere Phasen, die je-weils von aktuellen sicherheitspolitischen Themen geprägt werden:

- **Die 1950er Jahre:** Die sogenannte ›Ohne-Mich!-Bewegung‹ kämpft gegen die Wieder-bewaffnung der Bundeswehr und für ein entmilitarisiertes Bundesgebiet. Als Mitte der fünfziger Jahre Bundeskanzler Konrad Adenauer die Anschaffung von Atomwaffen er-wägt, formiert sich der ›Kampf dem Atomtod‹-Arbeitsausschuss. Die Protestkundgebun-gen, Schweigemärsche, Aufklärungskampagnen und Arbeitsstreiks wissen die Mehrheit der Bevölkerung hinter sich.
- **Die 1960er Jahre:** Nachdem sich die SPD aus der ›Kampf dem Atomtod‹-Bewegung zu-rückzieht, wachsen die von Pazifisten organisierten Ostermärsche zur Hauptaktionsform heran.
- **Die 1970er Jahre:** In Folge des Vietnamkriegs und der Studentenproteste steigt die Zahl der Kriegsdienstverweigerer (KDV) erheblich an. Die in diesen Jahren besonders aktive KDV-Bewegung tritt für die Rechte von Wehrdienstverweigerern und Zivildienstleistenden ein.
- **Die 1980er Jahre:** Konnte in vergangenen Jahrzehnten die Stationierung von US-ame-rikanischen Atomwaffen in der BRD nicht verhindert werden, so kämpft die sogenannte ›Neue Friedensbewegung‹ nun gegen die Nach- und Aufrüstung des Waffenarsenals bzw. für Abrüstung in Ost und West. Daneben gewinnen auch Umweltthemen an Bedeutung. Es formiert sich in der BRD eine breite und dezentrale Bewegung, die neue Aktionsformen wie den Zivilen Ungehorsam systematisch einsetzt (siehe Kap. 2 ›Gewaltfreie Aktion‹).
- **Die 1990er Jahre:** Da die neue Friedensbewegung in Deutschland, wie auch in anderen Ländern, ein Kind des Kalten Krieges ist, befindet sie sich durch den Zusammenbruch des Ostblocks in einer Phase der Neuorientierung. Der zweite Golfkrieg 1990/91 gibt Anlass zu Anti-Kriegs-Demonstrationen und Protesten gegen die deutsche Beteiligung. Wenige Jahre später jedoch sind es die Kriege im ehemaligen Jugoslawien, die die Friedensbewegung herausfordern. Mehr und mehr integriert sie Ansätze des Zivilen Friedensdienstes in ihre Aktionsplanung, sodass sie nun auch außerhalb Deutschlands aktiv wird.

OSTERMARSCH HEUTE

Erst 1982 leben die Ostermärsche wieder auf: Die Gefahr, die vom Nato-Doppelbeschluss und der Stationierung amerikanischer Atomwaffen in Deutschland ausgeht, treibt die Menschen wieder auf die Straßen. 400.000 Aufrüstungsgegner ziehen 1982 durch Deutschland. Aufgrund der Entspannungspolitik zwischen den Großmächten USA und Sowjetunion nimmt diese Zahl in den Folgejahren jedoch wieder ab. Dennoch marschieren bis heute in ganz Deutschland jedes Jahr zu Ostern einige tausend Menschen für den Frieden.

Schon seit 1958 marschieren jedes Ostern tausende Menschen in ganz Deutschland für Frieden, Abrüstung und eine atomwaffenfreie Welt

WEITERFÜHRENDE INFORMATIONEN:

- Einen Überblick über die ersten Jahrzehnte der deutschen Friedensbewegung, die politischen Verhältnisse und einzelne Aktionsformen wie die Ostermärsche gibt Lorenz Knorr: Geschichte der Friedensbewegung in der Bundesrepublik (Köln 1983).
- Die Koordinationsstelle der Friedensbewegung stellt viele Dokumente, Texte und Beiträge zu vergangenen und gegenwärtigen Aktionen zur Verfügung: www.friedenskooperative.de.

QUELLEN:

Buro, Andreas 2005: Damals in Bergen-Hohe flossen Tränen. In: Komitee für Grundrechte und Demokratie (Hg.): Geschichten aus der Friedensbewegung – Persönliches und Politisches. Köln, S. 13. URL: www.friedenskooperative.de/netzwerk/omhist.htm (Rev. 6.7.2013).

Butterwegge, Christoph 1990: Bedingungsfaktoren, Wirkungsbedingungen und Auswirkungen der Ostermarsch-Bewegung. In: Butterwegge u. a. (Hg.): 30 Jahre Ostermarsch. Ein Beitrag zur politischen Kultur der Bundesrepublik Deutschland und ein Stück Bremer Stadtgeschichte. Bremen: Steinstor Verlag. URL: www.friedenskooperative.de/netzwerk/omhist.htm (Rev. 6.7.2013).

Deiseroth, Dieter 1995: Der deutsche Atomwaffenverzicht. Der Traum einer ›nuklearen Teilhabe‹ wird trotzdem geträumt. In: Wissenschaft & Frieden 1995/1. URL: www.wissenschaft-und-frieden.de/seite.php?artikelID=1072 (Rev. 6.7.2013).

Dick, Wolfgang 2011: 50 Jahre Ostermärsche für den Frieden. URL: www.dw.de/50-jahre-ostermärsche-für-den-frieden/a-15003267 (Rev. 1.8.2013).

Knorr, Lorenz 1983: Geschichte der Friedensbewegung in der Bundesrepublik. Köln: Pahl-Rugenstein.

Otto, Karl A. 1983: Ostermarsch-Bewegung/Kampagne für Demokratie und Abrüstung. In: Hermes Handlexikon – Die Friedensbewegung. Düsseldorf: Econ, S. 296–297. URL: www.friedenskooperative.de/netzwerk/omhist.htm (Rev. 6.2.2013).

Speck, Andreas 1999: Überblick: Entwicklung der Friedensbewegung in der Bundesrepublik Deutschland. URL: http://andreasspeck.info/de/node/34 (Rev. 6.2.2013).

Tempel, Helga / Tempel, Konrad 2005: Berührungsängste und ihre Auswirkungen beim ersten Ostermarsch 1960. In: Komitee für Grundrechte und Demokratie (Hg.): Geschichten aus der Friedensbewegung – Persönliches und Politisches. Köln, S. 15. URL: www.friedenskooperative.de/netzwerk/omhist.htm (Rev. 6.2.2013).

Strutynski, Peter 2003: Der Beitrag der Friedensbewegung zu einer europäischen Außen- und Sicherheitspolitik (Thesen). URL: www.ag-friedensforschung.de/themen/Friedensgeschichte/strutynski.html (Rev. 6.2.2013).

Wernicke, Günter 1997: Remember History. Zur Genesis der Ostermarschbewegung. In: Pax Report 3/97, S. 4. URL: www.friedenskooperative.de/netzwerk/omhist.htm (Rev. 6.2.2013).

Zander, Helmut 1989: Die Christen und die Friedensbewegung in den beiden deutschen Staaten. Beiträge zu einem Vergleich für die Jahre 1978–1987. Berlin: Duncker & Humblot.

5.3 KAMBODSCHA: DER PILGERWEG DER WAHRHEIT

Das südostasiatische Land ist etwa halb so groß wie die Bundesrepublik Deutschland und zählt rund 14 Millionen Einwohner, die zu über 90 Prozent Buddhisten sind. Nach Jahrzehnten von Unterdrückung, Terrorherrschaft und Bürgerkrieg sind auch heute noch Menschenrechtsverletzungen an der Tagesordnung. Korruption, Armut, HIV/AIDS, Landminen und eine noch wenig entwickelte Wirtschaft verschärfen die Lage. Das Land ist durch die Schrecken und das Leid der vergangenen Jahrzehnte zerrissen, die gesellschaftlichen Gräben scheinen unüberwindbar. Was die Menschen eint, ist jedoch ihre Religion – und die Hoffnung auf eine bessere Zukunft.

Kambodscha
(Südostasien)

KOLONIALZEIT UND UNABHÄNGIGKEIT

Bereits seit dem 15. Jahrhundert ist der Theravada-Buddhismus die Volksreligion Kambodschas. Das ändert sich auch nicht unter der Kolonialherrschaft Frankreichs, das 1864 das Land zu französischem Protektorat erklärt. Schon damals ist der Buddhismus weit mehr als individuelle Glaubenspraxis: Er stellt für seine Anhänger eine umfassende Lehre da, die alle Bereiche des gesellschaftlichen Lebens umschließt. Als das Land unter König Sihanouk 1953 seine Unabhängigkeit erlangt, ist ihm ein Jahrzehnt relativen Wohlstands und Friedens beschert. Doch bereits in den sechziger Jahren löst der Krieg im Nachbarland Vietnam auch in Kambodscha politische Unruhen aus. Die von Vietnam unterstützten Roten Khmer nehmen den bewaffneten Kampf gegen den König auf und gelangen schließlich 1975 an die Macht.

DIE SCHRECKENSHERRSCHAFT DER ROTEN KHMER

Die vier Jahre während Herrschaft der Roten Khmer ist das düsterste Kapitel der kambodschanischen Geschichte. Die zu dieser Zeit verübten Verbrechen zählen heute neben dem Holocaust und dem ruandischen Völkermord (siehe Kap. 2 ›Gewaltfreie Aktion‹) zu den schlimmsten Verbrechen der Geschichte.

Ein Soldat
der Roten Khmer

Die Roten Khmer unter ihrem berüchtigten Führer Pol Pot sind eine politische und militärische Organisation, die auf eine vollkommene Erneuerung der kambodschanischen Gesellschaft abzielt. Ihre agrarkommunistische Ideologie erklärt die Ursache der Armut mit dem starken Gefälle zwischen städtischer Bildungsschicht und ländlichem Bauerntum. Binnen weniger Tage wird die gesamte Stadtbevölkerung auf die Reisfelder getrieben, ohne Rücksicht auf Alte, Kranke oder Kinder. Moderne Bildung und Technologien werden genauso bekämpft wie Religion und Brauchtum. Klöster und Tempel werden zerstört und ihre Bewohner vertrieben, ermordet oder zwangsweise relaiziert. Nur etwa 3000 der vormals 65.000 buddhistischen Mönche überleben die Schreckensherrschaft von Pol Pot (über die Nonnen gibt es keine verlässlichen Zahlen).

Für Hunderttausende wurden die Reisfelder zu den »Killing Fields« (so auch der Titel eines preisgekrönten Spielfilms üder das Pol-Pot-Regime)

Politische ›Umerziehungsmaßnahmen‹ verwandeln das gesamte Land in ein gigantisches Gefangenen- und Arbeitslager. Bis zu 2 Millionen Menschen – damals fast ein Viertel der Bevölkerung – sterben an Hunger, Erschöpfung und Krankheiten oder werden als angebliche Verräter standrechtlich hingerichtet. Dies alles geschieht unter den Augen der Weltöffentlichkeit. Erst 1979 gelingt es vietnamesischen (!) Truppen, die Roten Khmer zu vertreiben und eine neue Regierung einzusetzen.

BÜRGERKRIEG UND FRIEDENSVERSUCHE

Doch auch danach bleibt Kambodscha politisch gespalten. Die Roten Khmer kontrollieren weiterhin Teile des Landes. Auch die königstreue Partei FUNCINPEC und die antikommunistische Khmer People's National Liberation Front (KPNLF) drängt es in den aktiven Widerstand. Gemeinsam bilden die drei Parteien eine von den Vereinten Nationen anerkannte Exilregierung, die den bewaffneten Kampf gegen die vietnamesische Herrschaft in Kambodscha anführt.

1991 vermittelt die UNO einen Waffenstillstand, der jedoch ein Jahr später an der Verweigerung der Roten Khmer wieder scheitert. Bei den ersten demokratischen Wahlen 1993 geht die FUNCINPEC als Sieger hervor, muss aber mit anderen politischen Kräften koalieren. Innerhalb der Regierung kommt es immer wieder zu Spannungen. Schließlich gewinnt 1998 die kambodschanische

Volkspartei unter Hun Sen die Wahlen, der schon seit 1985 und noch heute Ministerpräsident ist. Gleichwohl sind die politischen Verhältnisse alles andere als stabil. Zwar haben sich die Konfliktherde beruhigt und die Gewalt ist deutlich zurückgegangen, dennoch spitzen Menschenrechtsverletzungen, Korruption, Kriminalität, Armut und die nur schleppend vorangehende Aufarbeitung der Vergangenheit die Lage immer wieder zu. Zudem erschweren zerstörte Bildungseinrichtungen und Krankenhäuser, kaputte Infrastruktur, Felder voller Landminen und mangelhafte Energieversorgung die Erholung des Landes und seiner Bevölkerung. Nicht zu vergessen sind auch die tiefen seelischen Wunden und Verletzungen, die jahrzehntelange Bürgerkriege und Terrorherrschaft hinterlassen haben.

Die Friedensmission in Kambodscha 1992/93 war der bis dahin größte UN-Einsatz

VERSÖHNUNG DURCH RELIGION

Zwar gelang es den Roten Khmer, die äußeren Anzeichen des Buddhismus zu vernichten, doch konnten sie nicht den Glauben im Inneren der Menschen zerstören. Dieser Glaube ist es, der über sämtliche politischen Spaltungen hinweg vereinend wirken kann. So wird 1988 der Buddhismus wieder zur offiziellen Staatsreligion erhoben und unterliegt keinerlei Restriktionen mehr. Allerdings fehlt aufgrund der Ermordung zigtausender Mönche eine religiöse Elite, die die spirituelle Führung der Kambodschaner zu übernehmen vermag.

Buddhistische Mönche führen den Friedensmarsch ›Dhammayietra‹ an

MAHA GHOSANANDA

Schon früh schlägt der vermutlich 1929 im Mekongdelta geborene Mönch eine religiöse Laufbahn ein. Mit 8 Jahren ist er bereits Tempeljunge, mit 14 beginnt er seine Mönchsausbildung, studiert in Phnom Penh und promoviert später in Indien. Mit nur 30 Jahren erhält er den Ehrentitel ›Maha‹. Sein Name bedeutet damit ›großer freudvoller Verkünder‹. Jahrelang lebt er zurückgezogen in einem thailändischen Waldkloster, das er 1978 verlässt, um sich der Menschen in seinem Heimatland anzunehmen. Doch er übernimmt kein politisches Amt und bewahrt stets parteipolitische Neutralität.

Bereits von Thailand aus engagiert sich Maha Ghosananda für religiöse Wiederbelebung und Versöhnung in seiner Heimat. In thailändischen Flüchtlingslagern spendet er Hoffnung und vermittelt ein längst verloren gegangenes Gefühl für Frieden. Zusammen mit dem christlichen Friedensaktivisten Peter Pond gründet er die Interreligiöse Mission für Frieden in Kambodscha, die nach überlebenden Mönchen sucht und neue Mönche über Demokratie, Menschenrechte und Gewaltlosigkeit unterrichtet.

Maha Ghosanandas Anliegen ist es, dem Buddhismus – nach dem Versuch seiner Ausrottung – wieder Präsenz und Bedeutung im öffentlichen wie im privaten Leben zu verschaffen. Diesem Einsatz liegt die Vorstellung zugrunde, dass der innere Wandel in jeder einzelnen Person die Voraussetzung für gesellschaftlichen Wandel darstellt – gerichtet auf das große Ziel: Frieden und Versöhnung.

Bis zu seinem Tode 2007 lehrt und praktiziert er unermüdlich seine Grundprinzipien:
• Frieden
• Achtsamkeit
• Selbstlosigkeit
• Demut
• Einfacher Lebensstil ohne Privatbesitz

DHAMMAYIETRA – PILGERWEG DER WAHRHEIT

Maha Ghosanandas wohl wichtigstes, zumindest größtes Auf-
sehen erregendes Instrument ist der seit 1992 stattfindende
›Dhammayietra‹, der ›Pilgerweg der Wahrheit‹. Dabei ist die
Idee eines solchen Friedensmarsches so alt wie Buddha selbst:

> In Kambodscha war tiefes Leiden.
> Aus diesem Leiden erwächst tiefes Mitgefühl.
> Tiefes Mitgefühl schafft ein friedvolles Herz.
> Ein friedvolles Herz schafft einen friedvollen Menschen.
> Ein friedvoller Mensch schafft eine friedvolle Familie.
> Eine friedvolle Familie schafft eine friedvolle Gemeinschaft.
> Eine friedvolle Gemeinschaft schafft eine friedvolle Nation.
> Eine friedvolle Nation schafft eine friedvolle Welt.
> Mögen alle Geschöpfe in Glück und Frieden leben.
>
> *Ghosananda, zitiert nach Mahoney/Edmonds 1997*

Der Überlieferung nach führte Buddha seine Nonnen und Mönche auf langen Prozessionen durch das ganze Land und lehrte
Frieden als einen Weg, das menschliche Leiden zu lindern. Daneben ließ sich Maha Ghosananda auch von Gandhi und dessen
Konzept der Gewaltlosigkeit inspirieren. Daher dürfen nur Zi-
vilpersonen mitpilgern, das Tragen von Waffen, Uniformen und
parteipolitischen Abzeichen ist verboten, auch militärischen
Schutz in Kampfregionen lehnen sie ab.

Ein Frau empfängt
von Maha Ghosananda
den Segen

Die Pilger ziehen bewusst durch Kampfgebiete
und Krisenregionen, durch Städte und über das
Land. Überall spenden sie den Menschen Segen, egal ob Soldat oder Zivilperson, ob Rote-
Khmer-Anhänger oder Flüchtling. Strikt lehnen
sie zwar die Kämpfe und Repressionen ab, doch
verurteilen sie niemals die Personen selbst. Die
Botschaft ist deutlich: Versöhnung ist möglich!

Zuerst sind es nur ein paar Dutzend Mönche,
Nonnen und Flüchtlinge, die gemeinsam von
der thailändischen Grenze durch Kambodscha ziehen. Als sie schließlich die Hauptstadt
Phnom Penh erreichen, sind es bereits Tausende, und sie haben die Weltöffentlichkeit erreicht.

Mit den Jahren wächst der Dhammayietra zu einer Massenveranstaltung mit bis zu 100.000 Teilnehmern heran. Und noch immer werden die Grundsätze – Mitgefühl, Gewaltlosigkeit und parteipolitische Neutralität – strikt gewahrt. Dies wird auch dadurch gesichert, dass jeder Teilnehmer vor dem Marsch ein Vorbereitungsseminar absolvieren muss. Besonders wichtig ist hierbei die Neutralität. Sie ist es, die dem Friedensmarsch seine Glaubwürdigkeit und Anziehungskraft verleiht. Dadurch hat sich die von Maha Ghosananda initiierte Friedens- und Versöhnungsbewegung zu einer wichtigen moralischen Kraft und unüberhörbaren politischen Stimme in Kambodscha entwickelt, die von der Politik nicht ignoriert werden kann.

Der ›Dhammayietra‹ führt die Pilger quer durch das Land, besonders in Krisengebiete

POLITISCHE FORDERUNGEN

Maha Ghosananda formuliert das Programm seines Friedensmarsches selbst wie folgt: »Wir werden die Waffen der liebevollen Güte auf die Menschen abfeuern. Die Armee des Buddhas wird strikte Neutralität wahren. Achtsamkeit wird unsere Rüstung sein. Wir werden eine so mutige Streitmacht sein, dass wir uns von der Gewalt abwenden werden. Unser Ziel wird es sein, dem Leid ein Ende zu setzen. Wir werden uns für Einheit, Freiheit und eine internationale Politik der Freundschaft einsetzen. Wir werden in der Zukunft damit fortfahren, die geistige Grundlage des Friedens zu erweitern.« (Ghosananda 2007)

Grundlegende politische Forderungen der Marschierenden sind also ein Ende der Gewalt, ein vereintes und versöhntes Kambodscha, Freiheit für die Menschen und ein friedliches Zusammenleben mit den Nachbarländern. Mit den Jahren gesellen sich zu diesen überdauernden Themen auch aktuelle Forderungen hinzu, bspw. nach Räumung der Millionen Landminen, Maßnahmen gegen häusliche Gewalt und HIV/AIDS, demokratische Wahlen oder Einhaltung der Menschen- und insbesondere der Frauenrechte. 1996 lenken die Friedenspilger mit einer Aufsehen erregenden Aktion den Blick der Öffentlichkeit auf die dramatisch voranschreitende Rodung des Regenwaldes, indem sie entlang ihrer Route 2000 Bäume pflanzen.

WIRKUNG UND ERFOLGE

Maha Ghosanandas erstes Ziel ist der innere Wandel der Menschen hin zu friedvollen Persönlichkeiten. Wie erfolgreich er in dieser Hinsicht ist, lässt sich natürlich nur sehr schwer messen. Dennoch gibt es viele sichtbare positive Wirkungen und Erfolge des Friedensmarsches:

- In den durchwanderten Gebieten hinterlässt der Marsch Hoffnung auf Frieden und ein Klima der Versöhnungsbereitschaft; zahlreiche lokale Kleininitiativen entstehen.
- Versöhnung und Verständigung zwischen Opfern und Tätern und zwischen politischen Gegnern wird durch die selbst praktizierte Offenheit für alle Menschen erleichtert.

Bis zu 100.000 Menschen nehmen am Friedensmarsch teil

- Durch die religiöse Wiederbelebung im privaten und öffentlichen Raum festigt sich die buddhistische Gemeinschaft (wieder) und verleiht der Gesellschaft ein spirituelles Rückgrat.
- Die Bevölkerung erlebt eine Wiederbelebung alter Riten und Traditionen, also ihrer – durchaus friedensorientierten – kulturellen und religiösen Wurzeln.
- Als Teilnehmer des Marsches wagen es viele Flüchtlinge erstmals, wieder in ihre Heimat zurückzukehren; viele finden dabei auch vermisste Verwandte wieder.

Besonders hervorzuheben ist der zweite Friedensmarsch im Jahr 1993. Damals finden die ersten freien Wahlen statt. Einschüchterung und Anspannung beherrschen die Hauptstadt. Jederzeit droht die Gewalt neu zu eskalieren. Als die Friedenspilger Phnom Penh erreichen, verbreiten sie Zuversicht und Hoffnung auf eine friedliche und gerechte Zukunft. Sie ermutigen die Menschen, trotz Angst und Misstrauen zur Wahl zu gehen – und überwältigende 90 Prozent der Wähler folgen dem Aufruf.

In Anbetracht der vielen Friedensinitiativen, die es heute in der kambodschanischen Zivilgesellschaft gibt, wird noch ein weiterer Erfolg der Friedenspilger sichtbar: Sie waren nach Jahrzehnten von Diktatur und Bürgerkrieg die erste zivile Bürgerbewegung. Damit waren und sind sie Pioniere und Vorbilder nicht nur für die Friedensbewegung, sondern für die gesamte zivilgesellschaftliche Entwicklung Kambodschas in den letzten dreißig Jahren.

WEITERFÜHRENDE INFORMATIONEN:

- Ausführlich über das Land Kambodscha und seine Geschichte informiert die GIZ unter http://liportal.giz.de/kambodscha.html (Rev. 22. 2. 2014).
- Über sein Leben, seine Arbeit und seine religiöse Motivation berichtet Maha Ghosananda in seinem Buch: Wenn der Buddha lächelt. Frieden finden – Schritt für Schritt (Freiburg 1997).
- Informationen über Maha Ghosananda, andere buddhistische Friedensinitiativen und den Buddhismus allgemein bietet die deutsche homepage des Engagierten Buddhismus: www.buddhanetz.org.

QUELLEN:

Khemacaro, Yos Hut 1998: Steering the middle path: Buddhism, non-violence and political change in Cambodia. URL: www.c-r.org/accord-article/steering-middle-path-buddhism-non-violence-and-political-change-cambodia (Rev. 6. 2. 2013).

Maha Ghosananda 1997: Wenn der Buddha lächelt. Freiburg: Herder.

Mahoney, Jane Sharada / Edmonds, Philip 1997: Tiefes Leiden, tiefe Liebe. Die ›Prophezeiung des Buddha‹ in unserer Zeit. In: Maha Ghosananda 1997, a. a. O., S. 15–35.

Santidhammo Bhikkhu 2010: Maha Ghosananda. Ein Leben für den Frieden (orig. The Buddha of the Battlefield). URL: www.sangham.at/Div_uploads/Der%20 Buddha%20auf%20dem%20Schlachtfeld07062010.pdf (Rev. 6. 2. 2013).

Weiner, Matthew 2007: Peace Wins: Maha Ghosananda, the ›Gandhi of Cambodia‹. URL: http://forusa.org/fellowship/2007/spring/peace-wins/11765 (Rev. 16. 01. 2014).

Weingardt, Markus 2010: RELIGION MACHT FRIEDEN. Das Friedenspotenzial von Religionen in politischen Gewaltkonflikten. Bonn: Bundeszentrale für politische Bildung, S. 115–136.

6. DIALOG

6.1 METHODE

Im Alltag verstehen wir unter einem Dialog schon ein einfaches Gespräch oder eine Diskussion zwischen zwei oder mehreren Personen; doch es ist viel mehr, was sich hinter dem Dialog als Methode der Zivilen Konfliktbearbeitung verbirgt. Der Quantenphysiker David Bohm (1917–1992) entwickelte eine besondere Form der Gesprächsführung bzw. des Eingehens auf andere Menschen. Ziele seiner Vorstellung von Dialog sind die Erweiterung des eigenen Blickwinkels und das Erlangen eines tieferen Verständnisses für die Dialogpartner, ihre Ansichten und Verhaltensweisen.

> Es steckt eine Menge Gewalttätigkeit in den Meinungen,
> die wir verteidigen. Sie sind nicht lediglich Meinungen,
> nicht lediglich Annahmen; sie sind Annahmen,
> mit denen wir uns identifizieren und die wir daher verteidigen,
> weil es ist, als würden wir uns selbst verteidigen.
>
> *David Bohm, zitiert nach Baison 2004*

IDEE

Der Dialog unterscheidet sich fundamental von der so geläufigen Diskussion: Diskutierende wollen sich gegenseitig von ihrer ›richtigen‹ Meinung überzeugen; ›gewonnen‹ hat am Ende der, der den anderen überzeugen konnte, oder aber es wird ein

David Bohm,
US-amerikanischer
Physiker und Philosoph

Konsens gefunden, in dem beide Ansichten verschmelzen. Im Dialog hingegen steht die Divergenz im Mittelpunkt: Auseinandergehende Meinungen werden aufgedeckt und nebeneinander stehengelassen, Widersprüche werden ausgehalten. Die eigene Position gilt nicht länger als die ›einzig richtige‹, sondern als das Resultat individueller Erfahrungen und Werte.

Bohm schlug vor, den regelmäßigen Dialog in einem Kreis mit etwa 20 bis 40 Personen zu führen, die sich entweder vorher auf ein Thema geeinigt haben oder dieses im Laufe des Gesprächs entstehen ließen. Anders als bei Schiedsverfahren (siehe Kap. 8 ›Vermittlung‹) oder in der Mediation (siehe Kap. 9 ›Mediation‹) wird ein Dialog nicht geleitet oder nach einer festen Agenda vollzogen, er wird lediglich begleitet. Der Dialogbegleiter achtet darauf, dass der Dialog ein Dialog bleibt. Doch was bedeutet das genau?

VIER PRINZIPIEN DES DIALOGS

Vier Grundhaltungen sind kennzeichnend für die Dialogmethode:
Zuhören: Zuhören nach innen und nach außen ist das Herzstück des Dialogs. Alle Beteiligten hören dem Sprechenden zu und versuchen dabei, Bewertungen und Einsprüche zurückzuhalten. Vielmehr bemüht sich jeder, das Gesagte nachzuvollziehen. Gleichzeitig muss man dabei auch auf sich selbst hören: Welche Gedanken, Assoziationen, Gefühle oder Werturteile entstehen beim Zuhören?
Respektieren: Jeder respektiert die Standpunkte der anderen, denn sie sind die legitimen Resultate ihrer Erfahrungen und

Überlegungen. Voraussetzungen des Respekts sind Unvoreingenommenheit und Offenheit. Nur so wird ein offener Vertrauensraum geschaffen, der notwendig ist, um den Mut zu fassen, die eigenen Ansichten in Frage zu stellen.
Artikulieren: Der Dialog erfordert den Mut, etwas von sich preiszugeben und die eigene Wahrheit auszusprechen. Dabei wird vermieden, sich als Wissender dar-

zustellen, mit der eigenen Redegewandtheit zu beeindrucken oder sein Wissen durch lange Vorträge zur Schau zu stellen.

> Der Punkt ist: der Dialog muss allen Zwängen auf den Grund gehen, die hinter unseren Annahmen stehen. Der Dialog befasst sich mit den Denkprozessen hinter den Annahmen, nicht nur mit den Annahmen selbst.
>
> *David Bohm, zitiert nach Baison 2004*

Verlangsamen: Nur dadurch, dass alle ihre Reaktionen in der Schwebe halten, sich selbst und den eigenen Gedanken, Erfahrungen, Widerständen und Bewegungen genau zuhören, lernt ein jeder seine eigene Art kennen. Die Verlangsamung des Dialogs kann mit Hilfe eines Redestabs erreicht werden: Es redet immer derjenige, der diesen Stab in der Hand hält; ist er fertig, wird der Stab in die Mitte gelegt und der nächste Redner darf ihn sich nehmen. So werden ungestörte Redezeiten und angemessene Pausen garantiert.

Religionsführer beim Internationalen Friedenstreffen der Religionen in München 2011, veranstaltet von der kath. Laienbewegung Sant'Egidio

DER INTERRELIGIÖSE DIALOG

Auch der Dialog zwischen Anhängern unterschiedlicher Glaubensrichtungen verläuft nach diesen Prinzipien. Wichtig ist hier neben der Verwurzelung im eigenen Glauben auch die Offenheit gegenüber anderen Wahrheiten. Niemand darf sich im alleinigen Besitz der ›absoluten‹ Wahrheit wägen und dem anderen nur gutgläubigen Irrtum zugestehen.

Werden die Grundhaltungen erfüllt, so kann der interreligiöse Dialog zu mehr Verständnis zwischen den Religionsanhängern führen. Man beginnt zu verstehen, warum der Nachbar glaubt, was er glaubt, und warum er sich verhält, wie er sich verhält. In Verbindung mit den Erfahrungen des Dialogpartners bekommen die früher so fremden religiösen Praktiken und Lehren eine neue Bedeutung und Tiefe. Auch der eigene Glaube wird erweitert und gewinnt an neuen Dimensionen, indem andere Wege zur Wahrheit kennengelernt werden. Aber das Wichtigste ist, dass mittels des Dialogs die trennende Mauer der Feindschaft niedergerissen wird und Gemeinschaft erwächst, dass Vorstellungen einer gemeinsamen friedlichen und gerechten Welt entstehen.

INTERRELIGIÖSER DIALOG IM WEITEREN SINNE

Seit einigen Jahren wird der interreligiöse Dialog gerne als Allheilmittel für innergesellschaftliche Spannungen verschrieben.

In der türkischen Begegnungsstube »Medina« in Nürnberg (s. u.) lassen sich Polizeischüler die türkische Kultur erklären

Hierbei handelt es sich meist nicht um Dialogrunden im Sinne David Bohms, sondern vielmehr um Begegnungen unterschiedlicher Art und Austausch auf verschiedenen Ebenen. Sowohl Diskussionsforen zwischen offiziellen Vertretern der einzelnen Religionsgemeinschaften als auch interreligiöse Frauenfrühstücke in der örtlichen Gemeinde zählen dazu; Stadtteilfeste, gegenseitiger Besuch der Gebetshäuser, interreligiöse Arbeitsgruppen zu Glaubensfragen und Informationsveranstaltungen über andere Religionen tragen zu einer vielfältigen Dialoglandschaft bei. Auch für diese Formen des Dialogs gelten die Grundsätze:

- Der Dialog ist in Höflichkeit und gegenseitigem Respekt zu führen.
- Die Teilnehmer besitzen die Bereitschaft, den eigenen Glauben zu bezeugen.
- Es werden keine Bekehrungsversuche unternommen.
- Ziel ist das bessere Verständnis des anderen, nicht die Kompromissfindung.

Im Unterschied zum Dialog nach Bohm steht in diesem Fall die Religion im Mittelpunkt. Man lernt den anderen dadurch kennen, dass man das Verbindende und das Unterscheidende zum Thema macht, Gemeinsamkeiten und Differenzen aufzeigt.

GEMEINSAME BOTSCHAFTEN

Am Ende können (müssen aber nicht) die Teilnehmer die Erkenntnisse des Dialogs gemeinsam festhalten. Zusammen formulieren sie mögliche Gemeinsamkeiten oder überlegen, wie sie in Zukunft miteinander umgehen möchten. Diese Botschaften an sich selbst und an die Mitmenschen sind nicht verpflichtend und stellen keinen Vertrag dar. Vielmehr sollen sie helfen, Klarheit über die Ergebnisse zu gewinnen und den Konsens unmissverständlich festzuhalten. Dies kann besonders bei zukünftigen Schwierigkeiten eine nützliche Erinnerung und Mahnung daran sein, worin man sich eigentlich schon einig war und was das gemeinsame Anliegen sein sollte.

WIRKUNG

Es darf nicht übersehen werden, dass ein Dialog stets ein dynamischer Prozess zwischen Menschen ist. Kein Dialog gleicht dem anderen. Religion, Sprache, Kultur der Teilnehmer und Umstände des Dialogs beeinflussen seinen Verlauf entscheidend, und es ist unmöglich, ein bestimmtes Ergebnis von Beginn an anzustreben. Fest steht jedoch, dass ein Dialog in Konfliktsituationen keine ›Lösung‹ im Sinne eines Kompromisses oder Friedensvertrags darstellt. Der Dialog schafft vielmehr Respekt und gegenseitiges Verständnis; Unterschiede werden nicht überwunden, sondern als solche akzeptiert. Die Dialogmethode kann daher in unterschiedlichen Konfliktphasen angewandt werden. Sie kann präventiv wirken, indem sie Vorurteile und diskriminierende Strukturen abbaut. Oder sie hilft, eine gemeinsame Basis zu schaffen, auf der Verhandlungen stattfinden können. Auch erscheinen regelmäßige Dialoge in der Phase der Friedenskonsolidierung sinnvoll, um zu verhindern, dass alte Ressentiments wieder aufflammen und erneut Hass, Misstrauen und Gewalt erzeugen.

Dialog zwischen ›Moyses‹ und ›Petrus‹ in einem belgischen Manuskript des 13. Jahrhunderts

WEITERFÜHRENDE INFORMATIONEN:

- David Bohm stellt seine Methode ausführlich in seinem Buch dar: Der Dialog: Das offene Gespräch am Ende der Diskussion (Stuttgart 2008).
- Einführende und vertiefende Seminare sowie Ausbildungen zum Dialogbegleiter bietet bspw. das Dialogprojekt in Bramsche an: www.dialogprojekt.de.
- Informationen und Workshops zu Dialogveranstaltungen bietet das Antirassistisch-Interkulturelle Informationszentrum ARiC Berlin e. V.: www.aric.de.

QUELLEN:

Ariarajah, Wesley 1978: Offen sein für das Wirken Gottes. Verständnis und Praxis des Dialogs. In: Mildenberger, Michael (Hg.): Denkpause im Dialog. Frankfurt: Verlag Otto Lembeck, S. 30–34.

Baison, Nicole 2004: Dialogmethode: Reden – Hören – Verstehen. URL: www.philognosie.net/index.php/article/articleview/198/ (Rev. 16. 1. 2014).

Bohm, David 2008: Der Dialog: Das offene Gespräch am Ende der Diskussion. Stuttgart: Klett-Cotta.

Dehn, Ulrich 2006: Interreligiöser Dialog. In: Lexikon der evangelischen Zentralstelle für Weltanschauungsfragen. URL: www.ekd.de/ezw/Lexikon_106.php (Rev. 16. 1. 2014).

Ott, Heinrich 1987: Einander verstehen. Thesen und Bemerkungen zum Dialog. In: Mildenberger, Michael (Hg.): Denkpause im Dialog. Frankfurt: Verlag Otto Lembeck, S. 35–38.

6.2 DEUTSCHLAND: INTERRELIGIÖSE DIALOGE

In Deutschland ist innerhalb der letzten Jahrzehnte eine breite und vielseitige Dialog-Landschaft entstanden. Zahllose lokale Dialogprojekte gesellen sich zu Großveranstaltungen in wissenschaftlichem oder politischem Kontext. Doch um welche Themen oder Konflikte geht es dabei eigentlich? Seit den 1960er-Jahren entwickelt sich Deutschland mehr und mehr multikulturell. Christen und Muslime leben Tür an Tür; deutsche, polnische und türkische Schülerinnen drücken gemeinsam die Schulbank, während manche Arbeitskollegen aus Indien, Sierra Leone oder Bosnien kommen. Ein solches Aufeinandertreffen von unterschiedlichen Lebensweisen und Glaubensvorstellungen bringt einerseits eine große gesellschaftliche Bereicherung. Andererseits schüren Missverständnisse, Skepsis und Unwissen über das Leben der anderen auch Angst, Ablehnung und Konflikte. Nur wenn wir aufeinander zugehen, lernen wir den anderen und seine Lebensweise kennen, nur so klären wir Missverständnisse auf und bauen Vorurteile und Fremdenhass ab. Dieses Ziel liegt allen Dialoginitiativen zugrunde. Die Wege dorthin sind jedoch unterschiedlich.

»In Verantwortung für den Anderen. 60 Jahre Woche der Brüderlichkeit« – Jahresthema 2012 der Gesellschaften für Christlich-jüdische Zusammenarbeit und Motto der Woche der Brüderlichkeit

DIE BEGEGNUNGSSTUBE MEDINA E. V.

Seit 1995 ist der gemeinnützige Verein Medina in Nürnberg offen für Muslime aller Moscheevereine und für Nicht-Muslime. Der von jungen türkischen und deutschen Muslimen gegründete Verein stellt sich die Aufgabe, Begegnungsmöglichkeiten für Muslime und Andersgläubige zu schaffen, damit sie sich gegenseitig kennenlernen und Vorurteile abbauen können. Dies gelingt ihm durch unterschiedliche Projekte wie Moscheeführungen für interessierte Gruppen oder wie die Islamwoche, in der eine Woche lang Vorträge über aktuelle Themen sowie islamische Religion und Kultur gehalten werden. Auch veranstaltet der Verein regelmäßig Projekttage an Schulen, bei denen Schü-

ler in Gruppenarbeit die muslimische Kultur direkt erleben. Ein Höhepunkt seiner bisherigen Arbeit stellt jedoch das Erlebniswochenende dar, das Medina e. V. für eine Gruppe von katholischen Jugendleitern durchführte. Nach einer Diskussionsrunde bei türkischem Tee und Gebäck und anschließendem Gesang folgte das Mittagsgebet. Hier hatten die Katholiken zum ersten Mal die Gelegenheit, traditionelle islamische Gebetsbekleidung anzulegen.

Das Kopftuch, das in der Gesellschaft mittlerweile
zu einem Symbol der Unterdrückung für die Frau geworden ist,
hat auf einmal einen positiven Wert bekommen.
Ali-Nihat Koc (2005) über das Medina-Erlebniswochenende

Dieses Erleben ohne jegliche Bekehrungsversuche hat die jungen Christen tief geprägt und ihnen einen neuen Blick auf den Islam jenseits vom Vorurteil des Fundamentalismus eröffnet.

KIRCHENTAGE: BEGEGNUNGEN MIT MUSLIMEN

Der christlich-jüdische Dialog ist in der Bundesrepublik seit langem etabliert. Bereits wenige Jahre nach Ende des Zweiten Weltkrieges wurden in Stuttgart, Berlin und anderen Städten die ersten christlich-jüdischen Gesellschaften gegründet. Vergleichsweise jung ist hingegen der christlich-islamische Dialog in Deutschland. Auf dem evangelischen Kirchentag in Hamburg findet 1981 zum ersten Mal in der Kirchentagsgeschichte die Begegnung zwischen Christen und Muslimen Platz im Programm. Eine dreitägige interkulturelle Veranstaltung bringt den

Christlich-islamischer Begegnungsgottesdienst (Hamburg 2009)

Christen den Islam näher. Schnell entwickelt sich diese Idee auf den alle zwei Jahre stattfindenden Kirchentagen weiter. Zu einer rein akademischen Diskussions- und Vortragskultur gesellen sich immer mehr direkte Treffen, Gespräche und Begegnungen mit Gläubigen. Bereits 1983 öffnet die türkische Gemeinde in Hannover ihre Türen und lädt die Kirchentagsbesucher zu Vorträgen, Infoständen, Kurzfilmen und kulturellen Aufführungen ein. Im Laufe der Zeit werden auch gemeinsame Bibelauslegungen und Koran-

meditationen zum festen Bestandteil eines jeden Kirchentags. An Vorbereitung
und Durchführung sind von Beginn an
Muslime beteiligt, egal ob sie einem islamischen Verein angehören oder sich als
Einzelpersonen einbringen möchten.

1986 greift auch die katholische Kirche auf
ihrem Katholikentag das Thema ›Dialog
der Weltreligionen‹ mit einer Podiums-
veranstaltung auf. Seitdem zählt der christlich-muslimische
Dialog auch hier zu einem festen Programmpunkt. So erklärt
die Präsidentin des Zentralkomitees der deutschen Katholiken,
Rita Waschbüsch, auf dem Katholikentag 1992: »Die schreck-
lichen Ereignisse im ehemaligen Jugoslawien zeigen uns, zu
welchen grausamen Auseinandersetzungen auch heute noch
Menschen fähig sind, wenn Vorurteile und Unkenntnis voneinander sich aufstauen, zu Hass und Feindschaft werden und sich
dann in Aggression entladen. Wenn wir solche Konflikte im Ansatz unmöglich machen wollen, müssen wir (...) die gegenseitige
Fremdheit überwinden. Wir müssen uns vergewissern, welche
gemeinsamen Werte uns mit unseren Nachbarn verbinden, die
eine Basis für die größere Gemeinschaft bilden können.« (Rita
Waschbüsch, zitiert nach Vöcking/Klautke 2006)

WEISST DU, WER ICH BIN?

2008 gründete die Dekanatsvorsitzende der katholischen Frau-
engemeinschaft Deutschlands in der Diözese Köln, Ruth Kühn,
einen christlich-muslimischen Gesprächskreis von und für
Frauen. Die Idee kam ihr, als sie Vorträge über das Christentum
in der Türkei hörte: »Diese beiden Vorträge haben mich so ver-
ärgert, weil sie einseitig waren und dadurch bei den Zuhörern
nicht das Miteinander, sondern das Gegeneinander auslösten.«
(Ruth Kühn 2010)

Diesem Miteinander hat sie sich seitdem verschrieben. Zunächst bemüht sie sich mittels Vorträgen, den Christen in ihrer
Gemeinde den Islam näherzubringen. Später reift die Idee für
ein Frauentreffen heran. Anfangs kamen die Frauen noch zö-
gerlich, doch inzwischen erfahren die mehrmals jährlich stattfindenden Treffen regen Zuwachs. Begonnen wurde damit, die

Religion des anderen kennenzulernen; danach folgten Besuche in der Moschee, beim Mittagsgebet der Männer und eine Einladung zum Ramadan. Von christlicher Seite wurden die Musliminnen in die katholische und evangelische Kirche eingeladen

> Von Anfang an war es mein vorrangiges Anliegen,
> dass die Menschen, die aus anderen Ländern zu uns kommen,
> unsere christliche Kultur, unsere christliche Religion und uns
> als Christen kennenlernen. Ebenso, dass Christen den Islam
> und die Menschen kennenlernen, mit denen wir zusammenleben.
> Kennenlernen, Respektieren, Akzeptieren – und nicht Missionieren –
> unter dem Slogan ›Weißt Du, wer ich bin?‹
>
> *Ruth Kühn 2010*

und zu einer gemeinsamen Vesper im Kloster. Einmal verglichen sie das Hauptgebet des Islam mit dem Vaterunser, ein andermal erläuterten die Christinnen das Weihnachtsfest.

OCCURSO

»Der Dialog der Religionen braucht Räume der Begegnung«, so schreibt das Institut für interreligiöse und interkulturelle Begegnung OCCURSO (lat. ›sich begegnen‹) auf seiner Internetseite. OCCURSO schafft diese Räume in Form von Dialogprojekten, spiritueller Begleitung oder auch theoretischer Analyse.

Seit seiner Gründung 2007 im bayrischen Kloster St. Ottilien fördert das Institut bereits bestehende Begegnungsprojekte und begleitet diese mit wissenschaftlicher Arbeit. Im Rahmen ihrer Veranstaltungsreihe ›Zu Gast bei …‹ initiieren sie aber auch selbst Dialoge zwischen Anhängern unterschiedlicher Konfessionen. 2009 lud OCCURSO in den hinduistischen Hari Om Tempel ein. Zu dieser Zeit wurde gerade die fünftägige Puja zu Ehren der Göttin Durga zelebriert. Ein anderes Mal waren 14 Teilnehmer zu Gast im Zen-buddhistischen Tempel Shoboji, in dem sie Meditation und Lehren des Zen-Buddhismus erleben konnten. Darüber hinaus bietet OCCURSO regelmäßig Kurse zum Thema Dialog und Dialogbegleitung an.

RUNDER TISCH DER ABRAHAMRELIGIONEN

Der Runde Tisch der Abrahamreligionen in Göttingen ist ein Gesprächsforum von Judentum, Christentum und Islam. Hier werden regelmäßig aktuelle oder grundsätzliche Fragen des religiösen (Zusammen-)Lebens diskutiert (z. B. zum Religions- oder Ethikunterricht) und Veranstaltungen durchgeführt (gegenseitige Gottesdienstbesuche, multireligiöse Friedensgebete etc.). Doch die Arbeit richtet sich nicht nur an Erwachsene: Mit interreligiösen Schulfeiern wird gezielt die religiöse Toleranz von Grundschulkindern gefördert. Die Veranstalter sind überzeugt, dass Integration auch sichtbare und öffentliche Repräsentation braucht, auch und gerade an Schulen. So erleben beispielsweise die Kinder an der Göttinger Brüder-Grimm-Schule seit vielen Jahren eine etwas andere Einschulung: Vertreter des Christentums und des Islams begrüßen sie in ihrem neuen Lebensabschnitt.

Gemeinsam lauschen sie Bibelversen und Koransuren und bekommen so einen ersten Eindruck von der Religion ihrer zukünftigen Klassenkameraden. Ob Muslim oder Christ, gemeinsam beten ist kein Problem, und so bekommen alle neuen Schulanfänger gleich zwei Bitten ums Gelingen mit auf den Weg: den christlichen und den muslimischen Segen. Ähnlich verlaufen auch Schulabschieds- oder Halbjahresfeiern. Sie werden in dieser Schule regelmäßig von Pfarrer, Imam und Klassenlehrerin gemeinsam gestaltet.

RESÜMEE

Alle diese Initiativen tragen auf kleinerer oder größerer Ebene zu mehr Verständnis zwischen den Bevölkerungs- und Religionsgruppen bei. Sie helfen, Vorurteile ab- und Vertrauen aufzubauen. Bei den meisten handelt es sich um interreligiöse Dialoge im weiteren Sinne. Ihr Erfolg ist naturgemäß schwer messbar, schließlich ist Integration und ein harmonisches Miteinander ein langer, nie abgeschlossener Prozess, der in Deutschland allerdings viel zu spät begonnen wurde. Solche Initiativen helfen, dieses Versäumnis nun wieder aufzuholen. Wer an ihrer Wirksamkeit zweifelt, mag sich fragen, wie die deutsche Gesellschaft wohl ohne diese Projekte, ohne diese Vielzahl an engagierten Menschen und Gruppen aussehen würde.

WEITERFÜHRENDE INFORMATIONEN:

- Der Koordinierungsrat des christlich-islamischen-Dialogs e.V. bietet ein Verzeichnis von Dialogprojekten in ganz Deutschland. Unter www.kcid.de/prodia/landkarte.php kann man auch nach Dialogveranstaltungen in seiner Heimatstadt suchen.
- Über die Arbeit der Gesellschaften für christlich-jüdische Zusammenarbeit informiert deren Koordinierungsrat unter www.deutscher-koordinierungsrat.de.
- OCCURSO stellt sich und sein breites Angebot im Internet vor: www.occurso.de.
- Die Begegnungsstube Medina e.V. präsentiert sich unter www.medina-online.de bzw. www.vereinmedina.de.

QUELLEN:

Brüder-Grimm-Schule Göttingen: www.bgs-goettingen.de (Rev. 6.8.2013).

Koç, Ali-Nihat 2005: Muslimische Freunde. Die Begegnungsstube Medina e.V. in Nürnberg. In: Hans-Martin Gloël (Hg.): Brücken bauen. Christen und Muslime erleben Begegnung. Neuendettelsau: Erlanger Verlag, S. 60–68.

Kühn, Ruth 2010: Emailinterview mit F. Faust; unveröffentlicht.

Meyer, Marianne / Merkl, Johannes / Rötting, Martin (Hg.) 2010: Treffpunkt Weltreligion: Praxisbuch interreligiöse Jugendarbeit. München: Don Bosco.

Rötting, Martin 2008: Interreligiöse Spiritualität. Verantwortungsvoller Umgang der Religionen. St. Ottilien: EOS-Verlag.

Vöcking, Hans / Klautke, Heinz 2006: 25 Jahre Begegnung von Christen und Muslimen auf Katholikentagen und evangelischen Kirchentagen in Deutschland 1980 bis 2005. Hg. von der Georges-Anawati-Stiftung (Schriftenreihe Nr. 1).

6.3 INTERNATIONAL: DAS PARLAMENT DER WELTRELIGIONEN

Chicago 1893:
Das erste Parlament
der Weltreligionen

Das Parlament der Weltreligionen ist eine Veranstaltung, an der Anhänger aller Glaubensgemeinschaften teilnehmen können und die regelmäßig an verschiedenen Orten auf der Welt stattfindet. Organisiert wird sie vom Rat des Parlaments der Weltreligionen, einem Zusammenschluss interessierter Religi-

> Allzu oft wird Religion als Instrument der Spaltung und Ungerechtigkeit missbraucht. Dies verrät die Ideale und Lehren, die das Herz jeder der großen Traditionen in der Welt bilden. Zugleich prägen religiöse und spirituelle Traditionen das Leben von Milliarden Menschen auf kluge und wunderbare Art. Sie führen Menschen mit gemeinsamen Überzeugungen und Lebensweisen zusammen. Wenn diese verschiedenen Gemeinschaften in Harmonie für das Gemeinwohl zusammenarbeiten, gibt es Hoffnung, dass die Welt verändert werden kann.
>
> *Rat für ein Parlament der Weltreligionen o. J.*

onsführer und Gelehrter. Für mehrere Tage wird ein vielfältiges Programm geboten, bei dem Teilnehmer und Besucher den Glauben und die Praktiken der unterschiedlichen Glaubensrichtungen kennen und verstehen lernen können. Respekt und Verständnis soll so zwischen Andersgläubigen gedeihen, um einen Beitrag zum Frieden in der Welt zu leisten.

DAS ERSTE PARLAMENT DER WELTRELIGIONEN
Im Jahr 1893 organisiert John Henry Barrows, ein angesehener Pfarrer der First Presbyterian Church, das erste Parlament der Weltreligionen. Es soll im Kontext der 400-Jahr-Feier zur

Entdeckung Amerikas in Chicago stattfinden, jedoch diesem Fest, das vor allem technologische, industrielle und naturwissenschaftliche Errungenschaften zelebriert, etwas kulturell Höheres und Nobleres entgegensetzen. Das anspruchsvolle Anliegen dieser interreligiösen Veranstaltung ist das friedliche Zusammenleben der Religionsgemeinschaften – und in der Welt! Dazu wird 45 Vertretern großer Religionsgemeinschaften und religiöser Organisationen eine gemeinsame Plattform geboten, auf der sie sich kennenlernen und austauschen können. Zusammen denken sie über die Bedeutung und Praxis von Glaube und Spiritualität nach. Doch nicht Einheitlichkeit, sondern Einigkeit ist das Ziel: Jede Religion soll ihren einzigartigen Charakter behalten und mit ihren Besonderheiten den Dialog bereichern. Schließlich stecken in ihren Traditionen alle Ressourcen, die es den Gläubigen ermöglichen, respektvoll, wertschätzend und kooperativ mit Andersgläubigen umzugehen. Denn – so die Überzeugung der Organisatoren – wenn die Religionen der Welt untereinander Frieden haben und zusammenarbeiten, können sie einen maßgeblichen Beitrag zu einer friedlichen und gerechten Welt leisten.

Dabei gilt – den Grundgedanken des Dialogs entsprechend –, dass die Religionsvertreter gleichberechtigt nebeneinanderstehen und in Respekt miteinander kommunizieren; ein theologischer oder ethischer Überlegenheitsanspruch hat hier keinen Platz. Zudem repräsentieren die Teilnehmer ihre jeweilige Religionsgemeinschaft auf individuelle Weise und sind nicht als offizielle Sprecher entsandt; sie treten also als einfache Gläubige und nicht als religiöse Führer auf. Daher ist die Teilnahme auch für alle frei, niemand ist zu irgendetwas verpflichtet und jeder kann selbst entscheiden, ob oder wie er sich einbringen möchte.

Das Parlament ist also keine starre Institution des diplomatischen Austauschs religiöser Freundlichkeiten, sondern hat eher Begegnungs- und Bewegungscharakter. Doch die Bemühungen um Gleichberechtigung können das damalige Weltgeschehen natürlich nicht ausklammern: Kolonialismus, westlich-christliche Hegemonie und wirtschaftliche Ausbeutung weiter Teile der Welt sind auch in den Gesprächen und Vorträgen gegenwärtig. Dennoch markiert diese Veranstaltung den Beginn des weltweiten interreligiösen Dialogs.

DAS ZWEITE PARLAMENT DER WELTRELIGIONEN

1988 versammeln sich religiöse Führer und Gelehrte sowie lokale Organisatoren in Chicago, um nach hundert Jahren erneut ein Parlament der Weltreligionen vorzubereiten. Auch bei diesem zweiten Treffen werden die Teilnehmer die politischen Verhältnisse auf der Welt widerspiegeln, doch die Situation ist eine

Jeder Mensch muss menschlich behandelt werden!
Das heißt: Jeder Mensch – ohne Unterschied von Alter, Geschlecht,
Rasse, Hautfarbe, körperlicher und geistiger Fähigkeit, Sprache,
Religion, politischer Anschauung, nationaler und sozialer Herkunft –
besitzt eine unveräußerliche und unantastbare Würde.
Alle, der Einzelne wie der Staat, sind deshalb verpflichtet,
diese Würde zu achten und ihren wirksamen Schutz zu garantieren.
Parlament der Weltreligionen 1993

vollkommen andere. Die weltweite kulturelle und religiöse Vielfalt ist in das Bewusstsein der Menschen gerückt, das Christentum ist (politisch) nicht mehr so dominant, die anderen Religionen haben an Bedeutung gewonnen; auf der Weltbühne spielen China, Japan und Indien inzwischen entscheidende Rollen.

Erneut in Chicago, treffen sich im Spätsommer 1993 rund 6.500 Teilnehmer aus 250 Glaubensgemeinschaften und (inter-)religiösen Gruppen zum Zweiten Parlament der Weltreligionen. Sieben Tage lang tauschen sie sich aus, veranstalten Zeremo-

Internationale und interreligiöse Begegnungen beim zweiten Parlament der Weltreligionen 1993

nien und Feste, bieten Vorträge und Workshops, Gesprächsrunden und interreligiöse Trainings an – und hören einander zu. Im Zentrum steht dabei wiederum die Frage des friedlichen Zusammenlebens der unterschiedlichen Religionsgemeinschaften. Gibt es gemeinsame Überzeugungen und Werte, vielleicht ein gemeinsames Ethos? Die vielen einzelnen Dialoge und Austauschprozesse bringen tatsächlich ein erstaunliches Ergebnis: Trotz Meinungsverschiedenheiten und Konfliktpunkten wird zum ersten Mal in der Religionsgeschichte ein gewisser Konsens be-

Dieses gemeinsame Engagement hat den Weg für eine neue Ära
der Zusammenarbeit zwischen den weltweiten religiösen
und spirituellen Gemeinschaften sowie
zwischen Zivilgesellschaft und Politik bereitet.
Das Wohlergehen der Erde und allen Lebens hängt
von dieser Zusammenarbeit ab.
Rat für ein Parlament der Weltreligionen o. J.

züglich gemeinsamer Werte festgestellt. Am 4. September 1993 unterzeichnen über 200 Vertreter von Baha'í, Brahma Kumaris, Buddhismus, Christentum (anglikanisch, orthodox, protestantisch, römisch-katholisch), Hinduismus, indigenen Religionen, Islam, Jainismus, Judentum, Neu-Heiden, Sikhs, Taoisten, Theosophen, Zoroastriern und etlichen interreligiösen Organisationen die Erklärung zum Weltethos (ausführlicher dazu vgl. Kap. 12 ›Forschung Bildung – Begegnung: Das Projekt Weltethos‹). In ihrem Zentrum steht die weltweit bekannte ›Goldene Regel‹: Was du nicht willst, das man dir tu', das füg' auch keinem andern zu, oder positiv: Was du willst, das andere dir tun sollen, das tue ihnen auch. Sie wird konkretisiert in vier ›unverrückbaren Weisungen‹:

- Verpflichtung auf eine Kultur der Gewaltlosigkeit und der Ehrfurcht vor allem Leben
- Verpflichtung auf eine Kultur der Solidarität und eine gerechte Wirtschaftsordnung
- Verpflichtung auf eine Kultur der Toleranz und ein Leben in Wahrhaftigkeit

1893	1988	1993	1999	2004	2007	2009
The World's Congress of Religions at the World's Columbian Exposition

Chicago, USA | Formation of the Council for a Parliament of the World's Religions

Chicago, USA | Parliament of the World's Religions

Chicago, USA | Parliament of the World's Religions

Cape Town, South Africa | Parliament of the World's Religions

Barcelona, Spain | Universal Forum of Cultures

Monterrey, Mexico | Parliament of the World's Religions

Melbourne, Australia |

- Verpflichtung auf eine Kultur der Gleichberechtigung und der Partnerschaft von Mann und Frau

Doch jede Erklärung und vor allem deren Umsetzung wird von Individuen getragen. Daher appellieren die Unterzeichner des Weltethos an alle Menschen und Religionen:

»Jeder Einzelne hat nicht nur eine unverletzliche Würde und unveräußerliche Rechte; er hat auch eine unabweisbare Verantwortung für das, was er tut und nicht tut. Alle unsere Entscheidungen und Taten, auch unser Versagen und Scheitern, haben Konsequenzen. Diese Verantwortung wachzuhalten, zu vertiefen und an künftige Generationen weiterzugeben ist die besondere Aufgabe der Religionen. (...) Unsere Erde kann nicht zum Besseren verändert werden, ohne dass das Bewusstsein des Einzelnen geändert wird. Wir plädieren für einen individuellen und kollektiven Bewusstseinswandel (...) Gemeinsam können wir Berge versetzen!« (Parlament der Weltreligionen 1993).

DIE TRADITION LEBT WEITER

Weitere Parlamente der Weltreligionen finden 1999 in Kapstadt, 2004 in Barcelona und 2009 in Melbourne statt. Auch diese Male beteiligen sich mehrere tausend Anhänger unterschiedlicher Religionen aus aller Welt. Auf den Agenden stehen aktuelle Probleme wie religiös motivierte Gewalt, Flüchtlingsschutz oder Schuldenabbau für ärmere Länder. Immer wieder wird an die Erklärung zum Weltethos erinnert und das Ziel der Veranstaltung nicht aus den Augen verloren: Wenn zwischen den Religionsgemeinschaften wirklicher Frieden herrscht – auf lokaler wie globaler Ebene –, kann auch zwischen Gruppen, Völkern und Nationen ein gerechter Frieden gedeihen.

Obschon die Parlamente der Weltreligionen auch große Dialogveranstaltungen sind, stehen hier nicht allein die verbalen Dialoge im Mittelpunkt. Es geht vielmehr über die von David Bohm konzipierte Dialogmethode hinaus: Verständigung wird nicht nur mittels Gesprächen, sondern auch durch gemeinsames Feiern, Beten, Meditieren und Lernen erreicht. In Zeremonien, Festen, Workshops oder zwischenmenschlichen Begegnungen lernen die Dialogpartner die Welt der Andersgläubigen kennen. Tatsächlich war auf diese Weise das nach wie vor gültige Einvernehmen über gemeinsame Werte möglich, das zur gemeinsamen Erklärung zum Weltethos führte.

Dies soll aber nicht darüber hinwegtäuschen, dass solche Begegnungen auch ein Konfliktpotential bergen. Immer wieder kommt es zu Auseinandersetzungen, entfacht durch religiöse Differenzen oder politisch bedingte Spannungen. Doch konnte stets vermieden werden, dass diese Konflikte eskalierten – eine ermutigende Erfahrung für die Beteiligten. Dass dies nicht nur während der Parlamente, sondern mehr und mehr auch im alltäglichen ›echten Leben‹ gelingt, bleibt das Leitmotiv der Parlamente.

WEITERFÜHRENDE INFORMATIONEN:

- Über die Geschichte und Organisation der Parlamente der Weltreligionen informiert deren Internetseite: www.parliamentofreligions.org.
- Vielfältige Informationen und Dokumente zum Parlament der Weltreligionen – so auch die ›Erklärung zum Weltethos‹ in 16 verschiedenen Sprachen – finden sich zudem auf der homepage der Stiftung Weltethos: www.weltethos.org.
- In einem kurzen Video berichtet Prof. Hans Küng – maßgeblicher Autor der Erklärung zum Weltethos – vom Zweiten Parlament der Weltreligionen in Chicago 1993: www.global-ethic-now.de/gen-deu/0a_was-ist-weltethos/0a-03-capitel-3/0a-0301-00-vor-inhalt-wirkung-video.php.

QUELLEN:

Küng, Hans / Kuschel, Karl-Josef (Hg.) 1993: Weltfrieden durch Religionsfrieden. München: Piper.

Kuschel, Karl-Josef 2002: Das Parlament der Weltreligionen 1893/1993. In: Küng, Hans (Hg.): Dokumentation zum Weltethos. München: Piper, S. 69–96.

Lexikon der Nachhaltigkeit 2008: Parlament der Weltreligionen. URL: www.nachhaltigkeit.info/artikel/parlament_der_weltreligionen_750.htm (Rev. 26. 1. 2014).

Parlament der Weltreligionen 1993: Erklärung zum Weltethos. URL: www.weltethos.org/data-ge/c-10-stiftung/13-deklaration.php (Rev. 26.1.2014).

Rat für ein Parlament der Weltreligionen (Council for a Parliament of the World´s Religions) o. J.: Offizielle Website (eigene Übersetzung). URL: www.parliamentofreligions.org/index.cfm?n=1 (Rev. 26.1.2014).

7. FRIEDENSETHISCHE STELLUNGNAHMEN

7.1 METHODE

Als Gelehrte und Vertreter einer höheren Instanz genießen religiöse Führungspersonen zumeist hohes Ansehen, auch in Fragen von Politik, Ethik und Moral. Ihre Autorität reicht nicht selten über die Grenzen ihrer eigenen Gemeinschaft hinaus, beruht in der Regel jedoch nicht auf der Androhung von Druck oder Gewalt, sondern vielmehr auf ihrer Glaubwürdigkeit und Überzeugungsfähigkeit. Die ›Kraft des Wortes‹ ist ihr Instrument, mit welchem sie immer wieder religiöse, politische und gesellschaftliche Diskussionen, Auseinandersetzungen und Entscheidungen beeinflussen. Durch schriftliche und mündliche Stellungnahmen – allgemein oder zu bestimmten Anlässen – dringen ihre Ansichten in die Öffentlichkeit. Manchmal wird dies benutzt, um Konflikte zu schüren und Gewalt anzufachen; häufig aber auch, um Gewalt zu verhindern und Frieden zu stiften.

FÜRCHTE DICH NICHT VOR DEINEN FEINDEN – IM SCHLIMMSTEN FALL KÖNNEN SIE DICH TÖTEN / FÜRCHTE DICH NICHT VOR DEINEN FREUNDEN / IM SCHLIMMSTEN FALL KÖNNEN SIE DICH VERRATEN / FÜRCHTE DICH VOR DEN GLEICHGÜLTIGEN, WEDER TÖTEN UND VERRATEN SIE, ABER NUR MIT IHRER STILLSCHWEIGENDEN ZUSTIMMUNG GIBT ES AUF DER WELT MORD UND VERRAT

THEOLOGISCHE FRIEDENSETHIK

Jede Religion hat eigene Vorstellungen davon, was richtig und was falsch ist, was von Gott geboten oder verboten ist. Der Bereich der theologischen Ethik, der sich mit dem Verhältnis von Frieden und Krieg beschäftigt, ist die theologische Friedensethik. Fragen nach der Legitimität von Krieg und Waffengewalt und nach dem Wesen des Friedens stehen hier im Mittelpunkt. Aber auch Phänomene wie Ungleichheit, Ungerechtigkeit und Unfreiheit werden mit Blick auf einen positiven Frieden thematisiert. Nun ist es nicht so, dass jedem religiösen Bekenntnis eine unverrückbare und eindeutige Ethik zugrunde liegt. Vielmehr wird diese durch religiöse Autoritäten immer wieder neu interpretiert und konkretisiert.

Text von Elie Wiesel, Friedensnobelpreisträger 1986

So kommt es, dass nicht nur zwischen den Religionsgemeinschaften, sondern auch innerhalb einer Religion verschiedene moralische Vorstellungen und Ansätze existieren. Beispielsweise gibt es unter Christen sowohl radikale Pazifisten als auch

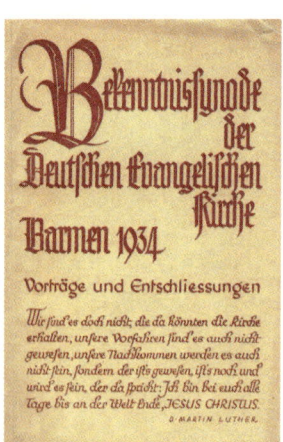

Die ›Barmer Theologische Erklärung‹ war die theologische Grundlage der ›Bekennenden Kirche‹, einer evangelischen Oppositionsbewegung im Nationalsozialismus

Anhänger der Lehre vom ›gerechten Krieg‹; in jüngerer Zeit wurde zudem die Theorie und Praxis eines ›gerechten Friedens‹ entwickelt. All diese Ansätze, Theorien und Grundsätze gründen in den religiösen Schriften, Überlieferungen und Traditionen. Seit Jahrhunderten prägen und bestimmen sie das Leben der Menschen in sozialer, kultureller, politischer und auch wirtschaftlicher Hinsicht.

THEOLOGISCH-FRIEDENSETHISCHE STELLUNGNAHMEN

Bezieht eine religiöse Autorität nun Stellung zu bestimmten Themen, argumentiert sie meist auf der Grundlage ihrer moralischen Überzeugungen. Dabei kann sie unterschiedlich vorgehen:

- Sie kann religiöse Schriften (neu) auslegen.
- Sie kann religiös-kulturelle Traditionen (neu) interpretieren.
- Sie kann eigene (neue) Positionen zu ethischen Fragen entwickeln.

Diese Stellungnahmen können aktuelle Probleme oder ganz prinzipielle Fragen behandeln. Sie können sich an eine bestimmte (Konflikt-) Gruppe oder die Allgemeinheit richten. Und sie können ganz unmittelbar und spontan wirken oder eher langfristig und indirekt auf das gesellschaftliche Zusammenleben und politische Entscheidungen Einfluss nehmen.

Aufgrund dieser vielen Gestaltungsmöglichkeiten gibt es viele sehr unterschiedliche Beispiele für solche friedensethischen Positionierungen. Sie alle verfolgen jedoch das Ziel, auf Probleme aufmerksam zu machen, zu ihrer Überwindung zu motivieren und dazu den Menschen einen Weg zu weisen.

GRUNDSÄTZLICHE STELLUNGNAHMEN

Grundsätzliche Stellungnahmen beziehen sich meist auf einen größeren Problemkomplex und allgemeine ethische Fragen. Sie möchten etwas generell klarstellen oder auf etwas aufmerksam machen. Der ›Brief der 138‹ (s. u.) ist ein Beispiel dafür, aber auch die ›Erklärung zum Weltethos‹ des Zweiten Parlaments der Weltreligionen (siehe Kap. 6 ›Dialog‹).

KONKRETE DEKLARATIONEN

Konkrete friedensethische Deklarationen beziehen sich in der Regel auf einen akuten Gewaltkonflikt oder eine spezifische Fragestellung, bspw. die eindeutige Ablehnung des Golfkrieges von 1990 durch Papst Johannes Paul II.. Wenn solche Erklärungen von interreligiösen Initiativen veröffentlicht werden, kann von ihnen eine große Symbolkraft und Wirkung ausgehen, insbesondere in religiös aufgeladenen Konflikten: Indem sie religionsübergreifende Gemeinsamkeiten verdeutlichen und damit alle am Konflikt beteiligten Religionsgemeinschaften erreichen, können sie die Kluft zwischen Gegnern überbrücken.

BEFREIUNGSTHEOLOGIE

Als eine Sonderform solcher theologischer Stellungnahmen kann die Befreiungstheologie betrachtet werden, die von katholischen Bischöfen und Priestern in den sechziger Jahren in Lateinamerika entwickelt wurde. Sie thematisiert die ungerechten Verhältnisse, unter denen die dortige Bevölkerung leidet: Ausbeutung durch Feudalherren oder Konzerne, Unterdrückung durch korrupte Herrscher und Eliten, ungerechte Wirtschafts- und Gesellschaftsstrukturen, Armut und Unfreiheit durch globale Ungleichheit und Ungerechtigkeit. Innerhalb der gesamten

römisch-katholischen Kirche ist die Befreiungstheologie eine Minderheitenposition und wird im Vatikan lange Zeit vehement abgelehnt; erst unter Papst Franziskus ist eine Öffnung spürbar. Gleichwohl kommt ihr weltweit erhebliche theologische Bedeu-

> *Alle Theologie ist entweder befreiend, oder sie verdient den Namen Theologie nicht.*
> *Bischof Samuel Ruiz Garcia (Mexiko)*

tung zu. Durch engagierte Ordensleute, Priester und Bischöfe hat sie vor allem auf lokaler Ebene (in sogenannten Basisgemeinden) großen Einfluss, kann aber auch Massenbewegungen prägen wie bspw. die ›Rosenkranz-Revolution‹ auf den Philippinen, die 1986 zum Sturz des Diktators Marcos führte.

FATWA

Eine islamische Sonderform theologischer Stellungnahmen stellt die Fatwa dar. Im Westen werden Fatwas oftmals mit einem Aufruf zu Gewalt gleichgesetzt. Dies ist jedoch ein grundlegendes

Missverständnis. Eine Fatwa ist zunächst lediglich ein von einer islamischen Autorität erstelltes Rechtsgutachten auf der Basis des Korans. Hohe Geistliche legen darin die islamischen Schriften und Gesetze aus, stets bezogen auf ganz konkrete Fragestellungen. Diese Auslegung ist aber nicht für alle Muslime rechtsverbindlich wie ein Gerichtsurteil, zumal verschiedene Geistliche auch einander widersprechende Fatwas erlassen können. Für die Anhänger der jeweiligen geistlichen Autorität sind sie aber ein bindender Leitfaden für das richtige Verhalten in alltäglichen (z. B. Essen), moralischen (z. B. Sexualität), religiösen (z. B. Gebet) wirtschaftlichen (z. B. Zinsnahme) oder politischen Angelegenheiten. So rief Großayatollah Ali Al-Sistani – einer der ange-

EINE FATWA ZU DEN ANSCHLÄGEN IN LONDON

Am 7. Juli 2005 explodieren vier Bomben im Londoner Nahverkehr und reißen 56 Menschen mit in den Tod. Der Anschlag wird einer kleinen Gruppe islamischer Extremisten zugeordnet, die sich bei den Anschlägen selbst in die Luft sprengten. Die größte Organisation der in England lebenden sunnitischen Muslime, Jama'at-e Ahl-e Sunnat, veröffentlicht daraufhin ein religiöses Rechtsgutachten. In dieser Fatwa verurteilen sie die Anschläge aufs schärfste. Jeder Selbstmordanschlag sei ein Verstoß gegen den Koran. Der Vorsitzende Mufti Muhammad Gul Rehman Qadri erklärt: »Wer hat irgendjemandem das Recht gegeben, andere zu töten? Das ist eine Sünde. (...) Was in London geschehen ist, ist ein Sakrileg. Es ist eine Sünde, sich oder anderen das Leben zu nehmen.« (zitiert nach Spiegel Online vom 18. 7. 2005)

sehensten schiitischen Geistlichen – während des Irakkriegs in mehreren Fatwas zur Gewaltlosigkeit auf, sowohl gegenüber den ausländischen Soldaten als auch gegenüber den Sunniten im Land sowie zwischen rivalisierenden schiitischen Gruppen; zudem forderte er darin freie, demokratische Wahlen im Irak. Diese Fatwas waren starke, deeskalierende Botschaften in einer extrem gewaltträchtigen Zeit.

Invasionspläne: Papst versagt Bush Segen für Irak-Krieg

Mit scharfen Worten hat sich der Vatikan gegen einen Irak-Feldzug ausgesprochen. Papst Johannes Paul II. gilt als strikter Kriegsgegner.

Spiegel Online, 23.12.2002

WIRKUNG

Friedensethische Stellungnahmen können in jedem Konfliktstadium hilfreich sein. Bei latenten Konflikten eignen sich grundsätzliche Stellungnahmen, um auf Missstände aufmerksam zu machen, dem Konflikt Öffentlichkeit zu verschaffen und Druck auf Aggressoren auszuüben. Auch Versöhnungsarbeit kann durch diese Art der Positionierung gefördert werden, da die Parteien sich durch die moralische Unterstützung religiöser Autoritäten in ihrem Versöhnungsprozess bestätigt und bestärkt fühlen. Konkrete Deklarationen, die sich gezielt zu einem bestimmten Vorfall äußern, können Konfliktgruppen zur Einsicht bewegen und eine Eskalation abwenden. Ist der Konflikt allerdings schon so weit fortgeschritten, dass die Wahrnehmung der Betroffenen völlig verengt und verzerrt ist, wenn zudem die Fronten zwischen den Parteien verhärtet sind, dann wird die bloß verbale, öffentliche Stellungnahme einer religiösen Autorität ohne weitergehendes Engagement selten erfolgreich sein.

WEITERFÜHRENDE INFORMATIONEN:

- Religiös-theologische Stellungnahmen als eine Methode ziviler Konfliktbearbeitung auf verschiedenen Handlungsfeldern wird ausführlicher beschrieben in Markus Weingardt: Religionsbasierte Akteure auf dem Feld internationaler Gerechtigkeit. In: Hartung, Gerald / Schaede, Stephan (Hg.): Internationale Gerechtigkeit. Theorie und Praxis. Darmstadt 2008, S. 279–306.
- Die unterschiedlichen Vorstellungen von Frieden in Christentum, Islam und Judentum stellt die Seite www.friedens-theologie.de gut verständlich dar.
- Materialien und weiterführende Links zur christlichen Friedensethik finden sich unter www.theology.de/theologie/fachbereiche/ethik/friedensethikkriegfrieden.php (Rev. 28.1.2014).
- Unter dem Stichwort Fatwa finden sich auf der Dialog-Plattform www.qantara.de zahlreiche interessante Artikel.

QUELLEN:

Kiesel, Heiner 2009: Viele konkurrierende Stimmen. Fatwas in Deutschland. URL: http://de.qantara.de/inhalt/fatwas-in-deutschland-viele-konkurrieren-de-stimmen (Rev. 20.1.2014)

Plattform Theologie der Befreiung in Deutschland, Österreich und der Schweiz: URL: https://sites.google.com/site/befreiungstheologie/Home (Rev. 28.1.2014).

Sarkohi, Faraj 2004: Heilige Wende. In: Die Zeit vom 11.3.2004 Nr. 12. URL: www.zeit.de/2004/12/Konkurrenz (Rev. 28.1.2014).

Spiegel Online vom 18.7.2005: Muslime erlassen Fatwa gegen Terror. URL: www.spiegel.de/panorama/justiz/london-muslime-erlassen-fatwa-gegen-terror-a-365615.html (Rev. 28.1.2014).

Weingardt, Markus 2008: Religionsbasierte Akteure auf dem Feld internationaler Gerechtigkeit. In: Hartung, Gerald / Schaede, Stephan (Hg.): Internationale Gerechtigkeit. Theorie und Praxis. Darmstadt: WBG, S. 279–306.

7.2 DEUTSCHLAND: DIE EKD-FRIEDENSDENKSCHRIFT

Der Rat der Evangelischen Kirche in Deutschland (EKD) veröffentlichte im Jahre 1981 seine erste Friedensdenkschrift mit dem Titel »Frieden wahren, fördern und erneuern«. In den Folgejahren änderte sich die politische Situation in Deutschland und weltweit jedoch grundlegend. Der Zusammenbruch der Sowjetunion, die rasant fortschreitende Globalisierung, das Aufkommen der ›Neuen Kriege‹ und nicht zuletzt die Terroranschläge auf das World Trade Center vom 11. September 2001 führten zu einer völlig neuen weltpolitischen Konstellation mit neuen Herausforderungen. Dies veranlasste die EKD, eine neue Denkschrift mit dem Titel ›Aus Gottes Frieden leben – Für gerechten Frieden sorgen‹ zu erarbeiten, die im Oktober 2007 veröffentlicht wurde.

GRUNDSÄTZE

Im Vorwort der 125 Seiten starken Denkschrift werden die Grundlinien skizziert:

»Übereinstimmend werden in dieser Denkschrift Grundsätze und Maximen vertreten, die ebenso einfach wie überzeugend sind: Wer den Frieden will, muss den Frieden vorbereiten. Wer aus dem Frieden Gottes lebt, tritt für den Frieden in der Welt ein. Gerechter Friede in der globalisierten Welt setzt den Ausbau der internationalen Rechtsordnung voraus. Staatliche Sicherheits- und Friedenspolitik muss von den Konzepten der ›Menschlichen Sicherheit‹ und der ›Menschlichen Entwicklung‹ her gedacht werden.«

AUFBAU UND INHALT

Die Denkschrift gliedert sich in vier Teile: Im ersten Teil mit dem Titel ›Friedensgefährdungen‹ werden die Ursachen (potentiell) gewaltsamer Konflikte in der Gegenwart herausgearbeitet. Teil zwei widmet sich dem ›Friedensbeitrag der Christen und der Kirche‹, also den Möglichkeiten der Einflussnahme christlicher Akteure zur Förderung des Friedens. Im dritten Teil des Werkes, überschrieben mit ›Gerechter Friede durch Recht‹, widmen sich die Autoren den Anforderungen an eine globale Friedensordnung als Rechtsordnung sowie den Grenzen einer ›rechtserhaltenden Gewalt‹ als ultima ratio. Im letzten Teil werden die ›politischen Friedensaufgaben‹ genannt. Diese umfassen u.a.

die Profilierung der Europäischen Union als ›Friedensmacht‹, internationale Abrüstung und Rüstungskontrolle sowie den Ausbau der zivilen Konfliktbearbeitung.

Abweichend von den ›Heidelberger Thesen‹ aus dem Jahr 1959, die unter dem maßgeblichen Eindruck der Ost-West-Konfrontation entstanden, wird die Politik der nuklearen Abschreckung nun vollständig abgelehnt. Zudem formuliert die Denkschrift Handlungsempfehlungen für kirchliche, politische und gesellschaftliche Akteure, die zu einer friedlicheren Welt beitragen sol-

len. Besonders hervorgehoben wird dabei der »Vorrang des Zivilen«: Zivile, nichtmilitärische Mechanismen der Konfliktbearbeitung müssen immer Vorrang vor gewaltsamen haben, was auch in einer verbindlichen internationalen Friedensordnung festgehalten werden müsse. Die (nicht nur in der Denkschrift gebrauchte) Formulierung des ›Vorrangs‹ löste allerdings kontroverse Diskussionen aus, da sie verstanden werden kann als Legitimation von ›nachrangiger‹ Gewalt, d.h. wenn zivile Mittel nicht (bzw. nicht schnell genug) den gewünschten Erfolg erbringen.

ANSPRUCH UND WIRKUNG

In der Friedensdenkschrift wird die Friedensarbeit ausdrücklich als »herausragendes Thema« und »immerwährende Aufgabe« für die Evangelische Kirche in Deutschland dargestellt. An diesem Anspruch muss sich nunmehr auch die Wirklichkeit messen lassen, d.h. die tatsächliche Förderung evangelisch-kirchlicher Friedensarbeit in Deutschland. Darüber hinaus wurde mit der Denkschrift das Anliegen verfolgt, einen auf christlicher Ethik basierenden gesamtgesellschaftlichen Konsens zum Thema Frieden zu formulieren – freilich angesichts der Herausforderungen des 21. Jahrhunderts wie transnationalem Terrorismus, neuen Separationskriegen, Klimakonflikten, Migration und anderen Friedensgefährdungen durch die Globalisierung mit ihren vielen Gesichtern. Die kirchliche und gesellschaftliche Öffentlichkeit soll durch die Denkschrift für diese Themen sensibilisiert und die friedenspolitische Debatte angeregt werden. Auf der Pressekonferenz zum Erscheinen der Denkschrift erklärte der damalige Ratsvorsitzende der EKD, Bischof Wolfgang Huber: »Sie (die Denkschrift) führt die Tradition friedensethischer Urteilsbildung in unserer Kirche unter neuen Bedingungen weiter. Diese Tradition hat in den Zeiten der deutschen Teilung in der Ostdenkschrift von 1965 und der Friedensdenkschrift von 1981 besonderen Ausdruck gefunden; in den Kirchen der DDR hat sie sich besonders in der Friedensdekade, in der großen Wirksamkeit des Zeichens ›Schwerter zu Pflugscharen‹ und in der beherzten Absage an Geist, Logik und Praxis der Abschreckung Ausdruck verschafft. Heute entwickeln wir eine Friedensethik, die unterschiedliche Strömungen unter dem Leitbegriff des gerechten Friedens zusammenführt. Die EKD will damit ihren Beitrag zur friedensethischen Urteilsbildung wie zu praktischen Friedensbemühungen unter den Bedingungen des 21. Jahrhunderts leisten.«

Dass die Friedens-Denkschrift vom Rat der EKD einstimmig angenommen wurde – ein seltenes Ereignis! –, verdeutlicht die breite Akzeptanz innerhalb der Kirche. Auch in politischen Kreisen erfuhr sie Zustimmung aus allen Parteien. Doch so viel Zustimmung aus verschiedensten Richtungen wirft freilich auch die Frage auf, ob die Kritik und Forderungen der Denkschrift nicht deutlicher und schärfer hätten formuliert werden müssen. Beispielsweise lassen die in der Denkschrift ausgeführten Kriterien für den Einsatz »rechtserhaltender Gewalt« einen gewissen Interpretationsspielraum offen. Dadurch können sie – unter bestimmten Umständen – auch als Billigung militärischer Interventionen gelesen werden. Diese und andere Inhalte boten manchen Anlass zu mitunter scharfer Kritik, vor allem aus kirchlichen Friedensinitiativen. Insofern beschreibt sie keineswegs einen umfassenden (kirchlichen) Konsens, sondern ist

Impuls für weitergehende Debatten und Auseinandersetzungen mit der friedensethischen und friedenspolitischen Positionierung der Kirche. Diese weitergehenden Diskussionen auf der Basis (auch) der Denkschrift erfolgten auf unterschiedlichste Weise – in Vorträgen auf Gemeindeebene oder in Studientagen der Landessynoden, in Podiumsdiskussionen und Akademietagungen, in kritischen, zustimmenden oder ergänzenden Statements und Publikationen und vieles mehr. Besonders intensiv befasste sich die Evangelische Landeskirche in Baden mit der Thematik. Dort entwarf eine Arbeitsgruppe ein inhaltlich deutlich radikaleres »Positionspapier zur Friedensethik«, flankiert von einer Sammlung zentraler Texte zur weiteren Beschäftigung. Dieser Entwurf wurde in fast allen Kirchenkreisen und zahlreichen Kirchengemeinden diskutiert und kommentiert, zudem von den Abgeordneten des Landeskirchenparlaments (Synode) ausführlich behandelt und mündete am Ende in eine offizielle Stellungnahme der Landeskirche.

Die politische und gesamtgesellschaftliche Reichweite der Friedensdenkschrift war jedoch beschränkt. Die fehlende sprachliche Schärfe und friedenspolitische ›Anstößigkeit‹ der Schrift erlaubte es Politikern verschiedenster Couleur, die Schrift leichthin gutzuheißen und mit ihren – durchaus unterschiedlichen! – politischen Überzeugungen zu vereinbaren. Und die großen Medien nahmen die Denkschrift kaum zur Kenntnis – es fehlte das Neue, das Aufsehen Erregende, das Radikale. So blieb die EKD-Friedensdenkschrift primär ein innerkirchliches Impulspapier, doch kein friedenspolitischer ›Stein des Anstoßes‹.

WEITERFÜHRENDE INFORMATIONEN:

- Zahlreiche, auch kritische Stellungnahmen zur EKD-Friedensdenkschrift sind in den beiden Doppelheften Nr. 19/20 und Nr. 22/33 der EPD-Dokumentationen dokumentiert (hg. vom Evangelischen Pressedienst, Frankfurt a. M., 29.4.2008 bzw. 20.5.2008).
- Auf der Basis der in der Denkschrift formulierten kirchlichen Ansprüche beschäftigt sich ein jüngeres Diskussionspapier mit den aktuellen Zuständen und Entwicklungen in der kirchlichen Friedensarbeit: Markus Weingardt / Renke Brahms / Horst Scheffler: Die Zukunft der protestantischen Friedensarbeit in Deutschland. Ein Diskussionspapier. Tübingen/Bonn/Bremen 2012. Download unter www.ekd.de/friedensbeauftragter/download/zukunft_der_friedensarbeit_2012.pdf.
- Bemerkenswert sind die 2013 gefällten Beschlüsse zu Friedensethik und kirchlicher Friedensarbeit der Evang. Landeskirche von Baden. Mit dem dazugehörigen Diskussionspapier und einer Textsammlung stehen sie zum download unter www.ekiba.de/friedensethik.
- Das katholische Pendant zur EKD-Friedensdenkschrift ist die Erklärung der deutschen Bischöfe: Sekretariat der Deutschen Bischofskonferenz (Hg.) 2000: Gerechter Friede. Bonn. Download unter www.justitia-et-pax.de/GerechterFriede.pdf.

QUELLEN:

Engelke, Matthias: Frieden mit dem Militär?! Zur Kritik an der EKD-Friedensdenkschrift. Sondernummer der Zeitschrift Forum Pazifismus (erhältlich unter www.versoehnungsbund.de).

Fuchs, Albert 2008: Aus Gottes Frieden für gerechten Frieden – Ja und? Anmerkungen zur neuen Friedensdenkschrift der EKD. In: Wissenschaft & Frieden 2008-2. URL: www.wissenschaft-und-frieden.de/seite.php?artikelID=1472 (Rev. 28.1.2014).

Huber, Wolfgang 2007: Statement in der Pressekonferenz zur Vorstellung der Friedensdenkschrift des Rates der EKD »Aus Gottes Frieden leben – für gerechten Frieden sorgen« in Berlin (24.10.2007). URL: www.ekd.de/aktuell/071024_huber_pk_friedensdenkschrift.html (Rev. 28.1.2014).

Rat der Evangelischen Kirche in Deutschland (Hg.) 2007: Aus Gottes Frieden leben – für gerechten Frieden sorgen. Gütersloh: Gütersloher Verlagshaus. Download unter www.ekd.de/EKD-Texte/friedensdenkschrift.html.

Stude, Jürgen / Maaß, Stefan (Hg.) 2012: Richte unsere Schritte auf den Weg des Friedens. Pazifistisch-gewaltfreie Texte zur friedensethischen Positionierung der badischen Landeskirche. Karlsruhe: Arbeitsstelle Frieden in der Ev. Landeskirche in Baden. Download unter www.ekiba.de/friedensethik.

7.3 INTERNATIONAL: DER BRIEF DER 138

Muslime und Christen machen zusammen mehr als die Hälfte der Weltbevölkerung aus. Der Frieden und die Zukunft der Welt hängen in besonderer Weise vom Frieden zwischen diesen beiden Religionen ab. Doch besonders im letzten Jahrzehnt, seit den Terroranschlägen auf das World Trade Center in New York

am 9. September 2001, wird der Islam im Westen zunehmend als eine gewalttätige Religion wahrgenommen. Religiöser Fundamentalismus scheint sich zu vermehren und die Kluft zwischen den Glaubensgemeinschaften immer größer. Doch sind die Unterschiede zwischen den Religionen wirklich so essentiell, wie sie von manchen Medien und Politikern gerne dargestellt werden? Am 13. Oktober 2007 veröffentlichen 138 hochrangige muslimische Geistliche und Gelehrte einen Offenen Brief, in dem sie die Gemeinsamkeiten der beiden größten Religionen hervorheben. Diese Stellungnahme mit dem Titel ›Ein gemeinsames Wort zwischen Uns und Euch‹ ist an 27 christliche Führer adressiert, allen voran Papst Benedikt XVI.

HINTERGRUND

Am 12. September 2006 hält Papst Benedikt XVI. die ›Regensburger Rede‹, in der er einen spätmittelalterlich-byzantinischen Kaiser mit despektierlichen Äußerungen über den Islam zitiert und damit große Empörung auslöst, nicht nur auf islamischer Seite. Wenige Wochen später reagieren knapp 40 einflussreiche islamische Gelehrte in einem Offenen Brief, der in Kirche und Medien aber kaum wahrgenommen wird. Ein Jahr später folgt der Brief der 138, der das Verhältnis zwischen Christentum und

> Ohne Frieden und Gerechtigkeit zwischen diesen beiden religiösen Gemeinschaften kann es keinen Frieden von Bedeutung auf der Welt geben.
> *Brief der 138*

Islam grundlegend thematisiert. Die Verfasser plädieren für eine genaue Betrachtung der Gemeinsamkeiten und für gegenseitiges Verständnis.

Dieser Brief stößt auf große Resonanz in der islamischen Welt und viele namhafte Unterzeichner kommen hinzu. Weniger wahrgenommen wird der Brief leider hingegen in den Gesellschaften und Medien des Westens.

BOTSCHAFT

Die Verfasser betonen, es seien gerade der Frieden und die Prinzipien der Liebe, die Christentum und Islam miteinander verbinden. Sowohl in der Bibel als auch im Koran gelten Gottesliebe und Nächstenliebe als wichtige Grundpfeiler. Im Brief

Interreligiöse Tagung zum ›Brief der 138‹

der 138 werden diese gemeinsamen Glaubensbekenntnisse sorgfältig herausgearbeitet.

Die Gottesliebe: Die Liebe zu Gott drückt sich im Islam in der Erklärung des ›Besten Gedenkens‹ durch den Propheten Mohammed aus. Ausführlich erklären die Verfasser des Briefs, was dieses Gedenken den Gläubigen verheißt. Es fordere sie nicht nur zu vollkommener Liebe und Hingabe an Gott auf, sondern weise ihnen auch einen Weg, diese Liebe zu verwirklichen. Auch in der Bibel finde sich die Gottesliebe als erstes und höchstes Gebot wieder, bspw. im Sch'ma Israel, dem zentralen jüdischen Gebet aus dem 5. Buch Mose (6,4-5).

Die Nächstenliebe: Das zweite Gebot, die Liebe zum Nächsten, sei ebenfalls in beiden Heiligen Schriften von großer Bedeutung. Der Brief der 138 beruft sich dabei wiederum auf den Propheten Mohammed.

> Höre, o Israel, der HERR ist unser Gott, der HERR allein.
> Und du sollst den HERRN, deinen Gott, lieben von ganzem Herzen,
> von ganzer Seele und mit all deiner Kraft.
> *Sch'ma Israel*

Egal, wie viel Mitgefühl oder Sympathie man für seinen Nachbarn auch empfinden mag, es ist nicht genug. Vielmehr müsse das Mitgefühl von Großzügigkeit begleitet sein, gegebenenfalls auch von der Bereitschaft zum Verzicht zugunsten des Nächsten. Die Verfasser des Briefes der 138 weisen unter anderem auf das Evangelium nach Markus (12,31) hin. Dort antwortet Jesus auf die Frage nach dem größten Gebot mit dem Gebot der Gottesliebe aus dem Sch'ma Israel, setzt diesem jedoch – unter Berufung auf 3. Mose (19,18) – unmittelbar das Gebot der Nächstenliebe hinzu.

Das andere ist dies:
Du sollst deinen Nächsten lieben wie dich selbst.
Es ist kein anderes Gebot größer als dieses.
Jesus

REAKTIONEN

Aufbauend auf diesen aus Bibel und Koran hergeleiteten Gemeinsamkeiten laden die Verfasser des Briefes der 138 die Christen zu einem gemeinsamen Wort ein:
»Mögen diese Gemeinsamkeiten die Grundlage für all unseren künftigen Dialog zwischen uns sein (...) So lasset unsere Verschiedenheiten nicht Hass und Unfriede zwischen uns verursachen. Lasset uns nur in Rechtschaffenheit und guten Werken wettstreiten. Lasset uns einander respektieren, fair, gerecht und freundlich miteinander umgehen und miteinander in ehrlichem Frieden, Harmonie und gegenseitigem Wohlwollen leben.« (Brief der 138)

Ein solches Angebot und zugleich Zeugnis des gegenseitigen Respekts, unterzeichnet von 138 hochrangigen muslimischen Gelehrten und geistlichen Autoritäten aus der ganzen Welt, sucht in der Geschichte seinesgleichen. Zahlreiche christliche Gemeinschaften, Gruppen und Geistliche reagieren höchst positiv auf den Brief. Allen voran drückt Papst Benedikt XVI. seine Wertschätzung über diese Geste aus der muslimischen Welt aus.

»Die erfolgreichste interreligiöse muslimisch-christliche Initiative der Geschichte«

The Most Successful Muslim-Christian Interfaith Initiative in History

A Common Word offers a starting point for interfaith engagement and cooperation. Based around the principles of *Loving God and Neighbor*, A Common Word is built on the most **solid theological grounds** possible in Muslim and Christian scriptures, empowering different communities to work towards positive change.
Learn more about our principles »

Noch im Jahr 2008 tagt auf Einladung des Papstes ein hochrangiges katholisch-muslimisches Forum, dessen Arbeit in einem dauerhaften Komitee institutionalisiert werden soll. Dadurch soll insbesondere in religiös aufgeladenen Konflikten die Kommunikation und Koordination zwischen den Religionsvertretern verbessert und der Eskalation entgegengewirkt werden. Oder in den Worten von Papst Benedikt XVI. (zitiert nach Mühlstedt 2009): » Wir wollen den Weg des Dialogs weitergehen und vorantreiben, damit das Verständnis wächst zwischen den verschiedenen Kulturen und religiösen Traditionen.«

*Niemand von euch hat den Glauben erlangt,
solange er nicht für seinen Bruder liebt, was er für sich liebt.
Und: Keiner von euch hat den Glauben erlangt,
solange ihr für euren Nachbarn nicht liebt,
was ihr für euch selbst liebt.*

Mohammed, so zitiert im Brief der 138

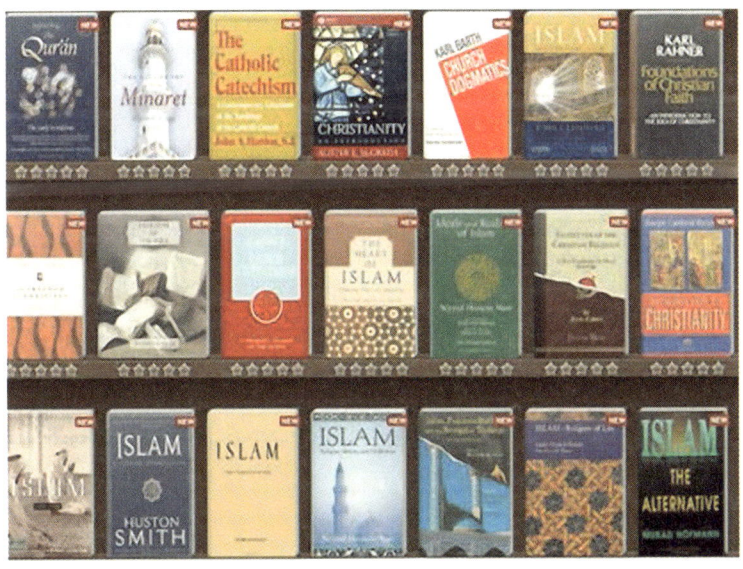

WEITERFÜHRENDE INFORMATIONEN:

- Die Initiative Ein gemeinsames Wort zwischen Uns und Euch präsentiert sich im Internet auf www.acommonword.com.
- Das offizielle Antwortschreiben von Papst Benedikt XVI. findet sich im Internet unter www.zenit.org/article-13926?l=german (Rev. 8. 9. 2013).
- Informationen zum Fortgang des 2008 initiierten katholisch-muslimischen Forums im Vatikan finden sich unter www.ci-bedo.de/wichtigedialogthemen21.html (Rev. 20. 01. 2014).

QUELLEN:

A Common Word o. J.: The official Website. URL: www.acommonword.com (Rev. 8. 9. 2013).

Arbeitsgemeinschaft Christlicher Kirchen in Baden-Württemberg (Hg.) 2011: Arbeitshilfe zum Brief der 138 muslimischen Gelehrten »Ein Wort, das uns und euch gemeinsam ist«. Stuttgart: Arbeitsgemeinschaft Christlicher Kirchen in Baden-Württemberg.

Brief der 138: Offizielle deutsche Übersetzung von Muhammad M. Hanel von ›A Common Word‹. URL: www.acommonword.com/lib/downloads/gemeinsames_wort.pdf (28. 1. 2014).

Eißler, Friedmann (Hg): Muslimische Einladung zum Dialog. Dokumentation zum Brief der 138 Gelehrten. EZW-Texte 202/2009. Berlin: Evangelische Zentralstelle für Weltanschauungsfragen.

Lamprecht, Harald 2009: Einladung zum Dialog. Brief von 138 muslimischen Gelehrten an die Christen. In: Confessio Nr. 2/2009, S. 12; URL: www.confessio.de/cms/website.php?id=/religionheute/weltreligionen/islam/einladung_zum_dialog.html (Rev. 28. 8. 2013).

Troll, Christian SJ: »Unsere Seelen sind in Gefahr.« Ein beispielloser islamischer Appell zum Dialog mit den Christen – und eine katholische Antwort. URL: www.sankt-georgen.de/leseraum/troll47.pdf (Rev. 28. 8. 2013).

8. VERMITTLUNG

8.1 METHODE

Wenn die Fronten in einem Konflikt so verhärtet sind, dass die direkte Kommunikation zwischen den Parteien unmöglich ist, greifen oft Drittpersonen vermittelnd in den Konflikt ein. Durch Gespräche, Verhandlungen oder Kurierdienste fördern sie die Annäherung der zerstrittenen Parteien und arbeiten auf eine Versöhnung oder zumindest eine für alle akzeptable Lösung hin. Dabei können sie ganz unterschiedliche Rollen einnehmen und unterschiedlich stark auf die Parteien einwirken. Welche Strategie in einer bestimmten Situation die beste ist, hängt von vielen internen und externen Faktoren ab, insbesondere von der Art des Konflikts und seinem Eskalationsgrad, aber auch von der Person des Vermittlers. Zudem gibt es viele verschiedene Methoden und Instrumente konstruktiver Konfliktbearbeitung. Entsprechend viele Möglichkeiten der Vermittlung stehen der Drittperson offen, von denen einige hier vorgestellt werden.

Israels Ministerpräsident Yitzhak Rabin, US-Präsident Bill Clinton und PLO-Chef Yassir Arafat bei der Unterzeichnung des Oslo-Abkommens, 13.9.1993

VERMITTLUNG ALLGEMEIN

Im Einführungskapitel wurde erläutert, wie Konflikte verlaufen, wenn sich die Parteien durchweg destruktiv verhalten. Nach dem Konfliktforscher Friedrich Glasl erhält ein Konflikt dadurch eine Eigendynamik und durchläuft neun Stufen der Eskalation. An diesen neun Stufen orientieren sich auch die im Folgenden beschriebenen Vermittlungsmöglichkeiten. Je stärker der Konflikt bereits eskaliert ist, umso aktiver sollte die Rolle des Vermittlers sein.

Zu Beginn eines Konflikts genügt eine Moderation: Jetzt ist der Handlungsspielraum der Konfliktparteien noch sehr groß, der Vermittler muss die Gespräche vor allem in konstruktive Bahnen lenken, doch seine Entscheidungsbefugnis ist gering. Mit zunehmender Konfliktintensität steigt jedoch die aktive Einflussnahme der Vermittler: Der Moderation folgt die Prozessbegleitung, die

KONFLIKTSTUFE	INTERVENTION
Verhärtung, Debatte	Moderation
Aktionen, Koalitionen, Gesichtsverlust	Prozessbegleitung
Drohstrategien, Begrenzte Vernichtungsschläge	Mediation
Maximale Zerstörung	Schiedsverfahren
Gemeinsam in den Abgrund	Machteingriff

Mediation und das Schiedsverfahren. Auf der letzten Stufe hingegen, bei totaler Konflikteskalation, greift die Drittpartei mit Macht ein. Dann kann freilich nicht mehr von ziviler und gewaltloser Konfliktbearbeitung die Rede sein. Der Machteingriff ist zwar nicht zwingend mit militärischer Gewalt verbunden (man denke an Wirtschaftssanktionen), aber doch mit Druck und Zwang. Das nachfolgend dargestellte Beispiel des mosambikanischen Bürgerkrieges zeigt jedoch, dass – entgegen der verbreiteten Meinung – unter bestimmten Umständen sogar auf der letzten und höchsten Eskalationsstufe eine gewaltlose Intervention erfolgreich sein kann.

MODERATION

Workshop zur Zukunft Libyens nach dem Krieg (2011), organisiert vom Centre for Humanitarian Dialogue, Genf

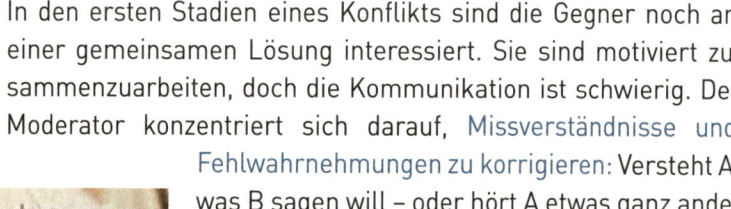

In den ersten Stadien eines Konflikts sind die Gegner noch an einer gemeinsamen Lösung interessiert. Sie sind motiviert zusammenzuarbeiten, doch die Kommunikation ist schwierig. Der Moderator konzentriert sich darauf, Missverständnisse und Fehlwahrnehmungen zu korrigieren: Versteht A, was B sagen will – oder hört A etwas ganz anderes heraus? Was liegt dieser (Fehl-) Wahrnehmung zugrunde, welche Erfahrungen, Vorurteile oder Informationsdefizite? Da die Haltungen und Meinungen jetzt noch nicht verhärtet, sondern kompromissoffen sind, beansprucht eine Moderation in der Regel nicht viel Zeit. Oft kann ein Problem schon in wenigen Gesprächsrunden geklärt werden.

Die Akzeptanz eines Moderators durch die Konfliktparteien beruht ganz auf seinen vermittlerischen Fähigkeiten. Er darf zwar eigene Vorschläge einbringen, doch hat er weder die Legitimation noch die Druckmittel, den Parteien eine Lösung vorzuschreiben. Vielmehr stimuliert er die Gegner, eigene Ideen, Lösungen und kreative Vorschläge zu entwickeln. Auch den formalen Ablauf der Gespräche können die Teilnehmer weitgehend selbst bestimmen. Insofern kann Moderation auch als ›Hilfe zur Selbsthilfe‹ in Konflikten betrachtet werden.

> Viele Konflikte werden als unvermeidliches Ergebnis einer objektiven Situation unabhängig vom Willen der Völker erklärt. Meine Erfahrung ist anders. Es gibt immer eine Entscheidung des Menschen als Ursprung für einen Krieg, gerade deshalb kann man ihn vermeiden oder verändern.
>
> *Mario Giro, Sant'Egidio*

PROZESSBEGLEITUNG

Prozessbegleiter arbeiten an bereits verfestigten Wahrnehmungsmustern und Verhaltensweisen der Parteien. Sie versuchen, diese zu verändern und auch psychische Verletzungen infolge des Streits zu behandeln. Ziel ist es, Stereotype und Feindbilder ab- und Empathie aufzubauen. Dabei gibt der Prozessbegleiter den Ablauf und die Methoden vor, doch entscheiden die Parteien selbst über mögliche Lösungen. Hier kann der Begleiter – wie auch der Moderator – lediglich motivieren und zu neuen Ideen anregen. Er greift nicht inhaltlich in den Streit ein, sondern konzentriert sich darauf, die Beziehung zwischen den Parteien zu reparieren.

In Vorgesprächen mit den Konfliktparteien werden die Voraussetzungen für offizielle Vermittlungsprozesse erarbeitet

Da auf diesen Konfliktstufen die Parteien bereits emotional stark involviert sind, sucht der Prozessbegleiter zuerst Einzelgespräche. Erst zu einem späteren Zeitpunkt treffen die Parteien direkt aufeinander. Dieses Vorgehen ist daher zeitintensiver als eine Moderation; es erfordert viel Geduld und Einfühlungsvermögen und somit auch viele Treffen. So kann es mitunter Jahre dauern, bis die Parteien ihre Wahrnehmungen, Einstellungen und

Verhaltensmuster nachhaltig verändern und fähig sind, zukünftige Konflikte selbstständig friedlich zu bearbeiten. Erzwingen kann der Prozessbegleiter dabei nichts. Er wird nur dann Erfolg haben, wenn er die Konfliktgegner von seinen fachlichen Kompetenzen und von Sinn und Zweck einer friedlichen Verständigung überzeugen kann.

MEDIATION

Da Mediation mittlerweile sehr häufig angewandt wird und zunehmende Verbreitung und Beliebtheit genießt, ist ihr ein eigenes Kapitel gewidmet (siehe Kap. 9 ›Mediation‹). Mediation ist dann anzuwenden, wenn der Konflikt schon so weit fortgeschritten ist, dass sich die Parteien primär gegenseitig Schaden zufügen wollen und der eigentliche Streitgegenstand in den Hintergrund gerückt ist. Nun bedarf es einer aktiveren Rolle des Vermittlers als in der Moderation oder Prozessbegleitung.

Die hinduistische Gottheit Krishna vermittelt zwischen verfeindeten Dynastien (indische Darstellung um 1600)

Dass sich die Parteien überhaupt auf eine Vermittlung einlassen liegt einerseits an der Hoffnung, ihre eigenen Interessen durchzusetzen, und andererseits an der Angst vor einer Niederlage oder vor dem gewaltsamen Eingreifen einer Drittpartei. Daher kann ein Mediator in Ausnahmefällen auch vorsichtig leichten Druck auf die Parteien ausüben, sollten sie jegliche Zugeständnisse verweigern.

Doch zunächst fungiert der Mediator als Katalysator und Puffer zwischen beiden Positionen. Bevor diese erstmals aufeinandertreffen, pendelt er zu Vorbereitungsgesprächen zwischen ihnen hin und her. Darin geht es darum, die Wahrnehmungen zu entzerren, irrationale Forderungen oder Vorwürfe zu entkräften und Vertrauen aufzubauen. Erst wenn ein gegenseitiges Mindestvertrauen und ein Grundkonsens über die zentralen Themen herrschen, können sich die Parteien konstruktiv begegnen.

Das Verhalten während des Vermittlungsprozesses wird zudem durch Vereinbarungen geregelt und gezügelt, um ein Scheitern möglichst zu verhindern (z. B. ein Waffenstillstand für die Dauer der Verhandlungen). Darum legt der Mediator auch den Ablauf der Gespräche und die Reihenfolge der Themen fest. Zwar sollen die Parteien mögliche Lösungen selbst erarbeiten, doch müssen diese bestimmten ethischen und rechtlichen Anforderungen gerecht werden (bspw. keine Verständigung von zwei Gegnern zulasten eines Dritten).

Auch müssen die Lösungen eingehend geprüft und in einem schriftlichen Abkommen detailliert geregelt werden, damit Missverständnisse und neu aufflammende Gewalt möglichst vermieden werden. Zugleich geht es darum, neue Mechanismen der Konfliktbearbeitung zu vereinbaren und zu etablieren, die bei zukünftigen Streitigkeiten eine selbstständige, frühzeitige und konstruktive Beilegung ermöglichen. Daher ist der Zeitaufwand einer Mediation meist sehr hoch.

Friedensverhandlungen auf den Philippinen (2013, Centre for Humanitarian Dialogue)

SCHIEDSVERFAHREN

Im Zentrum eines Schiedsverfahrens steht die Suche nach einer akzeptablen und praktikablen Lösung für den Konfliktgegenstand. Die Beziehung zwischen den Parteien, ihre Feindbilder und gestörten Wahrnehmungen werden nicht miteinbezogen. Auf dieser Eskalationsstufe akzeptieren die Parteien einen Vermittler vor allem deshalb, weil sie sich ihrer Patt-Situation bewusst sind: Keine Seite kann mehr einen klaren Sieg erringen und beide fürchten ein externes Eingreifen und dessen Konsequenzen für die eigene Position. Angesichts dessen erscheint ein Schlichterspruch als das kleinere Übel.

Der Schiedsmann oder Schlichter legt Regeln und Ablauf fest, ebenso werden am Ende des Prozesses bestimmte Regeln für den zukünftigen Umgang miteinander aufgestellt.

Damit diese auch befolgt werden, empfiehlt es sich, einen Schlichter mit großem Ansehen zu wählen. Dies kann beispielsweise eine Person des öffentlichen Lebens sein, die hohes Prestige genießt und dadurch einen gewissen Einigungsdruck auf die Parteien ausüben kann (vgl. die Schlichtung des früheren Bundesministers Heiner Geißler im Streit um den Neubau des Stuttgarter Hauptbahnhofes

im Jahr 2010/11). Dieser ist es dann auch, der einen endgültigen Schieds- oder Schlichterspruch erlässt, der von beiden Parteien Zugeständnisse abverlangt, ihnen aber auch Nutzen beschert. Einfluss nehmen die Parteien nur, indem sie ihre Positionen und Argumente deutlich machen und Informationen übermitteln. Sollte der Schiedsspruch nicht eingehalten werden, drohen den Parteien möglicherweise empfindliche Konsequenzen durch das Eingreifen einer externen Machtinstanz.

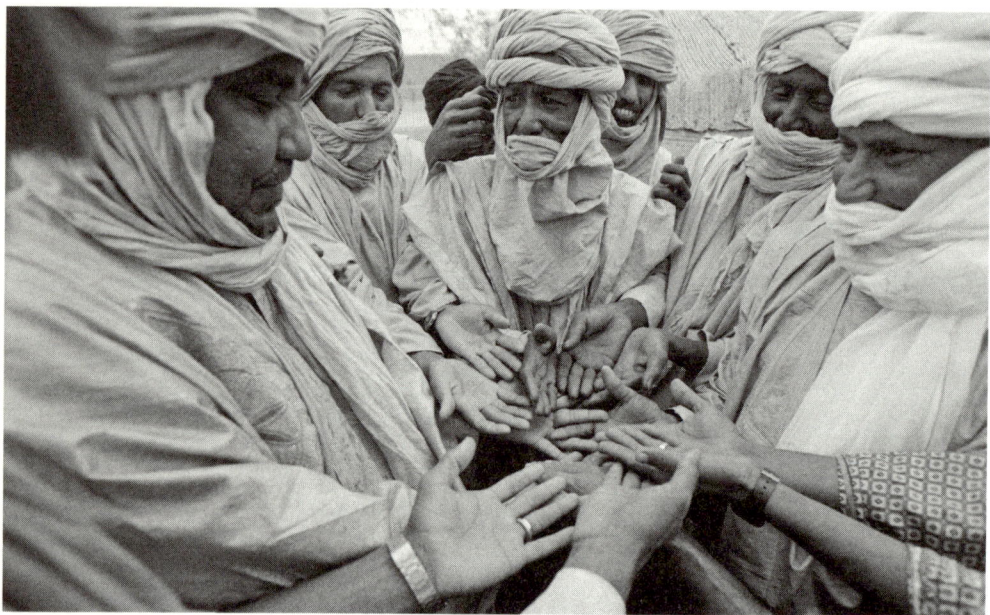

Tuareg mehrerer Clans in Mali legen dank externer Vermittler einen langjährigen Streit bei

Für alle diese Methoden gilt, dass die intervenierende Drittpartei unabhängig und allparteilich sein muss. Nur dann gewinnt und behält sie das nötige Vertrauen der Konfliktbeteiligten. Auch ist eine professionelle Ausbildung der Vermittler angeraten, denn jeder Vermittlungsprozess bedarf großer Geduld, hoher Fachkompetenz und eines enormen Feingefühls – in fachlicher wie in menschlicher Hinsicht. Zugleich können Vermittlungsfehler fatale Folgen für die Konfliktentwicklung haben und dazu führen, dass sich eine Partei (weiteren) konstruktiven Lösungsversuchen verweigert.

WEITERFÜHRENDE INFORMATIONEN:

- Das neunstufige Phasenmodell der Konflikteskalation von Friedrich Glasl wird beschrieben in dessen Buch: Konfliktmanagement. Ein Handbuch für Führungskräfte, Beraterinnen und Berater. 6. erg. Auflage, Stuttgart 1999, S. 215–286.
- Ein hilfreiches Handbuch zum Thema Moderation stammt von Martin Hartmann u. a.: Zielgerichtet moderieren. Ein Handbuch für Führungskräfte, Berater und Trainer. Weinheim 2007.
- Informationen über das Prinzip der Prozessbegleitung sowie Ausbildungsseminare zum Begleiter finden sich u. a. unter www.prozessbegleiter.com.
- Schiedsstellen und örtliche Schlichter sind unter www.schieds-amt.de zu finden.

QUELLEN:

Alexander, Nadja u. a. 2005: Mediation – Schlichtung – Verhandlungsmanagement. Formen konsensualer Streitbeilegung. Münster: Alpman.

Besemer, Christoph 2009: Mediation. Die Kunst der Vermittlung in Konflikten. Karlsruhe: Werkstatt für Gewaltfreie Aktion (überarb. Neuauflage).

Glasl, Friedrich 1999: Konfliktmanagement. Ein Handbuch für Führungskräfte, Beraterinnen und Berater. 6. erg. Auflage. Stuttgart: Verlag Freies Geistesleben.

Glasl, Friedrich 1980: Konfliktmanagement: Diagnose und Behandlung von Konflikten in Organisationen. Stuttgart: Verlag Freies Geistesleben.

8.2 DEUTSCHLAND: DIE EVANGELISCHE KIRCHE IN DER DDR

Die christlichen Kirchen sind in der ehemaligen DDR von Anfang an erheblichen Repressionen ausgesetzt. Das gilt sowohl für die Kirchen als Institution wie für die einzelnen Kirchenmitglieder, die vielfältige Benachteiligungen erdulden müssen. Dennoch haben sich die Kirchen behauptet und eine wichtige Rolle innerhalb des diktatorisch regierten deutschen Staates eingenommen, insbesondere in den spannungsreichen »Wendejahren« 1989/90. Ihrem friedenspolitischen Engagement ist es zu verdanken, dass der Widerstand und schließlich der Systemwandel friedlich verlaufen. Aktiv treten sie als Vermittler zwischen den oppositionellen Regimekritikern und der Regierung auf und profilieren sich als freiheitlich-demokratische Institutionen innerhalb eines Staates, in dem Bürgerrechte und Meinungsfreiheit massiv eingeschränkt waren.

Wenn Sie mich fragen, wer hat das Verdienst an diesen Vorgängen
eines Eintritts der DDR in die Freiheit, dann würde ich
zwei Antworten geben: Erstens Gorbatschow [...] und zweitens:
die evangelische Kirche in der DDR.
Carl Friedrich von Weizsäcker, Physiker und Friedensforscher

HINTERGRUND

Die politische Situation in der Deutschen Demokratischen Republik (DDR) ist bestimmt von einem autoritären Staatsparteiensystem und ihrer Abhängigkeit von der Sowjetunion. Die alleinregierende Sozialistische Deutsche Einheitspartei (SED) überwacht mithilfe des Ministeriums für Staatssicherheit, auch ›Stasi‹ genannt, das Volk und versucht, Regimekritiker auszuspionieren. Sämtliche Medien werden vom Staat kontrolliert, (potentiell) staatskritische Organisationen verboten und Andersdenkende verhaftet. Durch den Bau der Berliner Mauer (1961) und eine streng bewachte Grenze riegelt sich die DDR von der Bundesrepublik Deutschland (BRD) ab.

Der Unmut unter der Bevölkerung über die zunehmende Überwachung und Unterdrückung wächst stetig, doch jeder Widerstand wird im Keim erstickt. Im Gefolge des sowjetischen Politikwechsels unter Michail Gorbatschow (ab 1985) werden die Menschen in der DDR mutiger. Oppositionsgruppen aus

Studenten, Bürgerrechtlern, Künstlern, engagierten Christen, Umweltschützern, Friedensaktivisten und kritischen Politkern bilden sich, vielfach unter dem Dach der evangelischen Kirche. Sie fordern elementare Bürgerrechte (z. B. Reisefreiheit), eine Deeskalation des Kalten Krieges, ökologisches Umdenken und vieles mehr. Durch die Massenflucht von DDR-Bürgern im Frühjahr/Sommer 1989 unter Druck geraten, fällt am 9. November 1989 die Berliner Mauer.

Im März 1990 finden erstmals freie, wahrhaft demokratische Wahlen zur DDR-Volkskammer statt. Diese beschließt mit großer Mehrheit den Beitritt zur BRD; am 3. Oktober kommt es zur deutschen Wiedervereinigung.

Die Leipziger Demonstration am 9. Oktober 1989, als rund 70.000 Menschen nach dem montäglichen Friedensgebet in der Nikolaikirche auf die Straße gingen, war ein Wendepunkt der friedlichen Revolution in der DDR

DIE KIRCHE IN DER DDR

Nach dem Zweiten Weltkrieg sind 80 Prozent der Bevölkerung auf dem Gebiet der DDR protestantisch-lutherisch. Diese Zahl nimmt im Laufe der Jahrzehnte zwar ab; doch gelingt es der SED nicht, die Kirche so zu bekämpfen und zu marginalisieren, wie dies in anderen Ländern des sozialistischen Ostblocks zu dieser Zeit der Fall ist. Stattdessen bewahrt oder erkämpft sich die Kirche eine gewisse Selbstständigkeit, Unabhängigkeit und Freiheit – und wird zähneknirschend als einzige Großorganisation neben den staatlichen Massenorganisationen geduldet. Im Gegensatz zum Staat sind die einzelnen protestantischen Landeskirchen durch und durch demokratisch aufgebaut. Die Zusammenarbeit innerhalb der gesamtdeutschen EKD wird unter den gegebenen politischen Umständen jedoch immer schwieriger, weshalb sich 1969 der rein ostdeutsche Bund Evangelischer Kirchen in der DDR (BEK) gründet. Dessen Leitungsgremium ist die Konferenz der evangelischen Kirchenleitungen (KKL), die Geschäfte führt ein demokratisch gewählter fünfköpfiger Vorstand.

In einer Kirche in Ost-Berlin, 6. Okt. 1989: Zukunftswerkstatt zum Thema »Wie nun weiter DDR?«

Eine rege Diskussionskultur ist kennzeichnend von der obersten Ebene bis in die einzelnen Kirchengemeinden. Prinzipiell befürwortet die Kirche soziales und politisches Engagement der Bürger in einem Staat, der dieses zu kontrollieren oder zu unterdrücken versucht. Daher öffnen sie vielen oppositionellen Gruppen und Menschen – egal, ob sie gläubige Christen sind oder nicht – ihre Räume, in denen sie vor dem unmittelbaren Zugriff des Staates (außer durch Spitzel) relativ geschützt sind. Viele Schriftsteller oder Musiker finden hier oftmals ihre einzigen Auftrittsmöglichkeiten.

An der Kirchenbasis breiten sich Opposition und Staatskritik aus, während die KKL weiterhin um ein konstruktives Verhältnis zum Staat bemüht ist. Durch ihre guten Kontakte zur Staatsführung und zur eigenen Basis ist es der KKL möglich, auf verschiedene Weise die sich abzeichnenden politischen Umwälzungen in friedliche Bahnen zu lenken:

Viele regimekritische Künstler in der DDR (hier der Liedermacher Wolf Biermann) durften nur in Kirchen auftreten, was das Verhältnis Staat Kirche zunehmend belastete

- Sie unterstützt die Opposition, indem sie ihr die Türen öffnet und ein Dach bietet, unter dem Menschen im Geist der Gewaltlosigkeit zusammenkommen, diskutieren, Programme entwerfen, Gruppen bilden und nicht zuletzt gemeinsam beten und sich gegenseitig stärken können; besondere Bedeutung kommt diesbezüglich den Friedensgebeten in der Leipziger Nicolaikirche zu, an die sich regelmäßig die Montagsdemonstrationen mit bis zu 70.000 Teilnehmern (am 9. Oktober 1989) anschließen.
- Kirchenvertreter vermitteln zwischen Regierung und Opposition und wirken mäßigend auf beide Seiten ein, um eine gewaltsame Eskalation zu verhindern.
- Überdurchschnittlich viele Pastoren und andere Kirchenvertreter wirken aktiv an der Gestaltung des Wandels und der ›neuen‹ DDR mit: in den neuen Gruppen und Parteien, an zahlreichen Runden Tischen (s. u.) oder in den neugewählten Parlamenten und Regierungen der Länder wie auch der DDR bzw. anschließend im wiedervereinten Deutschland.

BEISPIEL: DIE UMWELTBIBLIOTHEK

Schulen, Zeitungen, Rundfunk und Fernsehen sowie Buchverlage sind fest in staatlicher Hand. Alles Wissen, das die Bürger erfahren, lesen, sehen oder hören, wird von der SED kontrolliert und gefiltert. Um das staatliche Informationsmonopol zu brechen und landesweit unterdrückte Informationen und Ideen zu sammeln, wird 1986 die Umweltbibliothek (UB) gegründet. Pfarrer Simon von der Zionskirchgemeinde in Berlin-Mitte stellt dieser alternativen Bildungseinrichtung Kellerräume in seinem Pfarrhaus zur Verfügung. Bald entsteht hier eine eigene Zeitung. Die Umweltblätter finden im ganzen Land als größte Oppositionszeitschrift Verbreitung.

Doch in der Nacht vom 24. auf den 25. November 1987 stürmt die Stasi die Räume, beschlagnahmt die Druckmaschinen und verhaftet sieben Mitarbeiter der Bibliothek. Mahnwachen und Proteste breiten sich im ganzen Land aus und auch internationale Empörung wird laut, sodass die Stasi bald fünf der Inhaftierten wieder freilassen muss. Während der ganzen Zeit führen leitende Kirchenvertreter Gespräche mit führenden Politikern, in denen diese versichern, dass sich die Aktion nicht gegen die Gemeinde, sondern lediglich gegen illegale Oppositionstätigkeiten gerichtet habe. Die Kirchenvertreter bieten daraufhin an, die aufgebrachten Basisgruppen zu beruhigen und Eskalationen zu verhindern. Tatsächlich überzeugen sie die oppositionellen Gruppen davon, ihre Proteste einzustellen. Im Gegenzug entlässt die Stasi die zwei verbleibenden UB-Mitarbeiter aus der Haft und stellt alle Ermittlungsverfahren ein.

Dieses Beispiel verdeutlicht die Rolle der Kirchenleitung als Vermittlerin zwischen Opposition und Staatsgewalt. Überdies üben Kirchenvertreter als Sprachrohr der Bürgerinitiativen aber auch vorsichtig Kritik an den Missständen im Land und an der SED-Politik – immer darauf bedacht, das Verhältnis zum Staat nicht

so zu schädigen, dass die Gespräche abbrechen. Über die ganzen 40 Jahre des Bestehens der DDR hinweg übt sich die Kirche in verschiedenen Rollen als ›Kirche im Sozialismus‹. So kann sie sich einen gewissen Handlungsspielraum erhalten, allerdings nicht ohne innere Spannungen und Kontroversen. Nächstenliebe und der Auftrag zur Bewahrung der Schöpfung verlangen von ihr Engagement für Demokratie, Gerechtigkeit und Umweltschutz. Ihr Wächteramt veranlasst sie immer wieder zu Kritik an den diktatorischen Verhältnissen. Gleichzeitig fürchtet sie stets darum, vom Staat in ihren Rechten und ihrer Selbstbestimmtheit beschnitten zu werden und an Einfluss auf die gesellschaftliche und politische Entwicklung zu verlieren. Die Gratwanderung gelingt ihr insofern, als sie das Vertrauen auf beiden Seiten nie ganz verspielt und als Vermittlerin von beiden akzeptiert wird.

Als die Proteste schließlich immer lauter werden und das Ende der SED-Herrschaft naht, verwundert es niemanden, dass die Kirche in diesem Prozess des Wandels eine bedeutende Rolle einnimmt.

BEISPIEL: DER ZENTRALE RUNDE TISCH

1989 sind die verschiedenen Oppositionsgruppen und -parteien inzwischen so stark und die Bürgerproteste so laut geworden, dass die SED ihren Machtanspruch nicht länger aufrechterhalten kann. Um dieses Machtvakuum zu füllen und politischen Einfluss zu gewinnen, ruft die Opposition im Herbst 1989 soge-

*Die Teilnehmer des Runden Tisches treffen sich
aus tiefer Sorge um unser in eine tiefe Krise geratenes Land,
seine Eigenständigkeit und seine dauerhafte Entwicklung [...].
Geplant ist, seine Tätigkeit bis zur Durchführung freier,
demokratischer und geheimer Wahlen fortzusetzen.*
Zitiert nach Kleps o. J.

nannte ›Runde Tische‹ ins Leben. Diese entstehen im ganzen Land und sollen über die Zukunft der DDR mitentscheiden. Von besonderer Bedeutung aufgrund seiner Nähe zur Politik ist der Zentrale Runde Tisch in Berlin.

Von Anfang an möchten die unterschiedlichen oppositionellen Gruppen auch Vertreter der Regierung beteiligen, doch würde es für diese einem Eingeständnis von Schwäche gleichkommen, von teilweise illegalen Gruppen zu Gesprächen eingeladen zu werden. Hier ist es wieder einmal die Kirche, die als Vermittlerin einspringt. Sie ist es, die die Regierung offiziell einlädt und Räumlichkeiten zur Verfügung stellt. Einer Einladung seitens der Kirche kann die Regierung nun ohne Gesichtsverlust nachkommen, und so tritt der Zentrale Runde Tisch am 7. Dezember 1989 erstmalig zusammen. Die Moderation der insgesamt 16 Gesprächsrunden zwischen Regierungsparteien, Stasi-Mitarbeitern, Oppositionsgruppen und Parteien übernehmen drei Kirchenvertreter: der evangelische Oberkirchenrat Martin Ziegler, der katholische Pfarrer Karl-Heinz Ducke und der evangelisch-methodistische Pastor Martin Lange. Ihr Beitrag zum Funktionieren und Erfolg des Zentralen Runden Tisches kann kaum hoch genug geschätzt werden. Nach diesen positiven Erfahrungen bekannte selbst Hans Modrow, damals noch amtierender Ministerpräsident der DDR, er würde generell »zunächst von dem Grundsatz ausgehen: Ohne Moderatoren keinen wirksamen Runden Tisch« (zitiert nach Hahn 1998).

7. Dez. 1989, Ost-Berlin: Im Dietrich-Bonhoeffer-Haus der Ev. Kirche treffen sich Vertreter der Volkskammer-Parteien und oppositionelle Gruppen erstmals am Runden Tisch, um über die Zukunft der DDR zu sprechen

Alle Seiten zeigen sich zu Verhandlungen über eine Neugestaltung der DDR bereit. Zu diesem Zeitpunkt ist eine Wiedervereinigung mit Westdeutschland nicht geplant, vielmehr wollen sie den bestehenden Staat demokratisch umgestalten.

Sie betrachten sich selbst als Kontrollgremium, das die Regierungsarbeit kritisch überprüft und Änderungen in gemeinsamer Arbeit anmahnt und durchsetzt. Außerdem verabschieden sie Stellungnahmen zu aktuellen politischen Themen und finden damit Gehör. Tatsächlich werden viele Vorschläge und Änderungswünsche des Runden Tisches verwirklicht. So tragen sie zur Auflösung der Stasi bei, jenes Organs, das den Staatsterror mitverantwortete. Sie geben sich außerdem den Auftrag, eine neue Verfassung zu erarbeiten, und auch in anderen zentralen

Fragen holt die Regierung immer wieder den Rat des Runden Tisches ein.

Oft geraten die Verhandlungen ins Stocken, es gibt Meinungsverschiedenheiten und festgefahrene Positionen. Mit viel Geschick und Souveränität gelingt es den drei Moderatoren aber, eine konstruktive Verhandlungsatmosphäre herzustellen. Sie lassen ihre eigenen Meinungen und Ansichten bewusst aus dem Spiel und konzentrieren sich allein auf die Vermittlerrolle. Durch ihr eigenes Vorbild fördern sie eine bis dato fremde politische Diskussionskultur. Beide Seiten nähern sich so weit an, dass Hans Modrow Vertreter der Oppositionsparteien in die ›Regierung der nationalen Verantwortung‹ als Minister ohne Geschäftsbereiche eingliedert.

Als am 18. März 1990 die ersten freien und fairen Wahlen zur DDR-Volkskammer stattfinden, hat der Zentrale Runde Tisch seinen Auftrag erfüllt und beendet seine Tätigkeit. Zwar werden durch die Wiedervereinigung (3. Oktober 1990) viele Ideen und Zukunftsvisionen des Runden Tisches hinfällig, doch leistet er einen entscheidenden Beitrag zum Systemwandel. Durch die Mitwirkung maßgeblicher Oppositionsgruppen und ihre öffentliche Annäherung kann die Wende friedlich gestaltet werden. Die Teilnehmer senden eine Nachricht ans Volk: Demokratie ist möglich und hat eine Zukunft! An den Runden Tischen, auch auf lokaler Ebene, wird sie demonstriert. Hier erleben Bürger zum ersten Mal, dass sie die alten Machtinhaber überstimmen und – mit Hilfe von Moderatoren – danach trotzdem fruchtbare Diskussionen weitergehen können. So wird die ›Wende‹ in der DDR zu einem Paradebeispiel, dass große gesellschaftliche Umbrüche durchaus gewaltlos und konstruktiv verlaufen können.

RESÜMEE

Das Ende der SED-Herrschaft in der DDR wurde von verschiedenen Faktoren begünstigt, die kirchliche Arbeit ist hier nur einer

> Es war einfach ein Wunder biblischen Ausmaßes,
> ein Wunder, das es noch nie bei einer Revolution gegeben hat.
> Eine völlig gewaltfreie Revolution!
> *Christian Führer, ehem. Pfarrer der Nikolaikirche Leipzig*

von mehreren. Doch ist der Einfluss der Kirche auf die Gewaltlosigkeit der Protestierenden wie auch des Staates nicht zu unterschätzen. Es ist wesentlich ihrer engagierten und vermitteln-
den Rolle zu verdanken, dass der Systemwandel von 1989/90
ohne Blutvergießen verlief. Die Grundlagen dafür wurde jedoch
schon in den Jahren bzw. Jahrzehnten zuvor gelegt.

WEITERFÜHRENDE INFORMATIONEN:

- Eine kompakte Darstellung des friedenspolitischen Engagements der evangelischen DDR-Kirchen bieten Bernd Rieche / Markus Weingardt: Gewaltfreier Widerstand: Die evangelische Kirche in der DDR. In: Aktionsgemeinschaft Dienst für den Frieden (Hg.): Gewaltfrei streiten für einen gerechten Frieden. Oberursel 2008, S. 100–109.
- Über die DDR, die Opposition und die Zeit der Wende informieren etliche Internetseiten, bspw. von Erhard Kleps unter www.ddr-wissen.de oder vom Rundfunk Berlin-Brandenburg unter www.chronikderwende.de.
- Eine umfassende ›Darstellung der Kirchengeschichte der DDR von 1945–1990‹ von Pfarrer Peter Zillmann findet sich unter www.seggeluchbecken.de/kirche/ddr-kirche.htm (Rev. 8. 2. 2014).

QUELLEN:

Bleek, Wilhelm 2003: DDR-Geschichte. In: Andersen, Uwe / Woyke, Wichard (Hg.): Handwörterbuch des politischen Systems der Bundesrepublik Deutschland. 5., aktual. Aufl. Opladen: Leske + Budrich. (Lizenzausgabe Bonn: Bundeszentrale für politische Bildung.) URL: www.bpb.de/nachschlagen/lexika/handwoerterbuch-politisches-system/40259/ddr-geschichte (Rev. 8. 2. 2014).

Dähn, Horst (Hg.) 1993: Die Rolle der Kirchen in der DDR. Eine erste Bilanz. München: Olzog.

Hahn, André 1998: Der Runde Tisch. Das Volk und die Macht – Politische Kultur im letzten Jahr der DDR. Berlin: Verlag am Park.

Israel, Jürgen (Hg.) 1991: Zur Freiheit berufen. Die Kirche in der DDR als Schutzraum der Opposition 1981–1989. Berlin: Aufbau-Taschenbuch-Verlag.

Kleps, Erhard o. J.: Zentraler Runder Tisch. URL: www.ddr89.de/ddr89/zrt/ZRT.html (Rev. 8. 2. 2014).

Neues Forum Leipzig (Hg.) 1989: Jetzt oder nie – Demokratie! Leipziger Herbst 1989. Leipzig: Forum Verlag.

Rüddenklau, Wolfgang o. J: Die Umwelt-Bibliothek Berlin. URL: www.zionskirche-berlin.de/fileadmin/user_upload/Umweltbibliothek_WRFV-01.pdf (Rev. 20. 1. 2014).

Weingardt 2010: RELIGION MACHT FRIEDEN. Bonn: Bundeszentrale für politische Bildung, S. 67–85.

8.3 MOSAMBIK: DIE FORMEL VON ROM

Im südlichen Afrika gelegen, zählt Mosambik rund 23 Millionen Einwohner und ist mehr als doppelt so groß wie die Bundesrepublik Deutschland. Die Bevölkerung in diesem subsaharischen Land ist ethnisch und religiös heterogen; ca. 45 Prozent gehören Naturreligionen an, etwa 35 Prozent bekennen sich zum Christentum und 18 Prozent sind Muslime. Heute zählt Mosambik zu den ärmsten Ländern der Welt. 80 Prozent der Bevölkerung leben von der Landwirtschaft, doch infolge verheerender Dürrekatastrophen oder Überschwemmungen gab es immer wieder schwere Missernten. Daneben ist die Armut auch dem langjährigen Bürgerkrieg geschuldet, der das Land verwüstete. Nur durch die Vermittlung einer katholischen Laienorganisation konnte dieser schließlich beendet werden.

Mosambik

HINTERGRUND

Mit der Landung des portugiesischen Seefahrers Vasco da Gama im Jahr 1498 beginnt die Kolonialisierung des heutigen Mosambik. Das von Zwangsarbeit und wirtschaftlicher Ausbeutung geprägte System findet erst durch einen zehnjährigen, blutigen Befreiungskampf und den Sturz der Diktatur in Portugal am 27. Juni 1975 sein Ende. Zentrale Widerstandsgruppe im Unabhängigkeitskampf ist die Frente de Libertaçao de Moçambique (FRELIMO). Diese Partei ist es dann auch, die die erste unabhängige Regierung des Landes stellt. Unter Präsident Samora Machel

Hungernde Mosambikaner sammeln Maiskörner, die von vorbeifahrenden LKW gefallen waren

verfolgt sie eine streng marxistisch-leninistische Politik. Die damit einhergehenden Reformen stoßen schnell auf Skepsis innerhalb der eigenen Partei und der Bevölkerung. Der repressive Führungsstil und die sich verschlechternde wirtschaftliche Lage tragen dazu bei, dass die FRELIMO immer weniger Rückhalt bei den Menschen findet.

BÜRGERKRIEG

Im benachbarten Rhodesien (heute Zimbabwe) und Südafrika beäugt man die Entwicklung mit Skepsis. In beiden Ländern fürchtet die herrschende weiße Minderheit um das Erstarken des bewaffneten Widerstandes im eigenen Land und damit um die Vormachtstellung der Weißen. Sie investieren in den Aufbau einer Guerillagruppe mit dem Ziel, die mosambikanische

DIE POSITION DER FRELIMO	DIE POSITION DER RENAMO

Die marxistisch-leninistische FRELIMO sichert ihre ideologische und politische Vormachtstellung durch ein Einparteiensystem ab. Ihr Ziel ist es, Mosambik in einen modernen Agrarstaat zu verwandeln. Die Bürger sollen zu ›neuen Menschen‹, d. h. rationalen, politisch bewussten und moralisch integren Bürgern erzogen werden, die die alten Strukturen und Glaubensüberzeugungen ablegen. Dieser Prozess bringt einerseits landesweite Gesundheits- und Bildungseinrichtungen mit sich, andererseits aber auch harte Maßnahmen wie Zwangskollektivierung, Gemeinschaftsdörfer und die Einschränkung der Religionsausübung. Die FRELIMO wird ideell, finanziell und militärisch von der Sowjetunion unterstützt.	Wie aus ihrer Gründungsmotivation hervorgeht, definiert die RENAMO ihre Ziele weniger an einer zugrunde liegenden Ideologie als viel mehr in Abgrenzung zur FRELIMO. So tritt sie unter ihrem Anführer Afonso Dhlakama für ein demokratisches Mehrparteiensystem, das freie und faire Wahlen garantiert, und eine kapitalistische Wirtschaftweise ein. Religionsfreiheit soll den Bürgern ebenso gewährt werden wie die Rückkehr in ihre alten Dörfer, zu den alten Gesellschaftsordnungen und zur Subsistenzwirtschaft.

FRELIMO-Regierung zu schwächen, gar zu stürzen. So entsteht fast zeitgleich mit dem mosambikanischen Unabhängigkeitskampf auch eine Gegenbewegung: Die Resistencia National Moçambicana (RENAMO) versammelt unzufriedene ehemalige FRELIMO-Anhänger, Sympathisanten und Angehörige des Kolonialregimes sowie andere Oppositionelle hinter sich.

Stellt die RENAMO in den 1970er-Jahren mit vereinzelten Terrorakten noch keine größere Gefahr dar, so wächst sie in den achtziger Jahren zu einer ernsthaften Bedrohung für das zentralistische Regime in Maputo heran. Mit nunmehr 10.000 Soldaten und der finanziellen, militärischen und politischen Unterstützung aus Südafrika (Zimbabwe hatte die Apartheid nach 15-jährigem Bürgerkrieg überwunden und war 1980 unabhängig geworden) verstärkt die RENAMO ihre Angriffe. Anschläge auf wichtige Transportwege oder die Energieversorgung, Zerstörung von Schulen und Krankenhäusern und Entführungen von Politikern mehren sich.

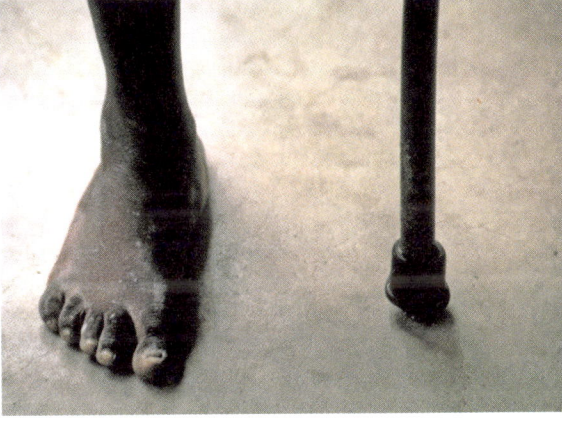

Ihre Strategie der ›verbrannten Erde‹ bekommen auch immer mehr Zivilisten unmittelbar zu spüren: Verwüstung weiter Teile des Landes, Vertreibungen, Zwangsrekrutierung von (Kinder-)Soldaten, Massaker, Vergewaltigung, Verstümmelung oder Folter sind nicht ›Begleiterscheinungen‹, sondern bewusst eingesetzte Methoden in diesem Bürgerkrieg. Was Grausamkeit und Brutalität angeht, steht ihr die Regierungsarmee auch unter ihrem neuen Präsidenten Joaquim Chissano jedoch in nichts nach. Ganze Landstriche werden durch Landminen unbrauchbar gemacht, Ernten vernichtet und Dörfer zerstört. Mehr als fünf Millionen Menschen fliehen und rund eine Million Menschen lassen bis 1992 ihr Leben.

Schätzungen zufolge waren nach dem Bürgerkrieg noch bis zu 2 Millionen Landminen im ganzen Land vergraben

1987 wird mehr und mehr deutlich, dass trotz ausländischer Unterstützung keine Partei gewinnen kann. FRELIMO und RENAMO befinden sich in einer militärischen Pattsituation, in der es nicht mehr um den eigenen Sieg, sondern nur noch um die Schwächung des Gegners und die blindwütige Zerstörung des

Landes geht. Eine Entscheidung durch Waffengewalt ist für beide unerreichbar. Aber wodurch sonst?

VERHANDLUNGSVORBEREITUNGEN

Schon seit einigen Jahren hatte es immer wieder Vermittlungsbemühungen verschiedenster Akteure gegeben, doch stets ohne Erfolg. Zuletzt war sogar die UNO mit einem Vermittlungsversuch gescheitert und hatte den Konflikt daraufhin für unlösbar und »nicht vermittelbar« erklärt.

Erzbischof Jaime Gonçalves von Beira

Mit dieser düsteren Perspektive will sich der katholisch-mosambikanische Erzbischof Jaime Gonçalves nicht zufrieden geben. 1988 nimmt er Kontakt zur RENAMO auf und wird – auf verschlungenen Wegen und mit verbundenen Augen – in deren Hauptquartier an einem geheimen Ort vorgelassen, um mit den Anführern zu sprechen. Dieser mutige, Aufsehen erregende Schritt bringt Bischof Gonçalves großes Ansehen ein, weil er die Rebellen erstmals aus ihrer politischen Isolation holt und sich ernsthaft und auf Augenhöhe mit ihnen unterhält. In weiteren Gesprächen versucht er, auf beiden Seiten Vertrauen zu gewinnen und die Bereitschaft zu neuen Friedensgesprächen zu wecken. Bischof Gonçalves merkt jedoch bald, dass er alleine nicht weiterkommt und sucht Hilfe, die er insbesondere bei der katholischen Laienbewegung Sant'Egidio findet. Gemeinsam mit Vertretern der Laiengemeinschaft gelingt es in reger Pendel-Diplomatie, beide Konfliktparteien von der ernsthaften Gesprächsbereitschaft der Gegenseite zu überzeugen. Tatsächlich erklären sich RENAMO und FRELIMO schließlich zu neuen Friedensverhandlungen bereit, doch wer soll diese Verhandlungen leiten? Die UNO kommt nach ihrem gescheiterten Versuch nicht mehr in Betracht. Doch wer könnte ansonsten geeignet sein und würde von den Konfliktparteien akzeptiert?

DIE LAIENGEMEINSCHAFT SANT'EGIDIO

Einige Gymnasiasten um Andrea Riccardi gründen Ende der 1960er-Jahre in Rom die katholische Laienbewegung Sant'Egidio. Ihr Anliegen ist die Hilfe für die Ärmsten der Armen, also soziale und humanitäre Hilfe für Hungernde, Vertriebene, Ausgestoßene. Diese Arbeit führt bald über die Grenzen Roms und Italiens hinaus

in alle Welt, so auch seit Anfang der 1980er-Jahre nach Mosambik. Heute ist Sant'Egidio nach eigenen Angaben mit rund 60.000 Mitgliedern in 73 Ländern tätig und genießt allseits großes Ansehen und Vertrauen.

In Mosambik leistet die Gemeinschaft humanitäre Hilfe auf beiden Seiten des Konfliktes. Dadurch ist Sant'Egidio auf beiden Seiten bekannt und hoch angesehen. Umgekehrt kennen die Mitarbeiter von Sant'Egidio auch den Konflikt aus den verschiedenen Perspektiven und pflegen gute Kontakte zu den jeweiligen Parteivertretern.

»Sant'Egidio ist ein ›Öffentlicher Verein von Gläubigen‹ in der Kirche. Die verschiedenen Gemeinschaften auf der ganzen Welt sind durch dieselbe Spiritualität und die Grundlage miteinander verbunden, die den Weg von Sant'Egidio kennzeichnen:

- Das Gebet begleitet alle Gemeinschaften in Rom und auf der Welt. Es bildet ihr Fundament und den Mittelpunkt, auf den ihr Leben ausgerichtet ist.
- Die Weitergabe des Evangeliums ist grundlegend für die Gemeinschaft und ist an alle gerichtet, die auf der Suche sind und nach dem Sinn im Leben fragen. Die Freundschaft mit den Armen wird als ehrenamtlicher Dienst im Geiste des Evangeliums und im Geiste der Kirche verwirklicht, die »Kirche aller und besonders der Armen« ist (Papst Johannes XXIII.).
- Die Ökumene lebt die Gemeinschaft in der Freundschaft, im Gebet und in der Suche nach der Einheit unter den Christen auf der ganzen Welt.
- Der Dialog im Sinne des II. Vatikanum als Weg des Friedens und der Zusammenarbeit der Religionen, als Lebensweise und als Methode für die Versöhnung in Konfliktfällen ist ein weiteres Anliegen von Sant'Egidio.« (Communità di Sant'Egidio o. J.).

VERHANDLUNGEN

Überraschend bitten die Konfliktparteien Andrea Riccardi und Don Matteo Zuppi von Sant'Egidio sowie Erzbischof Jaime Gonçalvez um die Federführung bei neuen Verhandlungen. Unterstützt werden sie später von dem italienischen Abgeordneten Mario Raffaelli.

Was die Gemeinschaft Sant'Egidio darstellt,
ist grundlegend und von lebenswichtiger Bedeutung.
Sant'Egidio beschränkt sich nicht darauf,
über Frieden in Mosambik, im Kosovo, in Algerien
und anderen Teilen der Welt zu sprechen, sondern wird aktiv
für den Frieden tätig und hat damit für das Leben
vieler Personen den Unterschied ausgemacht.
George Carey, Erzbischof von Canterbury

Viel Skepsis und Kritik wird über diese Entscheidung laut: Verfügen die drei Vermittler – ein Historiker und zwei Geistliche – doch weder über diplomatische Erfahrungen noch über Druckmittel oder materielle Anreize, mit der sie auf die Konfliktparteien einwirken könnten. Doch es ist genau diese Schwäche, die sich alsbald als Stärke erweist. Das große Vertrauen, das den Geistlichen bzw. dem Sant'Egidio-Gründer als Vermittlern entgegengebracht wird, gründet nicht auf (Angst vor) deren Macht und entsprechendem politischem oder wirtschaftlichem Einfluss. Vertrauen und Respekt gründen vielmehr auf der Überzeugungskraft und Glaubwürdigkeit, die sie als Personen bzw. als Hilfsorganisation an den Tag legen, ergänzt durch die Fachkompetenz, die sich in den Vorgesprächen gezeigt hat. Die Vermittler haben sich darin als unabhängig und unparteiisch erwiesen und zudem ein tiefes Verständnis des Konflikts gewonnen; sie lenken die Gespräche nicht mit Druck, sondern mit Geschick und moralischer Autorität. Die Konfliktparteien sind überzeugt, dass die Sant'Egidio-Vertreter und Bischof Gonçalvez keine eigenen oder fremden (staatlichen, kirchlichen, missionarischen ...) Interessen verfolgen, sondern allein durch ihren christlichen Glauben und den Wunsch, Frieden zu schaffen, motiviert werden.

Rom, Juli 1990: Beginn der Friedensverhandlungen für Mosambik

Die Verhandlungsgespräche beginnen im Sommer 1990 am Hauptsitz von Sant'Egidio in Rom, dem namensgebenden ehemaligen Kloster Sant'Egidio im Stadtteil Trastevere. Immer wieder kommen die Parteien zusammen, um über Themen wie Wahlrecht, Parteiengesetz und Verfassung zu diskutieren. Doch immer wieder geraten die Verhandlungen ins Stocken. Manchmal scheitern Gesprächsrunden schon daran, dass sich die Parteien nicht auf eine Tagesordnung verständigen können. Währenddessen gehen die Kämpfe in Mosambik mit unverminderter Härte weiter, auch vereinbarte Waffenruhen werden immer wieder gebrochen.

Dennoch halten die Vermittler an Ihrer Strategie fest, keinerlei zeitlichen Druck auf die Parteien auszuüben. Nach vielen Jahren voller Hass, gegenseitigen Verletzungen und Erniedrigungen ist jegliches Vertrauen zwischen den Todfeinden zerstört. Daher, so die Überzeugung der Vermittler, braucht es auch entsprechend lange, um ein Minimalvertrauen zwischen den Gegnern aufzubauen und dann Schritt für Schritt auszubauen. Immer wieder  reisen die Vermittler nach Mosambik, um sich mit den Führern Dhlakama und Chissano direkt zu treffen und in informellen Gesprächen Wege aus Verhandlungssackgassen zu finden.

Zugleich halten die Vermittler an ihrer Strategie fest, auch keinerlei inhaltlichen Druck auszuüben. Sie sind der Überzeugung, dass die Konfliktparteien selbst die Lösung für ihre Probleme finden und erarbeiten müssen; bildlich gesprochen: Sie müssen die Brücke zwischen ihnen selbst bauen, wenn sie denn tragfähig und von beiden Seiten akzeptiert sein soll. Nur in speziellen Sachfragen werden Experten der UNO, der Großmächte oder einzelner Beobachterstaaten hinzugezogen, bleiben ansonsten jedoch außen vor. Diese »in ihrer Art einzigartige Mischung friedensstiftender Arbeit von Regierungs- und Nichtregierungsseite« (so der damalige UNO-Generalsekretär Boutros-Ghali) ist damals eine völlig neue Methode der Konfliktvermittlung. Auf politischer Seite findet sie zwar nicht nur Zustimmung, doch der Erfolg gibt den Vermittlern recht:

Ihrem großen Verhandlungsgeschick ist es zu verdanken, dass es nach zwei Jahren endlich zu einer Einigung kommt: Am 4. Oktober 1992 unterzeichnen beide Parteien ein umfassendes Friedensabkommen, das den Bürgerkrieg in Mosambik beendet. Ergänzt durch mehrere, über die Monate hinweg entstandene Protokolle regelt das Abkommen die neue Ordnung im Land. Die FRELIMO erkennt RENAMO nun als legitime politische Partei an und duldet ein Mehrparteiensystem. Freie Wahlen werden angesetzt und Fragen bezüglich Militär und Sicherheitsdiensten geklärt. Bereits vor den Verhandlungen (nicht zuletzt angesichts des Politikwechsels in der Sowjetunion unter Staatspräsident Gorbatschow) hatte die FRELIMO in einer Verfassungsänderung Abstand vom Kommunismus genommen und ihr Land ausländischen Investoren geöffnet. Mit Hilfe der Vereinten Nationen sollen das Friedensabkommen umgesetzt, Kämpfer demobilisiert, Flüchtlinge zurückgeführt und freie und faire Wahlen durchgeführt werden.

Rom, 4. Oktober 1992: Feierliche Unterzeichnung des Friedensvertrages für Mosambik

RESÜMEE

Dieses Friedensabkommen hat bis heute Bestand, die Kämpfe flammten nicht wieder auf, Mosambik gilt seither als stabil befriedet. Die Parteien hatten freiwillig miteinander verhandelt, die Ergebnisse kamen nicht durch Druck von Dritten zustande, sondern wurden unter der Federführung von Sant'Egidio selbst erarbeitet – und darum stehen die Parteien hinter den Vereinbarungen und sind um ihre Einhaltung bemüht. Zwar verläuft die Umsetzung des Abkommens teilweise schleppend, Armut und Korruption erschweren das Leben, doch ist die politische Lage stabil und vor allem: Der schreckliche Bürgerkrieg mit unzähligen Leidtragenden ist vorbei!

Dass es in Mosambik nicht, wie in anderen Ländern, zu erneuten Kämpfen kam, ist auch den vielen engagierten Akteuren zu verdanken. Neben den bereits erwähnten Vermittlern engagierten sich auch die Regierungen Kenias, Malawis und Zimbabwes, der Präsident des zimbabwisch-englischen Konzerns Lonrho, Tiny Rowland, die US-amerikanische, portugiesische, italienische

Jährlich veranstaltet Sant'Egidio ein internationales und interreligiöses Friedenstreffen, hier 2003 in Aachen

und englische Regierung, die Vereinten Nationen sowie die deutsche Friedrich-Ebert-Stiftung und andere für einen stabilen Frieden. Dieses Netzwerk unterschiedlichster Akteure war für die weitere Entwicklung sehr hilfreich. Doch den größten Beitrag leisteten zweifellos Bischof Gonçalvez und die Vertreter von Sant'Egidio, seither oft auch als »UNO von Trastevere« bezeichnet. In einer politisch aussichtslosen Lage, einer militärischen Pattsituation und im Zenit des Bürgerkrieges waren sie es, die mutig die Initiative ergriffen und den Parteien einen realistischen Ausweg mittels Verhandlungen zeigten und anboten. Anstelle der völligen gegenseitigen Zerstörung konnten die Gegner

> Unsere Welt braucht Menschen, die sagen, dass Frieden möglich ist, dass Zusammenleben möglich ist. Unser Schicksal ist nicht der Konflikt, die Angst, die Spaltung. Eine verfeinerte Lebensweisheit ist notwendig, ein mutiger Glaube, der sich dem Leid stellt, eine Liebe zum Leben, die zu Experten für Menschlichkeit macht.
>
> *Mario Giro*

nun einen konstruktiven Weg beschreiten. Mit Geduld und Entschlossenheit gelang es ihnen in den Verhandlungen, gegenseitiges Vertrauen zu wecken, Vorurteile abzubauen und den Fokus auf Gemeinsamkeiten zu lenken – ganz im Sinne der Worte, mit denen Andrea Riccardi die Verhandlungen eröffnet hatte:
»Im Blick auf Vergangenheit und Zukunft gibt es schwerwiegende Probleme. (...) Werden wir fähig sein, diese Probleme zu lösen und die menschlichen und politischen Schwierigkeiten auf

Andrea Riccardi, Mitbegründer und langjähriger Präsident der Gemeinschaft Sant'Egidio

diesem Gebiet zu überwinden? Dazu fällt mir der Ausspruch eines großen Papstes, Johannes XXIII., ein, der auch sein Arbeitsmotto war: ›Bemühen wir uns, das zu suchen, was verbindet, nicht das, was entzweit‹. Das Bemühen um das, was verbindet, kann auch für uns ein Arbeitsmotto und der Geist dieses Treffens sein. Das, was verbindet, ist nicht wenig, sondern viel. (...) Wir stehen heute – das sei mir gestattet zu sagen – vor zwei Brüdern, die derselben Familie angehören, die in diesen letzten Jahren verschiedene Erfahrungen gemacht haben, die sich gegenseitig bekämpft haben. (...) Und doch bleibt man immer Bruder, trotz aller schmerzhaften Erfahrungen. Das ist es, was verbindet, mosambikanische Brüder zu sein, Teil derselben großen Familie.« (Andrea Riccardi, zitiert nach Communità di Sant'Egidio o. J. a)

Mosambik 2013: Feier- und Friedensmarsch in Erinnerung an den Friedensvertrag von 1992

WEITERFÜHRENDE INFORMATIONEN:

- Eine chronologische Übersicht über das Konfliktgeschehen, alle Dokumente und Protokolle der Verhandlungen sowie eine genaue Darstellung der Akteure bietet die internationale Nichtregierungsorganisation Conciliation Resources: www.c-r.org/accord/mozambique (Rev. 9. 2. 2014).
- Alles über das Engagement, die Grundsätze und Glaubensüberzeugungen der Laienbruderschaft Sant'Egidio ist auf ihrer deutschen Internetpräsenz zu lesen: www.santegidio.org.
- Ausführliche Informationen über Mosambik bietet die Deutsche Gesellschaft für Internationale Zusammenarbeit GIZ (Autor: Lothar Berger): http://liportal.giz.de/mosambik.html (Rev. 9. 2. 2014).

QUELLEN:

Berger, Lothar o. J.: Mosambik. URL: http://liportal.giz.de/mosambik.html (Rev. 9. 2. 2014).

Communità di Sant'Egidio o. J.: Offizielle Website. URL: www.santegidio.org/de/index.html (Rev. 9. 2. 2014).

Communità di Sant'Egidio o. J. a: Der Krieg, der Vater aller Armut. Mosambik. URL: www.santegidio.org/de/pace/pace3.htm (Rev. 9. 11. 2013).

Communità di Sant'Egidio o. J. b: Frieden und Dialog zwischen den Religionen. URL: www.santegidio.org/index.php?pageID=671&idLng=1067 (Rev. 9. 11. 2013).

Communità di Sant'Egidio 2010: Die Verleihungszeremonie des Preises der Chirac-Stiftung am 5. 11. 2010. URL: www.santegidio.org/pageID/3/langID/de/itemID/3669/Die_Verleihungszeremonie_des_Preises_der_ChiracStiftung_zur_Vorbeugung_von_Konflikten_fr_Mario_Giro_von_der_Gemeinschaft_Sant_Egidio.html (Rev. 04. 11. 2013).

Morozzo DellaRocca, Roberto 1997: Vom Krieg zum Frieden. Mosambik: Geschichte einer ungewöhnlichen Vermittlung. Hamburg: Verl. Dienste in Übersee.

Paffenholz, Thania 1998: Konflikttransformation durch Vermittlung. Theoretische und praktische Erkenntnisse aus dem Friedensprozess in Mosambik (1976–1995). Mainz: Matthias-Grünewald-Verlag.

Pörtner, Marie-Luise 2000: UN Peace-Building. Anspruch und Wirklichkeit am Beispiel Mosambik. Wiesbaden: Deutscher Universitäts-Verlag.

Weingardt, Markus 2010: RELIGION MACHT FRIEDEN. Das Friedenspotenzial von Religionen in politischen Gewaltkonflikten. Bonn: Bundeszentrale für politische Bildung.

9. MEDIATION

9.1 METHODE

Unter Mediation ist ein außergerichtliches Konfliktlösungsverfahren zu verstehen, das zwischen allen am Konflikt Beteiligten stattfindet. Es wird von einem oder mehreren professionellen Mediator/en durchgeführt. Die Prinzipien der Freiwilligkeit, Eigenverantwortlichkeit und der Gemeinsamkeit tragen den gesamten Prozess, an dessen Ende eine individuelle, problemspezifische Konfliktlösung steht, die die Konfliktparteien selbst erarbeitet haben. Die Mediatoren sind externe, unabhängige und neutrale Dritte. Sie sind primär für die Kommunikation zwischen den Parteien und die Gestaltung des Vermittlungsprozesses verantwortlich, nicht aber für den Inhalt der Lösung.

IDEE

Mediation ist eine jahrhundertealte Methode, Konflikte konstruktiv zu bearbeiten. Ihr Wesen wird oft mit der folgenden kleinen Geschichte veranschaulicht:

Zwei Kinder streiten um eine Orange. Mutter oder Vater könnten den Streit beenden, indem sie die Orange wegnehmen, eigenmächtig einem der beiden Kinder geben, die jeweiligen ›Rechte‹ auf die Frucht herausfinden oder die Orange in zwei Teile schneiden. In jedem Fall wäre ein Kind (oder beide) unglücklich

oder zumindest nicht ganz zufrieden. Ein Mediator würde die Kinder nach ihren Bedürfnissen und Interessen fragen, also warum es ihnen wichtig ist, die Orange zu bekommen. Er würde dann erfahren, dass das eine Kind Saft pressen möchte, während das andere zum Plätzchenbacken nur die Schale braucht.

Nun lässt sich eine Lösung finden, die für beide optimal ist.

Überall auf der Welt finden sich Beispiele für diese Form der Konfliktbearbeitung. Viele Kulturen haben dabei ihre ganz eigenen Verfahren entwickelt. In Europa und den USA geriet die Mediation jedoch in Vergessenheit, bis sie in den 1970er-Jahren als Alternative zu juristischen Gerichtsverfahren wiederentdeckt wurde. Seitdem hat sie sich als effektives Mittel zur friedlichen und nachhaltigen Konfliktlösung auf unterschiedlichen Gebieten bewährt: zwischen Familienmitgliedern, bei Ehescheidungen, unter Mitschülern, in der Wirtschaft, zwischen politischen Konfliktparteien oder Staaten u. v. m.

> Alles hat drei Seiten:
> eine, die du siehst,
> eine, die ich sehe,
> und eine, die wir beide nicht sehen
> *Chinesische Weisheit*

PRINZIPIEN DER MEDIATION

Der Mediation liegen folgende Prinzipien zugrunde:

Freiwilligkeit: Keiner darf zur Teilnahme gezwungen werden. Die Mediation kann jederzeit abgebrochen werden.

Selbstverantwortlichkeit: Die Parteien entscheiden autonom und frei; sie alleine tragen die Verantwortung für ihre Handlungen und Entscheidungen und damit auch für das Endergebnis.

Vertraulichkeit: Mediator und Parteien verpflichten sich zur Vertraulichkeit und Verschwiegenheit. So wird ein geschützter Raum geschaffen, in dem Vertrauen zueinander entstehen kann. Es dürfen keinerlei Informationen (ohne Zustimmung) nach außen dringen, weder während des laufenden Mediationsverfahrens noch danach.

Kooperationsbereitschaft: Alle Parteien müssen bereit sein, während des Prozesses und – je nach Ergebnis – auch danach mit den gegnerischen Parteien zusammenzuarbeiten, um den Konflikt beizulegen. Kompromissloses, stures Beharren auf den eigenen Lösungsvorschlägen steht im Widerspruch zur Idee der Mediation.

Gegenseitige Akzeptanz: Die Parteien müssen sich gegenseitig als gleichberechtigte Gesprächspartner akzeptieren.

Ergebnisoffenheit des Prozesses: Lösungen entstehen im Laufe des Mediationsprozesses; die Parteien müssen dafür offen sein, dass das Ergebnis nicht ihren ursprünglichen Erwartungen entspricht.

Zukunftsorientierung: Ziel ist eine bedürfnis- und interessengerechte Regelung für die Zukunft, nicht die Vergangenheitsbewältigung. Dies erfordert, dass die Lösungen dauerhaft tragfähig und auch wirklich umsetzbar sind. Nicht jede Wunschvorstellung ist auch realisierbar; doch wenn die Umsetzung scheitert, ist ein neuer Konflikt vorprogrammiert.

Neutralität/Allparteilichkeit des Mediators: Der Mediator muss während des gesamten Prozesses glaubwürdig vermitteln, dass er keine Partei bevorzugt bzw. dass er für alle Parteien gleichermaßen (»allparteilich«) die beste Lösung wünscht. Das schließt ein, dass der Mediator in jeder Hinsicht – finanziell, materiell, politisch etc. – von allen Konfliktparteien oder deren Verbündeten unabhängig ist.

Keine Entscheidungsbefugnis des Mediators: Er leitet und gestaltet den Prozess, soll jedoch keine inhaltlichen Vorschläge oder Lösungen einbringen und erst recht keine inhaltlichen Entscheidungen treffen; dies ist alleinige Aufgabe der beteiligten Konfliktparteien.

Gerechte Lösung: Die Lösung muss von allen Parteien als gerecht empfunden werden und darf nicht zu Lasten unbeteiligter Dritter oder der Allgemeinheit gehen.

Nur wenn diese Prinzipien während des gesamten Mediationsprozesses gewährleistet sind, können die Idealziele erreicht werden, nämlich »die gemeinsame, auf der Basis gegenseitigen Verständnisses und der Anerkennung der Interessen des jeweils anderen beruhende, umfassende und wertschöpfende Regelung einer Konfliktsituation (...).« (Alexander u. a. 2005)

In dem Anliegen einer dauerhaften und stabilen Beilegung des Konflikts strebt die Mediation noch ein zweites Idealziel an: die Aufdeckung der Tiefenstruktur eines Konflikts. Es gilt offenzulegen, welche – oftmals versteckten – Vorurteile, Wünsche, Hoffnungen, Verletzungen, Ängste oder Aggressionen das Ver-

IDEALZIELE DER MEDIATION

- Eine konstruktive, gerechte und nachhaltige Beilegung, von der jede Partei mehr Vor- als Nachteile hat.
- Die Aufdeckung der Tiefenstruktur des Konflikts.

halten der Parteien und den Konfliktverlauf beeinflussen. Dadurch wird Verständnis füreinander und für die Situation des anderen geschaffen; neue Betrachtungs- und Verhaltensmöglichkeiten werden eröffnet. Nur so ist die Nachhaltigkeit einer konstruktiven Lösung gewährleistet.

In der Praxis lassen sich aus zeitlichen oder finanziellen Gründen, aufgrund mangelnder Bereitschaft oder anderer Hindernisse die Ideallösungen oft nicht erreichen. Doch auch Teilziele können für die Beteiligten befriedigend sein und dazu beitragen, dass die Eskalation eines Konflikts beendet oder verhindert wird.

Elena Gulmadova vermittelt im Auftrag der Organisation für Sicherheit und Zusammenarbeit in Europa (OSZE) in Mazedonien zwischen albanischen und mazedonischen Gruppen

ABLAUF

Mediation, wie sie in Westeuropa und Nordamerika heute weitgehend praktiziert wird, ist Gegenstand vieler wissenschaftlicher Untersuchungen. So hat sich im Laufe der Zeit eine feste Struktur herauskristallisiert, nach der Mediationsprozesse optimalerweise die folgenden Phasen durchlaufen:

1. Vorbereitungsphase: Kontaktaufnahme zu allen Beteiligten, Vorgespräche, erste Situationsanalyse, Informationen über die Thematik einholen, Rahmenbedingungen festlegen
2. Mediationsgespräche:
   a) Eröffnung: Vorstellen der Personen, Regeln und Ziele einer Mediation erklären, Mediationsvereinbarungen schließen
   b) Bestandsaufnahme: den Konflikt aus der Sicht aller Beteiligten wahrnehmen, Themen sammeln, Tiefenstruktur aufdecken
   c) Bearbeitung und Klärung der Themen: unterschiedliche Wahrnehmungen äußern, einzelne Interessen herausfinden, gegenseitiges Verständnis schaffen

MEDIATOR – DER ALLPARTEILICHE DRITTE

Die Institution des Mediators findet man in vielen verschiedenen Kulturen. Oftmals handelt es sich dabei um Personen, die besonderes Ansehen genießen. Sie werden für weise, kompetent, fair und uneigennützig erachtet. Nie sind sie selbst in den Konflikt verwickelt, sondern sind unparteiisch und unabhängig .

In Westeuropa und den USA agieren oftmals angesehene Personen des öffentlichen Lebens wie Geistliche, Wissenschaftler oder (ehemalige) Politiker als Vermittler. Allerdings gibt es auch zertifizierte Ausbildungsangebote zum Beruf des Mediators, die besonders von Anwälten, Psychologen oder Sozialpädagogen genutzt werden. Neben Techniken und Methoden, den Mediationsprozess zu gestalten (z. B. durch ›aktives Zuhören‹ und zirkuläres Fragen), lernt der Mediator dort, eine empathische und allparteiliche Grundhaltung gegenüber allen Beteiligten zu entwickeln. Empathie (Einfühlungsvermögen) ist besonders wichtig, damit eine vertrauensvolle Atmosphäre entsteht, in der sich die Parteien sicher und verstanden fühlen. Allparteilichkeit bedeutet, dass der Mediator jede Partei gleichermaßen darin unterstützt, ihre Interessen zu ordnen, zu artikulieren und verständlich zu vertreten. Ein Ungleichgewicht zwischen den Parteien, sei es durch Unsicherheit oder mangelndes Ausdrucksvermögen, kann so vom Mediator ausgeglichen werden.

d) Lösungsoptionen entwickeln: Vorschläge sammeln, bearbeiten und schließlich bewerten

e) Einigung und Abschluss: Auswahl einer Lösung im Konsens, Umsetzung planen, schriftliches Ausformulieren und Unterzeichnung

3. Umsetzung und gegebenenfalls Nachbearbeitung mit Hilfe des Mediators

Die Dauer einer erfolgreichen Mediation kann sehr stark variieren. In manchen Fällen können Konflikte schon in ein paar Stunden konstruktiv beigelegt werden, in anderen kann es mehrere Jahre dauern, wie das Beispiel zum argentinisch-chilenischen Konflikt verdeutlicht (siehe unten Kap. 9.3).

GRENZEN DER MEDIATION

In jeder Prozessphase kann es passieren, dass Parteien ihre Fehler eingestehen, sich entschuldigen und es zu einer Versöhnung kommt. So etwas ist selbstverständlich wünschenswert. Jedoch kann es auch zu gegenteiligen Reaktionen kommen und Situationen entstehen, in denen eine Mediation nicht (mehr) erfolgversprechend ist:

- die Gegner sind nicht willens oder – bei allzu tiefen Verletzungen – in der Lage, Verständnis füreinander aufzubringen, Vertrauen zu entwickeln oder mit dem einstigen Todfeind konstruktiv zu kooperieren;
- mindestens eine Partei stellt vollkommen illegitime Forderungen und will diese durchsetzen, sie verweigert Respekt und Kooperation;
- eine Partei ist von einem raschen gewaltsamen ›Sieg‹ überzeugt – oder der Hass auf den Gegner hat überhand genommen – und ist daher nicht zu ernsthaften Zugeständnissen bereit;
- eine Seite ist nicht in der Lage, frei und selbstbestimmt zu entscheiden und zu handeln, oder ist auf andere Art überfordert (z. B. wenn eine Seite aus vielen selbstständigen Gruppen ohne gemeinsame Linie besteht);
- mindestens eine Partei verletzt immer wieder die vereinbarten Regeln;
- die Parteien fordern eine klare Entscheidung von einer Drittpartei, wollen die Lösung also nicht selbst erarbeiten, sondern einen externen Schieds- oder Richterspruch;
- der Mediator ergreift Partei und kann (oder will) nicht mehr allparteilich agieren.

Lassen sich solche oder andere Hindernisse bereits bei den Vorgesprächen feststellen, dann wird eine Mediation gar nicht erst aufgenommen. Häufig zeigen sie sich aber erst im Laufe des Mediationsprozesses. Dann empfiehlt es sich, die Mediation abzubrechen (oder gegebenenfalls den Mediator zu wechseln), doch möglichst nicht ohne zuvor eine Verständigung über andere gewaltlose Wege der Konflikt-

Die Brücke »Stari most« in der Stadt Mostar in Bosnien-Herzegowina, im Krieg 1993 zerstört, bis 2004 wiederaufgebaut; sie verbindet den bosniakisch-muslimisch geprägten Ostteil mit dem stärker kroatisch-katholisch geprägten Westteil der Stadt und gilt daher als Symbol der Verständigung und des Zusammenlebens von verschiedenen religiösen, kulturellen und ethnischen Gruppen

beilegung herbeigeführt zu haben (z. B. Klärung durch ein von allen anerkanntes Gericht). Ein ›kontrolliertes Scheitern‹ einer Mediation ist in jedem Fall einem unkontrollierten Scheitern vorzuziehen. Letzteres würde nicht nur den Konflikt neu anfachen, weil sich die Beteiligten gegenseitig die Schuld für das Scheitern zuschieben würden; darüber hinaus wäre auch die Bereitschaft der Konfliktparteien zu zukünftigen konstruktiven Lösungsbemühungen nachhaltig geschmälert.

WIRKUNG

Konflikte können nur dann mittels Mediation konstruktiv bearbeitet werden, wenn sie bereits offen zutage liegen. Wenn Interessen, Werte und Bedürfnisse von allen Seiten klar geäußert werden, kann ein Mediator vermittelnd eingreifen. Zudem müssen die Parteien den ernsthaften Willen zur friedlichen Verständigung mitbringen. Je früher eine Mediation aufgenommen wird, desto besser sind die Erfolgschancen. Ist der Konflikt jedoch bereits so weit vorangeschritten, dass sich die Fronten stark verhärtet haben, dass womöglich die gegnerische Partei dämonisiert und ihr das Existenzrecht abgesprochen wird, dann ist es schwer, die Parteien noch zu einer freiwilligen und konstruktiven Mitwirkung zu bewegen.

Mediation bietet sich aber durchaus nicht nur in den ersten Konfliktstadien an, sondern auch dann, wenn sich kein klarer Sieg einer Partei abzeichnet und die Beteiligten gemeinsam in den Abgrund zu stürzen drohen. Die Aussicht auf eine friedliche Beilegung, in der jede Partei zwar schmerzhafte Konzessionen machen muss, aber zugleich zentrale eigene Interessen gewahrt sieht, ist dann verlockender als der gemeinsame Untergang.

»Mediieren, nicht prozessieren«

WEITERFÜHRENDE INFORMATIONEN:

- Der Bundesverband Mediation e. V. ist der größte deutsche Zusammenschluss von Mediatoren. Er bietet Infos rund um das Thema und hilft bei der Suche nach professionellen Mediatoren und Ausbildungsmöglichkeiten: www.bmev.de.
- Eine kompakte Einführung in Theorie und Praxis der Mediation gibt das Standardwerk von Christoph Besemer: Mediation. Die Kunst der Vermittlung in Konflikten (Karlsruhe 2009).

QUELLEN:

Alexander, Nadja M. u. a. 2005: Mediation – Schlichtung – Verhandlungsmanagement. Formen konsensualer Streitbeilegung. Münster: Alpmann.

Besemer, Christoph 2009: Mediation. Die Kunst der Vermittlung in Konflikten. Erweiterte und ergänzte Neuausgabe. Karlsruhe: Werkstatt für Gewaltfreie Aktion.

Motada, Leo / Kals, Elisabeth 2007: Mediation. Ein Lehrbuch auf psychologischer Grundlage. 2. Auflage, Weinheim: Beltz.

Weiler, Eva 2008: Praxisbuch Mediation. Falldokumentation und Methodik der Konfliktlösung. München: Beck.

9.2 DEUTSCHLAND: FLUGHAFENERWEITERUNG FRANKFURT/MAIN

Als eines der weltweit bedeutendsten Luftfahrtdrehkreuze spielt der Frankfurter Flughafen eine wichtige Rolle für Politik, Wirtschaft und Infrastruktur, aber auch für die vielen Anwohner in den nahe gelegenen Städten und Dörfern. Gerade für Letztere ist der Flughafen nicht nur ein verlässlicher Arbeitgeber, sondern leider auch eine Quelle des Lärms und der Umweltverschmutzung. Als 1997 ein weiterer Ausbau gefordert wird, fürchten viele eine Eskalation der Auseinandersetzungen mit den Ausbaugegnern; ein Mediationsverfahren soll dies verhindern.

HINTERGRUND

Die Angst vor einer Eskalation ist nicht aus der Luft gegriffen. Bereits in den siebziger und achtziger Jahren war es zu Massenprotesten und Klagen gegen den Bau der sogenannten ›Startbahn 18 West‹ gekommen. Nach langjährigen Protesten, Gerichtsverfahren und politischen Auseinandersetzungen hatte die hessische Landesregierung schließlich den Bau mit Polizeigewalt durchgesetzt. Der damalige Ministerpräsident Holger Börner (CDU) versprach jedoch 1981, dass fortan nie wieder ein Baum dem Flughafen zum Opfer fallen müsse, und wies alle Befürchtungen weiterer Ausbaumaßnahmen zurück. Allerdings hatten sich die Auseinandersetzungen in den 1980er-Jahren so zugespitzt und einige Gruppen waren so stark radikalisiert, dass es immer wieder zu gewaltsamen Zusammenstößen zwischen Demonstranten und Polizei kam, die zahlreiche Verletzte und sogar drei Todesopfer forderten.

Nur selten löste ein Infrastrukturprojekt einen derart großen Widerstand in ganz Deutschland aus

Diese Ereignisse traumatisierten alle Beteiligten und stärkten den Willen, zukünftige Konflikte friedlich und gewaltfrei zu lösen. Und der nächste Konflikt bahnt sich bereits 13 Jahre nach Inbetriebnahme der Startbahn West an, als die Lufthansa 1997 – entgegen den einstigen Versprechen des Ministerpräsidenten – eine weitere Startbahn fordert. Der neue Ministerpräsident Hans Eichel (SPD) initiiert daraufhin das Verfahren ›Mediation – Eine Zukunftsregion im offenen Dialog‹, bei dem alle Parteien über die Weiterentwicklung des Flughafens beraten sollen.

DIE PARTEIEN

Die Befürworter des Flughafenausbaus setzen sich aus verschiedenen Gruppen zusammen. In erster Linie sind dies die Frankfurter Flughafen AG (FAG, heute Fraport AG) als Betreiber des Flughafens, Vertreter der Wirtschaft, die Fluggesellschaften und die Landesverbände von CDU und FDP.

Die FAG als Hauptbefürworterin betrachtet den Ausbau als zwingend notwendig für die Zukunft des Flughafens. Die wirtschaftliche Bedeutung für die Region steht für sie im Mittelpunkt, schließlich sei er der am stärksten wachsende Arbeitgeber in der Region und eine wichtige internationale Drehscheibe. Doch schon zu diesem Zeitpunkt besitze der Flughafen nicht die Kapazitäten, die steigende Nachfrage zu bedienen, man fürchte um seine Wettbewerbsfähigkeit. Ökologische Bedenken und das Wohl der Anwohner müssten zwar erwogen werden, doch hätten die ökonomischen Aspekte eindeutig Priorität, so die Fürsprecher.

»Lieber in Bäumen wohnen als Wälder roden«: Um die Abholzung für den Ausbau zu verhindern, leben einige Ausbaugegner in Baumhäusern oder einem »Waldcamp«

Auch die Gegnerschaft setzt sich aus unterschiedlichen Gruppen zusammen, vor allem aus Umweltverbänden (wie BUND und NABU), Bürgerinitiativen und betroffenen Kommunen. Politische Unterstützung erhalten sie von den Grünen. Dominant sind zwei Argumente:

a) Umweltschutz: Ein Wachstum des Flugverkehrs im Allgemeinen und ein Ausbau des Flughafens im Speziellen seien nicht zukunftsfähig, da sie dem erforderlichen Klimaschutz und einer nachhaltigen Entwicklung zuwiderlaufen.

b) Gesundheit: Der Lärmpegel und die Schadstoffbelastung würden für Anwohner und Umwelt ins Unerträgliche steigen, schließ-

lich sei das Umland dicht besiedelt und die An- und Abflugrouten führten meist über Wohngebiete. Daher fordern die Gegner eine ökologisch vertretbare Verkehrspolitik, die eine Obergrenze der Lärm- und Schadstoffbelastung, ein Nachtflugverbot sowie die Verlagerung von Kurzstreckenflügen auf das Schienennetz einschließt. Zwar erkennen sie die ökonomischen Sachzwänge an, doch haben ökologische und soziale Belange für sie eindeutig Vorrang.

Die SPD, die gemeinsam mit den Grünen die damalige hessische Regierung stellt, ist unentschlossen und vermeidet es, sich festzulegen. Ihr Ministerpräsident ist es dann auch, der das Mediationsverfahren ins Leben ruft. Insgesamt sollen 20 Vertreter der einzelnen Gruppen teilnehmen und 3 Vermittler mediieren.

DIE VERMITTLER

Hans Eichel entscheidet sich für den Präsidenten der Industrie- und Handelskammer, Dr. Frank Niethammer, für den ehemaligen Pfarrer Kurt Oeser und für den EU-Parlamentarier Klaus Hänsch als Mediatoren. Obwohl Oeser und Niethammer eindeutig den unterschiedlichen Konfliktparteien zuzurechnen sind, halten sie sich mit eigenen Meinungen zurück. Sie nutzen ihre Positionen nicht aus, um für die eigene Seite Vorteile auszuhandeln. Die Mediatoren sollen den Konfliktparteien den Weg zu einer möglichst konstruktiven und einvernehmlichen Lösung

TEILNEHMER DES MEDIATIONSVERFAHRENS

Stadt Darmstadt, Stadt Frankfurt, Stadt Wiesbaden, Stadt Offenbach, Stadt Kelsterbach, Stadt Mörfelden-Walldorf, Stadt Flörsheim, Stadt Raunheim, Stadt Neu-Isenburg, Offenbacher Vereinigung gegen Fluglärm, Gewerkschaft Öffentliche Dienste, Transport und Verkehr, Deutsche Angestellten-Gewerkschaft, Board of Airline Representatives in Germany (BARIG), Vereinigung Hessischer Unternehmerverbände, Industrie- und Handelskammer, Frankfurter Flughafen AG (FAG), Deutsche Flugsicherung, Lufthansa, Hessisches Ministerium für Umwelt, Energie, Jugend, Familie und Gesundheit, Hessisches Ministerium für Wirtschaft, Verkehr und Landesentwicklung, Bundesministerium für Verkehr, Bau und Wohnungswesen öffnen. Sie müssen dabei auf faire und ausgewogene Kommunikation achten und sind allen gegenüber zu Neutralität und Loyalität verpflichtet.

DIE MEDIATION

In der eigens für die Mediationsgruppe entworfenen Geschäftsordnung wird als Ziel der Mediation formuliert:

»... dass die Voraussetzungen geklärt werden, unter denen der Flughafen Frankfurt am Main die Leistungsfähigkeit der Wirtschaftsregion Rhein-Main im Hinblick auf Arbeitsplätze und Strukturelemente dauerhaft sichern kann, ohne zugleich die umweltrelevanten Belastungen der Siedlungsregion Rhein-Main nachhaltig zu vergrößern.« (Geschäftsordnung der Mediationsgruppe, zitiert nach Busch 2000)

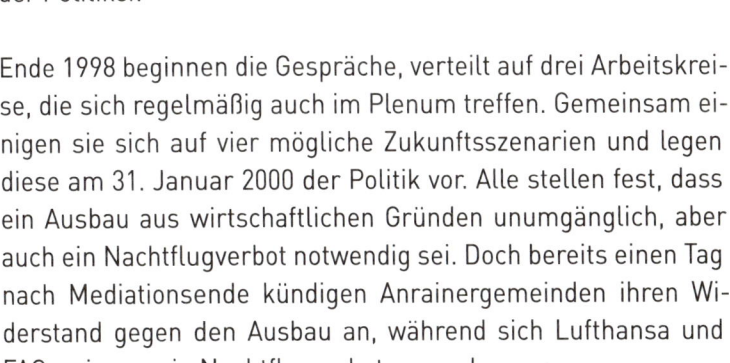

Die Mediation soll also bestimmte Voraussetzungen klären, mögliche Zukunftsszenarien und Meinungsbilder entwerfen, doch keine Entscheidungen treffen. Die Mediationsgruppe hat folglich auch keinerlei Entscheidungsbefugnis. Ob die Ergebnisse der Vermittlung letztlich in die Tat umgesetzt werden, liegt alleine in den Händen der Politiker.

Zusammenarbeit zwischen der Mediationsgruppe und den drei Arbeitskreisen

Ende 1998 beginnen die Gespräche, verteilt auf drei Arbeitskreise, die sich regelmäßig auch im Plenum treffen. Gemeinsam einigen sie sich auf vier mögliche Zukunftsszenarien und legen diese am 31. Januar 2000 der Politik vor. Alle stellen fest, dass ein Ausbau aus wirtschaftlichen Gründen unumgänglich, aber auch ein Nachtflugverbot notwendig sei. Doch bereits einen Tag nach Mediationsende kündigen Anrainergemeinden ihren Widerstand gegen den Ausbau an, während sich Lufthansa und FAG weigern, ein Nachtflugverbot anzuerkennen.

Damit war das eigentliche Mediationsverfahren abgeschlossen; doch folgten noch intensive Auseinandersetzungen und Verhandlungen, bis schließlich im Jahr 2009 der Ausbau begonnen wurde.

Kurt Oeser,
der »Startbahn-
pfarrer«

PROF. DR. KURT OESER (1928–2007)

Als Pfarrer der Gemeinde Mörfelden positioniert sich Oeser schon früh im Sinne seiner Gemeinde, die unter dem Fluglärm enorm leidet. Oeser besorgt Lärmgutachten, schreibt Briefe an Politiker und tritt schließlich in die SPD ein, um die Kommunalpolitik selbst mitzubestimmen. Er gründet die Bundesvereinigung gegen Fluglärm und viele weitere Initiativen, etwa die Jury Umweltzeichen – Der Blaue Engel. 1973 ernennt ihn der Rat der Evang. Kirche in Deutschland zu seinem ersten Umweltbeauftragten (bis 1992). Bei den Vermittlungen zum Flughafenausbau zeigte er sich pragmatisch und – trotz eigener Betroffenheit – neutral.

Als Pfarrer hat man mir geglaubt,
dass ich einigermaßen objektiv bin,
dass ich keine persönlichen Interessen vertrete.

Kurt Oeser, zitiert nach Schrupp 2003

AUFGABE DER MEDIATOREN

Die Geschäftsordnung der Mediationsgruppe nennt als zentrale Aufgabe der Mediatoren, »den Beteiligten die Wege zu einer möglichst einvernehmlichen und fairen Konfliktlösung zu öffnen« (zitiert nach Busch 2000). Es ging für die Mediatoren also nicht primär um Entscheidungsfindung, sondern um Gestaltung des Prozesses, der die Entscheidungsgrundlagen klären sollte. Wie

Ein »Hüttendorf« auf dem Ausbaugelände

schon in den Startbahn West-Auseinandersetzungen war Kurt Oeser dabei ganz besonders um Vermittlung und Deeskalation in den Reihen der teilweise radikalen Ausbaugegner bemüht – die ihn dafür als »Verräter« beschimpften und mit heftiger Kritik überzogen. Doch so klar und eindeutig seine eigene Position stets gewesen war: Als Mediator sah er sich dem Ausgleich und einer fairen, friedlichen Gestaltung des Entscheidungsprozesses verpflichtet, nicht der Durchsetzung seiner eigenen Überzeugung. Und eben deswegen war er auch von Ministerpräsident

Eichel ernannt worden: als glaubwürdiger und gesprächsfähiger Vermittler, der bei allen beteiligten Konfliktparteien persönlichen Respekt genoss. Sein kirchlicher Hintergrund war dabei nicht unwichtig. »Als Pfarrer hat man mir geglaubt, dass ich keine persönlichen Interessen vertrete« (zitiert nach Schrupp 2003), und als EKD-Umweltbeauftragter konnte er außerdem großes Fachwissen und Renommée vorweisen.

RESÜMEE

Kritische Stimmen stellen dem Mediationsverfahren ein schlechtes Zeugnis aus und halten es für gescheitert. Aufgrund vieler Mängel im Vorgehen habe es sich außerdem gar nicht um eine richtige Mediation gehandelt. So wurden bspw. schon in der Vorbereitungsphase bestimmte Parteien außen vor gelassen, während einige Umwelt- und Bürgerinitiativen die Teilnahme unter dem Eindruck ablehnen, die Politik würde nicht alle Interessen gleich gewichten; dadurch sind wichtige Akteure und Betroffene nicht in den Prozess involviert. Auch wird kritisiert, dass die Beteiligten kaum über den Ablauf der Mediation mitbestimmen konnten. Zudem sei der Prozess nicht wirklich ergebnisoffen gewesen, da ein Ausbau des Flughafens nicht in Frage gestanden hätte, sondern lediglich das Wie der Erweiterung. So fühlt sich auch keine der Parteien an das Ergebnis gebunden, sondern sie greifen wieder ihre ursprünglichen Maximalforderungen auf.

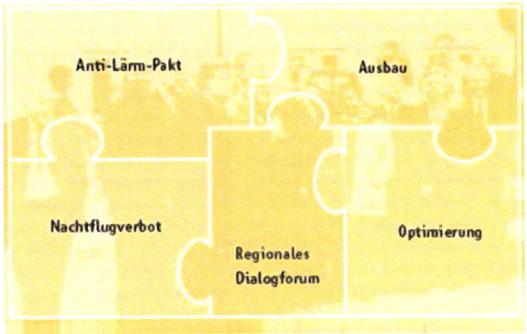

Die fünf Bestandteile des Mediationspakets

> Die entscheidende positive Erfahrung des Mediationsverfahrens ist aus meiner Sicht, dass es uns allen gelungen ist, diese komplexe, politische und gesellschaftlich hochbrisante Thematik bei allen Schwierigkeiten mit so viel Sachlichkeit zu diskutieren und zu einem Ergebnis geführt zu haben, die dem win-win-Prinzip gerecht wird.
>
> *Kurt Oeser, zitiert nach Mediationsgruppe 2000*

Legt man also den idealtypischen Verlauf einer Mediation zugrunde, wonach am Ende eine einvernehmliche Verständigung steht, dann war das Verfahren ein Misserfolg. Betrachtet man jedoch die oben genannten konfliktspezifischen Erwartungen an den Mediationsprozess und insbesondere an die Mediatoren um Kurt Oeser, so wurden diese weitgehend erreicht: Der Prozess führte dazu, die emotionale Debatte zu versachlichen und die aufgeheizte Stimmung zu mäßigen. Es wurden alle Positionen angehört, Informationen und Fakten gesammelt und gebündelt, Expertenmeinungen eingeholt, verschiedene Ausbaumöglichkeiten unter Berücksichtigung von Umweltbelangen ausgelotet, sodass schließlich eine solide Grundlage für eine endgültige Entscheidung seitens der Politiker vorgelegt werden konnte. Das war der Auftrag gewesen in der Hoffnung, eine gewaltsame Eskalation abzuwenden – und das war, jedenfalls im Vergleich zu den früheren Auseinandersetzungen um die Startbahn West, auch gelungen.

Der Flughafen ist eng umgeben von zahlreichen Dörfern und Städten (im Norden Frankfurt/Main)

WEITERFÜHRENDE INFORMATIONEN:

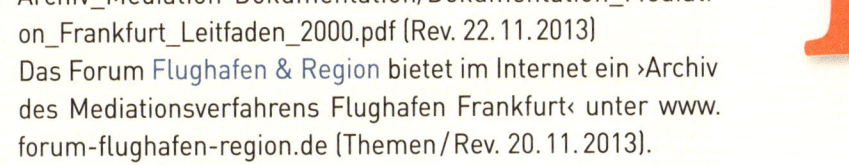

- Eine umfassende Dokumentation des Prozesses hat die Mediationsgruppe um die Mediatoren Hänsch, Niethammer und Oeser herausgegeben: Dokumentation zum Mediationsverfahren Flughafen Frankfurt am Main. Leitfaden durch den Diskussionsprozess und die Ergebnisse (Wiesbaden 2000). Download unter: www.forum-flughafen-region.de/fileadmin/files/Archiv/Archiv_Mediation-Dokumentation/Dokumentation_Mediation_Frankfurt_Leitfaden_2000.pdf (Rev. 22.11.2013)

- Das Forum Flughafen & Region bietet im Internet ein ›Archiv des Mediationsverfahrens Flughafen Frankfurt‹ unter www.forum-flughafen-region.de (Themen/Rev. 20.11.2013).

QUELLEN:

Busch, Per-Olof 2000: Konfliktfall Flughafenerweiterung. Eine kritische Würdigung des Verfahrens ›Mediation: Eine Zukunftsregion im offenen Dialog‹ zum Flughafen Frankfurt/Main. HSFK Report 8/2000. Frankfurt a. M.: Hess. Stiftung Friedens- und Konfliktforschung HSFK. URL: www.hsfk.de/fileadmin/downloads/report0800.pdf (Rev. 2.11.2013)

Fraport AG (Hg.) o. J.: Zahlen und Fakten zum Bau der Landebahn Nordwest. URL: http://multivu.prnewswire.com/mnr/prne/fraport/52150/docs/52150-zahlenundfakten_new.pdf (Rev. 20.11.2013).

Geis, Anna 2005: Regieren mit Mediation. Das Beteiligungsverfahren zur zukünftigen Entwicklung des Frankfurter Flughafens. Wiesbaden: VS Verlag für Sozialwissenschaften.

Gohl, Christopher / Meister, Hans-Peter 2012: Politische Mediation bei Infrastrukturprojekten. Das Beispiel des Ausbaus des Flughafens Frankfurt 1998–2008. Münster: LIT-Verlag.

Mattes, Hans 2007: Abschied vom Umweltpfarrer. In: FAZ vom 9.9.2007. URL: www.faz.net/aktuell/rhein-main/region/kurt-oeser-verstorben-abschied-vom-umweltpfarrer-1458998.html (Rev. 20.11.2013).

Mediationsgruppe Flughafen Frankfurt/Main (Hg.) 2000: Dokumentation zum Mediationsverfahren Flughafen Frankfurt am Main. Leitfaden durch den Diskussionsprozess und die Ergebnisse. Wiesbaden (Download: s. o.).

Rühlig, Cornelia / Hecht, Carmen R. (Hg.) 2008: Kurt Oeser: Gemeindepfarrer und erster ›Umweltpfarrer‹ Deutschlands. Ein Leben für soziale Gerechtigkeit, demokratische Selbstbestimmung und ökologische Verantwortung. Bad Homburg: Verlag für Akademische Schriften.

Schrupp, Antje 2003: Zwischen den Fronten. URL: www.antjeschrupp.de/kurt-oeser (Rev. 7.3.2013).

Wörner, Johann-Dietrich (Hg.) 2003: Das Beispiel Frankfurt Flughafen. Mediation und Dialog als institutionelle Chance. Dettelbach: Verlag J. H. Röll.

9.3 ARGENTINIEN/CHILE: DER BEAGLE-KONFLIKT

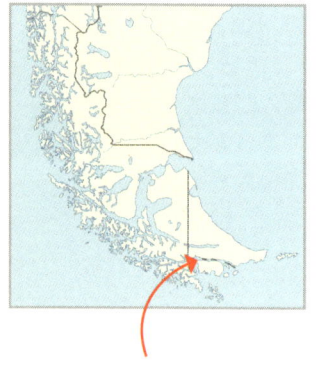

Beagle Kanal

Mehr als hundert Jahre lang streiten sich Argentinien und Chile um einen kleinen Teil der gemeinsamen, tausende Kilometer langen Staatsgrenze. Ganz im Süden Südamerikas teilt der Beagle-Kanal, eine Meeresverbindung zwischen Atlantik und Pazifik, die beiden Länder voneinander. Doch es ist ungeklärt, wo die Grenze entlang dieser Wasserstraße verläuft und wem die drei darin liegenden Inseln Picton, Lennox und Nueva (PLN) gehören. Jahrzehntelang schwelt der Konflikt. Kurz bevor der Konflikt in einem veritablen Krieg zu eskalieren droht, schaltet sich Papst Johannes Paul II. ein. Seinen Sondergesandten ist es zu verdanken, dass nach jahrelanger Mediation schließlich eine Einigung erzielt werden kann.

HINTERGRUND

Zu Beginn des 19. Jahrhunderts werden die südamerikanischen Nachbarländer Argentinien und Chile von Spanien unabhängig. Nach und nach breiten sich beide Länder bis zur Südspitze des Kontinents aus. Dieses Gebiet ist so unwirtlich, dass es von der Kolonialverwaltung gemieden wurde. Daher wurde damals auch der genaue Grenzverlauf zwischen den beiden Staaten in dieser Region nie genau bestimmt, sodass dort bald chilenische und argentinische Interessen aufeinandertreffen. Unter US-amerikanischer Vermittlung unterzeichnen beide Staaten 1881 ein Abkommen, das den Grenzverlauf regelt. Nur ein Detail bleibt ungeklärt: Wem gehört der Beagle-Kanal bzw. wo verläuft dort die Grenze?

Die Wasserstraße verläuft vom Pazifischen Ozean im Westen quer durch Feuerland bis zur östlichen Atlantikmündung. Der westliche Teil verläuft eindeutig durch chilenisches Hoheitsgebiet, im Osten hingegen trennt der Kanal den argentinischen Teil Feuerlands vom südlich gelegenen chilenischen Staatsgebiet. Doch wo genau verläuft die Grenze? Am Nord- oder Südufer? In der Mitte des Kanals – aber bei Ebbe oder bei Flut? Oder an der tiefsten Stelle des Kanals? Und wem gehören also – je nach Grenzverlauf – die drei kleinen und unbewohnten Kanalinseln Picton, Lennox und Nueva?

BEDEUTUNG DES KANALS

Das internationale Seerecht besagt, dass der Besitzer einer Küste oder Insel auch das Hoheitsrecht über die Schifffahrt und die wirtschaftliche Nutzung der umgebenden Gewässer innehat. Beide Staaten interessieren sich für den industriellen Fischfang und für die Ausbeutung der im Beagle-Kanal vermuteten Rohstoffe wie Erdöl und Erdgas. Auch sicherheitspolitische Überlegungen spielen eine Rolle.

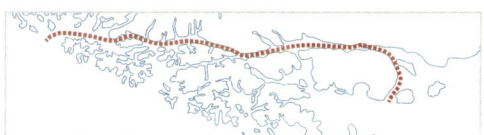

Hauptarm des Beagle Kanals nach chilenischer Auffassung

Hauptarm des Beagle Kanals nach argentinischer Auffassung

So verwundert es nicht, dass es immer wieder zu Unruhen und gelegentlichen militärischen Scharmützeln kommt. Doch dann gerät der Konflikt in eine unheilvolle Dynamik. Die Provokationen schaukeln sich hoch, und je länger der Konflikt dauert, desto mehr gewinnt ein ganz anderer Aspekt an Gewicht: der Nationalstolz! Immer enger wird der Besitz der Gebiete mit dem Nationalbewusstsein verknüpft, mehr und mehr wird das Beharren auf den Ansprüchen zu einer Frage der Ehre. Kompromissbereite Politiker werden schon bald als Feiglinge und Verräter nationaler Interessen denunziert.

VERMITTLUNGSVERSUCHE

1892 einigen sich die beiden Staaten auf Großbritannien als Schiedsrichter, doch die 1915 gefällte Entscheidung erkennen beide Länder nicht an. Auch ein weiteres Schiedsverfahren scheitert, da der Vermittler sein Amt frühzeitig niederlegt und sich die Parteien nicht auf einen Nachfolger einigen können.

1958 wird schließlich die Schwelle zur Gewalt überschritten: Es kommt zu Auseinandersetzungen um die Felseninsel Snipe, bei denen das argentinische Militär einen chilenischen Leuchtturm beschießt und die Insel besetzt. Die Präsidenten beider Staaten treten daraufhin direkt in Verhandlung und beschließen, erneut ein Schiedsgericht zu beauftragen. Doch dessen Entscheidung (1977) ist nicht im Interesse Argentiniens, denn die PLN-Inseln würden demnach an Chile fallen. Um der juristischen Niederlage und der nationalen Schmach zu entgehen, erklärt Argentinien die Entscheidung für null und nichtig.

Die Militärdiktatoren Augusto Pinochet (Chile) und Jorge Videla (Argentinien)

Die Militärjunta in Argentinien begreift nun, dass sie ihre Interessen nicht mit Verhandlungen, Kompromissen und juristischen Mitteln befriedigen kann und plant einen militärischen Angriff. Trotz seiner militärischen Unterlegenheit bereitet sich Chile ebenfalls auf einen Krieg vor. Am 22. Dezember 1978 erhält das argentinische Militär den Befehl zur Invasion auf die PLN-Inseln. In letzter Sekunde wenden sich internationale Diplomaten und Kirchenvertreter an Papst Johannes Paul II. mit der Bitte, einzuschreiten. Dieser schickt Kardinal Antonio Sa-

Er war der Diktator eines der blutigsten Herrschaftssysteme des Westens. Weiblichen Gefangenen wurden nach der Entbindung die Säuglinge weggenommen, Tausende verschwanden spurlos. Bis zuletzt rechtfertigte Jorge Videla den Staatsterror in Argentinien.
Josef Oehrlein in FAZ vom 18. 5. 2013

moré, einen ausgezeichneten Südamerika-Kenner, mit dem Angebot der Vermittlung zu den Konfliktparteien.

DIE PÄPSTLICHE MEDIATION
Chile akzeptiert das Angebot sofort. Doch auch die argentinische Regierung kann die päpstliche Vermittlungsinitiative nicht ausschlagen, zu groß ist das Ansehen des Vatikans in der zu 90 Prozent katholischen Bevölkerung. Eine Missachtung dieser Friedenschance hätte sie zudem als menschenverachtende Kriegstreiber bloßgestellt und ihrem innen- wie außenpolitischen Ansehen enorm geschadet. Notgedrungen erklärt sich

daher die Junta in Buenos Aires zur Vermittlung durch Kardinal Samoré bereit.

Die erste Phase der Mediation beginnt am 23. Dezember 1978 und dauert knapp einen Monat. In dieser Zeit betreibt Kardinal Samoré intensive Pendeldiplomatie zwischen den Regierungen. Dabei ist er stets auf strengste Neutralität und Ausgewogenheit bedacht.

Im Januar 1979 unterzeichnen beide Seiten schließlich die ›Akte von Montevideo‹. In dieser bitten sie den Vatikan offiziell um Vermittlung und verpflichten sich auf den Verzicht von Provokationen und Gewalt. Damit geben sie den offiziellen Startschuss für die nun folgende zweite Phase, die durch klassische Methoden der Mediation gekennzeichnet ist. Diese findet nun in Rom, in geschützten Räumen fernab des Konfliktgeschehens statt. Nur selten kommt es zu direkten Gesprächen; die genauen Positionen, Meinungen, Interessen und Ängste der Parteien eruiert Samoré vor allem in Einzelgesprächen. Er erkennt, dass Chile vor allem am offiziellen Besitz der PLN-Inseln – als Zeichen der Selbstbehauptung – interessiert ist, weniger an den damit verbundenen Seerechten. Hingegen sieht Argentinien seine Südspitze inmitten chilenischen Gebietes militärisch bedroht; durch freie Navigation im Kanal würde aber ein Sicherheitsgefühl entstehen. Zudem ist Argentinien an einer wirtschaftlichen Nutzung des Gewässers interessiert.

Bereits zu diesem Zeitpunkt kommt Samoré eine Idee, die sich später als entscheidend entpuppt: Warum nicht einfach die Seerechte vom Besitzerstatus entkoppeln? Chile könnte so die Inseln besitzen, sich das Recht über die Gewässer aber mit Argentinien teilen. So sähen beide Regierungen ihre Interessen befriedigt und würden vor der eigenen Bevölkerung ihr Gesicht wahren.

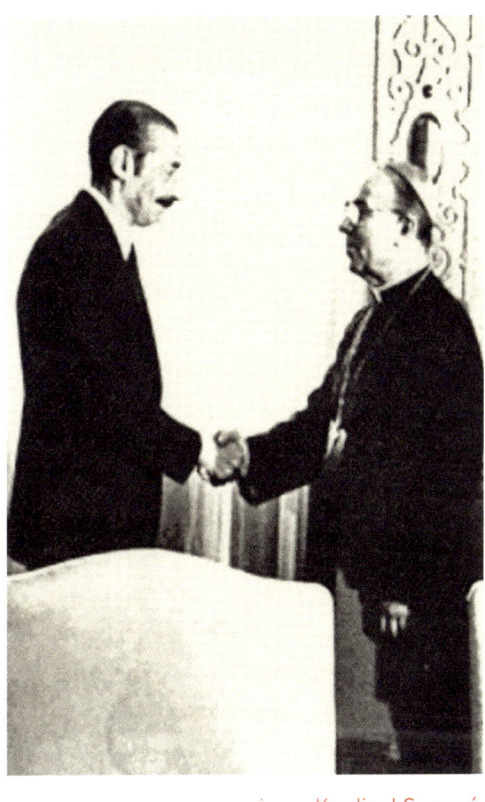

Kardinal Samoré, der Sondergesandte des Papstes, und Jorge Rafael Videla, argentinischer General und Diktator von 1976–1981

Doch für diesen Vorschlag ist es noch zu früh, die Fronten sind noch zu verhärtet. Im Dezember 1980 scheinen die Verhandlungen festzustecken, keine Seite bewegt sich auf die andere

Für die einen wird Pinochet immer ein brutaler Diktator sein,
die anderen feiern ihn als Retter des Vaterlandes.
Isabell Allende, chilenische Schriftstellerin, zitiert nach SPIEGEL 44/1998

zu. Schließlich macht der Papst selbst einen Lösungsvorschlag und droht, die Mediation abzubrechen, falls keine Annäherung erfolge. Chile ist bereit, den Vorschlag anzunehmen, doch Argentiniens Militärjunta spielt auf Zeit. Sie ist nicht wirklich an einem Kompromiss interessiert und hofft insgeheim, dass die Vermittlungen aufgrund schlechter Erfolgsaussichten abgebrochen werden; dann könnten sie – im sicheren Gefühl der Überlegenheit – ihren ursprünglichen Plan einer militärischen ›Lösung‹ wieder aufgreifen.

Jesus preist in der Bergpredigt nicht einfach die Friedfertigen,
sondern die Friedenstifter, jene, die mit dem Einsatz
ihres ganzen Wesens ›Frieden machen‹,
Der Friede muss erarbeitet, erlitten, erbetet werden.
Papst Johannes Paul II.

Erneute Spannungen und Provokationen verschärfen den Konflikt. So investieren die Vermittler in den nächsten Jahren die ganze Energie in die offizielle Aufrechterhaltung der Gespräche. In dieser dritten Verhandlungsphase von Anfang 1981 bis Ende 1983 ist das einzige Bestreben, die Gewalteskalation so lange zu verhindern, bis sich die politischen Rahmenbedingungen in den Ländern verändern und wieder inhaltliche Fortschritte möglich würden.

Mit dem verlorenen Falklandkrieg (1982) und der demokratischen Wahl eines neuen Präsidenten in Argentinien (1983: Raul Alfonsin) tritt die erhoffte Veränderung ein und die Vermittlungen beginnen erneut. Nach dem Tod Samorés (Februar 1983) übernehmen seine beiden ehemaligen Mitarbeiter, Erzbischof Gabriel Montalvo und Faustino Sainz, die Mediation. Auf der Grundlage des früheren päpstlichen Lösungsvorschlags verhandeln beide Parteien nun direkt miteinander und arbeiten konkrete Umsetzungsmaßnahmen aus. Die Mediatoren dienen in dieser vierten Phase nurmehr als Begleiter und Prozessberater. Die endgültige Einigung trägt eine altbekannte Handschrift: Die PLN-Inseln fallen Chile zu und die Rechte an der Nutzung der Gewässer werden geteilt. Im Herbst 1984 erfolgt die offizielle Versöhnung: Die Präsidenten beider Länder unterzeichnen den ›Vertrag über Frieden und Freundschaft‹.

Minenfelder auf Feuerland: Ein Relikt des Beagle-Konfliktes

RESÜMEE

Die Mediation ist gekennzeichnet durch extreme Schwankungen in den zwischenstaatlichen Beziehungen und hohe Eskalationsgefahr. Viel hängt von den innenpolitischen Machtkonstellationen ab. Der Erfolg dieser konstruktiven Intervention ist vor allem dem Geschick, der Ausdauer und Anpassungsfähigkeit der Vermittler zu verdanken. Als persönliche Gesandte des Papstes genossen sie hohes Vertrauen, Ansehen, Autorität und Glaubwürdigkeit. Politische oder materielle Druckmittel standen ihnen nicht zur Verfügung und waren auch gar nicht nötig. Besonders in der Bevölkerung beider Länder zweifelte niemand daran, dass ein Vorschlag des Papstes – ihres ›Heiligen Vaters‹ – zum Wohle aller Menschen wäre. Nicht durch Zwang, sondern durch Zuhören, Nachfragen und Beharrlichkeit wurde damit ein Krieg unkalkulierbaren Ausmaßes abgewendet und Versöhnung zwischen Chile und Argentinien gestiftet.

30 Jahre nach Beginn der päpstlichen Vermittlungsaktion treffen sich die Präsidentinnen von Chile (Michelle Bachelet, links) und Argentinien (Cristina Fernandéz de Kirchner) – in Frieden und Freundschaft

WEITERFÜHRENDE INFORMATIONEN:

Ausführlicher dazu vgl. die Fallstudie in Markus Weingardt: RELIGION MACHT FRIEDEN. Bonn 2010, S. 49–66

QUELLEN:

Haffa, Annegret 1987: Beagle-Konflikt und Falkland-(Malwinen)-Krieg. Zur Außenpolitik der argentinischen Militärregierung 1976–1983. München: Weltforum-Verlag.

Hernekamp, Karl-Andreas 1980: Die argentinisch-chilenische Einigung im Beagle-Streit: Episode oder Modell? In: Europa-Archiv, Folge 18, Band 40/1985, S. 551–562.

Laudy, Marc 2000: The Vatican Mediation of the Beagle Channel Dispute: Crisis Intervention and Forum Building. In: Greenberg, Melanie C. / Barton, John H. / McGuinness, Margaret E. (Hg.): Words over War. Mediation and Arbitration to Prevent Deadly Conflict. Lanham u. a.: Rowman & Littlefield, S. 293–320.

Weingardt, Markus 2010: RELIGION MACHT FRIEDEN. Das Friedenspotenzial von Religionen in politischen Gewaltkonflikten. Bonn: Bundeszentrale für politische Bildung, S. 49–66.

10. MENSCHENRECHTSARBEIT

10.1 METHODE

> ### ALLE MENSCHEN SIND FREI UND GLEICH AN WÜRDE UND RECHTEN GEBOREN. SIE SIND MIT VERNUNFT UND GEWISSEN BEGABT UND SOLLEN EINANDER IM GEISTE DER BRÜDERLICHKEIT BEGEGNEN.
>
> ART. 1 DER ALLGEMEINEN ERKLÄRUNG DER MENSCHENRECHTE

Am 10. Dezember 1948 verabschieden alle Mitgliedsstaaten der Vereinten Nationen (UN) die ›Allgemeine Erklärung der Menschenrechte‹. Durch die Grausamkeiten der Hitler-Diktatur und die Verwüstungen durch die Weltkriege aufgeschreckt, streben sie nach einer neuen, besseren Weltordnung, die möglichst vielen Menschen ein Leben in Würde ermöglicht. Seitdem gelten die Menschenrechte als Ideal, an dem sich Politik und Gesellschaft ausrichten sollen. Da dies in der Realität oft nicht der Fall ist, stattdessen täglich weltweit eklatante Menschenrechtsverletzungen zu beobachten sind, bedarf es eines besonderen Engagements für den Schutz dieser so wichtigen Rechte.

DIE IDEE

Die Menschrechte gelten für alle Menschen ohne Einschränkung. Sie sind universell, da sie auf der Würde des Menschen basieren, die jeder von Geburt an besitzt. Menschenrechte können daher niemals verwirkt oder aberkannt werden. Auch eine Teilung ist nicht möglich, sie gelten immer in ihrer Gesamtheit.

Eleanor Roosevelt, Mitautorin der »Allgemeinen Erklärung der Menschenrechte« und die Witwe des vormaligen US-Präsidenten Franklin Delano Roosevelt, präsentierte 1948 die AEMR

MENSCHENRECHTSVERLETZUNGEN

Rechte zu haben bedeutet leider nicht automatisch, diese Rechte auch wahrnehmen zu können. Eklatante Menschenrechtsverletzungen finden auch 60 Jahre nach Verabschiedung der Menschenrechtserklärung weltweit täglich statt. Zu den grausamsten zählen die in vielen

ALLGEMEINE ERKLÄRUNG DER MENSCHENRECHTE

ARTIKEL 1

Alle Menschen sind frei und gleich an Würde und Rechten geboren

ARTIKEL 2

Jeder Mensch hat Anspruch auf die in dieser Erklärung verkündeten Rechte und Freiheiten

ARTIKEL 3

Jeder Mensch hat das Recht auf Leben, Freiheit und Sicherheit der Person

ARTIKEL 5

Niemand darf der Folter oder grausamer, unmenschlicher oder erniedrigender Behandlung oder Strafe unterworfen werden

ARTIKEL 7

Alle Menschen sind vor dem Gesetz gleich und haben ohne Unterschied Anspruch auf gleichen Schutz durch das Gesetz

ARTIKEL 9

Niemand darf willkürlich festgenommen, in Haft gehalten oder des Landes verwiesen werden

ARTIKEL 12

Niemand darf willkürlichen Eingriffen in sein Privatleben, seine Familie, sein Heim oder seinen Briefwechsel noch Angriffen auf seine Ehre und seinen Beruf ausgesetzt werden

ARTIKEL 14

Jeder Mensch hat das Recht, in anderen Ländern vor Verfolgungen Asyl zu suchen und zu genießen

ARTIKEL 18

Jeder Mensch hat Anspruch auf Gedanken-, Gewissens- und Religionsfreiheit

ARTIKEL 19

Jeder Mensch hat das Recht auf freie Meinungsäußerung

ARTIKEL 22

Jeder Mensch hat als Mitglied der Gesellschaft das Recht auf soziale Sicherheit

ARTIKEL 23

Jeder Mensch hat das Recht auf Arbeit, auf freie Berufswahl, auf angemessene und befriedigende Arbeitsbedingungen sowie auf Schutz gegen Arbeitslosigkeit

ARTIKEL 26

Jeder Mensch hat das Recht auf Bildung

Im Laufe der Jahrzehnte gesellten sich noch weitere Abkommen mit neuen Rechten hinzu, etwa der internationale Pakt über wirtschaftliche, soziale und kulturelle sowie über politische und bürgerliche Rechte, außerdem einzelne Vereinbarungen wie die Genfer Flüchtlingskonvention, die Konvention zur Verhütung und Bestrafung des Völkermordes und die Antifolterkonvention.

Staaten gängige Folter, die Unterdrückung Andersdenkender, ethnische ›Säuberungen‹ oder gar Völkermorde wie in Ruanda (siehe Kap. 2 ›Gewaltfreie Aktion‹). Besonders die schwächeren Mitglieder einer Gesellschaft sind gefährdet: Frauen und Kindern droht bspw. häusliche und sexuelle Gewalt, die Rekrutierung als Kindersoldaten oder Ausbeutung durch Arbeit. Dass Menschenrechtsverletzungen auch in demokratischen Staaten geschehen (wenngleich meist weniger grausam), zeigt das Schicksal vieler Flüchtlinge in Deutschland, die nicht arbeiten dürfen oder zu mehreren in enge Zimmer gepfercht werden (vgl. Frankfurter Rundschau vom 11. 7. 2011: »Asyl in einer Stahlkiste«). Die Verwirklichung der Menschenrechte ist also eine permanente Herausforderung, zu der jeder Mensch beitragen kann.

»Jeder Mensch hat das Recht auf Bildung.« Ein Mädchen arbeitet in einem Steinbruch im Nordosten Indiens

DIE VERWIRKLICHUNG DER MENSCHENRECHTE

Auf diese Frage gibt es keine klare Antwort. Die UNO hat jedoch mit ihren Blauhelm-Soldaten ein Instrument geschaffen, das die Menschenrechte weltweit schützen soll. In friedlicher Mission helfen diese Soldaten beim politischen Wiederaufbau kriegszerrütteter Länder, vorausgesetzt der betroffene Staat hat eingewilligt. Sie errichten entmilitarisierte Zonen und überwachen Waffenstillstandsabkommen, sichern Wahlen und etablieren friedliche Strukturen. Gewalt dürfen sie nur im äußersten Notfall und nur zur Selbstverteidigung anwenden, denn Gewalt ist immer ein Angriff auf die Menschenwürde und darum schwerlich geeignet, zugleich die Menschenrechte zu schützen.

Einem Menschen seine Menschenrechte verweigern bedeutet, ihn in seiner Menschlichkeit zu missachten.

Nelson Mandela

Seit 1998 klagt die UN außerdem schwere Menschenrechtsverletzungen vor internationalen Gerichten an. So entstehen für die Bürgerkriegsverbrechen in Sierra Leone oder Kambodscha eigene Gerichtshöfe (siehe die Kap. 4 ›Training for Peace‹ und

Kap. 5 ›Friedensmarsch‹). 2002 schließlich nimmt der Internationale Strafgerichtshof in Den Haag seine Arbeit auf und beschäftigt sich seitdem mit Kriegsverbrechen, Völkermord und Verbrechen gegen die Menschlichkeit. Doch auch er kann nur mit dem Einverständnis der betroffenen Staaten aktiv werden und ist zudem auf ihre Kooperation bei der Strafverfolgung angewiesen.

Neben der Menschenrechtsarbeit der UNO leisten auch die einzelnen Staaten ihren Beitrag. Zum einen kümmern sich nationale Behörden um die Umsetzung der Rechte im Inland. Zum anderen fördert die Entwicklungszusammenarbeit von Ländern wie Deutschland die Verwirklichung von Menschenrechten in anderen Regionen der Welt.

»Niemand darf Folter oder erniedrigender Behandlung unterworfen werden.« Der Internationale Strafgerichtshof in Den Haag

Es sind jedoch vor allem größere und kleinere, internationale oder regionale Nichtregierungsorganisationen (NROs) sowie kirchliche Einrichtungen, die sich für die Menschenrechte stark machen. Die größten und bekanntesten sind dabei Amnesty International, Human Rights Watch, die Internationale Liga für Menschenrechte oder der Weltkirchenrat. Kleinere NROs haben sich oft auf ein bestimmtes Menschenrecht spezialisiert. So kämpft Pro Asyl gemeinsam mit Flüchtlingen für das Recht auf Asyl, oder die Malteser Migranten Medizin für das Recht auf medizinische Versorgung illegalisierter Menschen.

Die Arbeit dieser NROs ist sehr vielfältig. Mit Hilfe eines ausgeklügelten Informationssystems und guter Vernetzung decken

INSTRUMENTE DER MENSCHENRECHTSARBEIT

1. Informationsbeschaffung und Aufklärung
2. Öffentlichkeitsarbeit/Kampagnen
3. Direkte Opferhilfe
4. Vernetzung/Kontaktarbeit
5. Politische Lobbyarbeit

sie Menschenrechtsverletzungen auf und machen damit genau das publik, was einige Staaten gerne vertuschen würden. Schon allein durch die weltweite Aufmerksamkeit können Rechte durchgesetzt und Menschenleben gerettet werden. Staaten fürchten zudem die Blamage auf internationaler Bühne, wenn sie nachweislich Abkommen und Standards verletzen. Dies gilt nicht nur für unmittelbare körperliche Gewalt (z. B. Schläge, Folter), sondern auch für Formen struktureller Gewalt. Diese Strukturen zu verändern ist ein mühsamer und langwieriger Prozess: Diskriminierende Gesetze müssen abgeschafft werden, Schutzgesetze verabschiedet und umgesetzt werden, Folterpraktiken eingestellt und die tatsächliche Praxis kontrolliert werden u. v. m.

»Niemand darf willkürlich festgenommen, in Haft gehalten oder des Landes verwiesen werden.«
Im US-Lager Guantanamo werden Sträflinge teilweise jahrelang ohne Anklage festgehalten

Öffentlichkeitsarbeit als Instrument des Menschenrechtsschutzes ist allerdings nur so lange wirksam, wie sich eine große Zahl von Menschen über die Rechtsverletzungen empört und dagegen protestiert. Tut sie dies nicht, werden auch die betroffenen Regierungen wenig Interesse am Schutz der Rechte zeigen. Darum wird die Öffentlichkeitsarbeit ergänzt durch spezielle Kampagnen, Medienberichte und politische Lobbyarbeit, um für die Thematik zu sensibilisieren.

In akuten Fällen wird außerdem direkte Hilfe geleistet. Hilfskonvois retten Hungernde vor dem Tod, gefährdete Personen erhalten Rechtsbeistand oder direkten Personenschutz, wie im Falle der sogenannten Menschenrechtsbeobachtung. Nicht selten fallen diese Aktivisten selbst Menschenrechtsverletzungen zum Opfer; schließlich kommt ihre Arbeit oft den Machenschaften politischer und wirtschaftlicher Machthaber in die Quere, die wenig am Wohl ihrer Bürger oder Arbeiter interessiert sind.

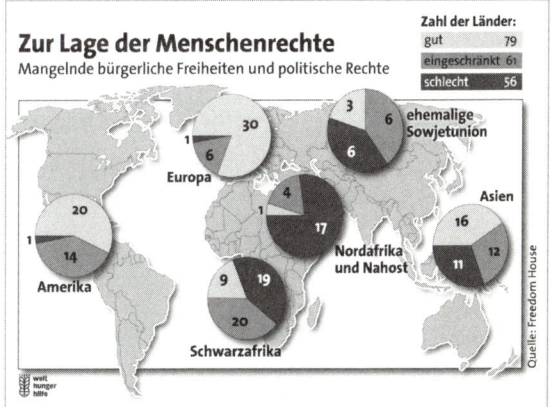

»Jeder Mensch hat Anspruch auf die in dieser Erklärung verkündeten Rechte und Freiheiten.«

SELBST AKTIV WERDEN

Der Schutz der Menschenrechte ist die Aufgabe eines jeden Menschen. Jeder kann auf unterschiedliche Art aktiv werden.

So sammeln diverse Organisationen regelmäßig Unterschriften oder rufen zu Demonstrationen auf. In besonders drängenden Situationen ruft Amnesty International zu sogenannten ›Urgent Actions‹ oder das Internetportal Avaaz zu Email-Aktionen auf: Wer sich registrieren lässt, erhält einen vorgefertigten Brief, gerichtet an diejenigen Autoritäten, die für die Verbrechen verantwortlich sind oder entsprechenden Einfluss nehmen könnten. Dieser Brief muss nur noch unterschrieben und abgeschickt werden. Je mehr solcher Beschwerdebriefe eingehen, desto größer ist der Druck auf die jeweiligen Regierungen, menschenunwürdige Praktiken zu unterbinden.

Menschenrechtsarbeit ist höchst vielfältig

Eine andere Möglichkeit, sich direkt zu engagieren, besteht in der Mitarbeit bei einer lokalen NRO oder in einer kirchlichen Einrichtung, die sich entweder mit Menschenrechtsverletzungen in anderen Ländern beschäftigt oder vor der eigenen Haustür arbeitet, wie die Malteser Migranten Medizin oder Kirchengemeinden, die sich um Asylsuchende kümmern oder sogar Kirchenasyl gewähren (siehe auch Kap. 2 ›Gewaltfreie Aktion‹). Natürlich sind all diese Organisationen, ob groß oder klein, auch auf finanzielle Unterstützung oder Sachspenden angewiesen. Auch mit dem eigenen Konsumverhalten kann man Einfluss auf die Menschenrechtslage in anderen Ländern nehmen. So können Produkte boykottiert werden, die aus autoritären Staaten stammen oder unter menschenunwürdigen Bedingungen hergestellt wurden. Dass eine Näherin in einer südasiatischen Fabrik einen gerechten Lohn bekommt, akzeptable Arbeitsbedingungen hat und eine Sozial- und Krankenversicherung erhält, ist schlicht unmöglich, wenn das T-Shirt im deutschen Handel nur wenige Euro kosten soll.

»Jeder Mensch hat als Mitglied der Gesellschaft das Recht auf soziale Sicherheit.«

RESÜMEE

Eine Welt, in der die Einhaltung der Menschenrechte Realität geworden ist, entspricht der Vorstellung eines positiven, gerechten Friedens. Menschenrechtsverletzungen stellen immer eine Form der Gewalt dar, sei es gegen einzelne Personen, gegen eine gesellschaftliche Minderheit oder ein ganzes Volk. Sie können durch

> Die Menschenrechtsverletzungen von heute
> sind die Massaker von morgen.
> *Kofi Annan*

ungerechte Gesetze gestützt oder im Geheimen vollzogen werden. Ob Menschen aktiv bedrängt oder ›nur‹ in ihrer Entfaltung eingeschränkt werden: Menschenrechtsverletzungen sind ein Verbrechen!

Das bedeutet jedoch nicht, dass über die Menschenrechte nicht diskutiert, ja sogar gestritten werden darf. Längst bemängeln einige asiatische und afrikanische Staaten den europäisch-amerikanischen Entstehungshintergrund der Menschenrechte und bezweifeln, ob diese daher einfach eins zu eins auf alle Kulturen übertragen werden können. Daher bedarf jede Menschenrechtsarbeit einer besonderen kulturellen Sensibilität gegenüber lokalen Besonderheiten. Nichtsdestotrotz stellt der Menschenrechtsschutz eine große Herausforderung dar, der sich alle verpflichtet fühlen sollten – insbesondere die Menschen in jenen Ländern, in denen die Rechte in hohem Maß verwirklicht und gesichert sind.

Ökumenische FriedensDekade 11. bis 21. November 2012

WEITERFÜHRENDE INFORMATIONEN:

- Einen guten Überblick über Entstehung, Bedeutung und Herausforderungen der Menschenrechte gibt Heft Nr. 297/2008 der ‚Informationen zur politischen Bildung', herausgegeben von der Bundeszentrale für politische Bildung (Autor: Axel Hermann). Im Internet abrufbar unter www.bpb.de/izpb/8317/menschenrechte.
- Alle Fragen zum Thema Menschenrechte beantwortet das Deutsche Institut für Menschenrechte auf seiner Homepage: www.institut-fuer-menschenrechte.de.
- Amnesty International informiert über aktuelle Menschenrechtsverletzungen und bietet die Möglichkeit, auf unterschiedliche Art selbst aktiv zu werden: www.amnesty.de.
- Das weltweite Kampagnen-Netzwerk Avaaz präsentiert sich auf seiner homepage: www.avaaz.org.

QUELLEN:

Caspari, Lisa 2010: Ein Leben in der Warteschleife. In: Zeit Online vom 20.6.2010. URL: www.zeit.de/gesellschaft/zeitgeschehen/2010-06/weltfluechtlingstag-asylbewerber-iran (Rev. 27.1.2014).

Deutsches Institut für Menschenrechte: www.institut-fuer-menschenrechte.de.

Haspel, Michael / Sommer, Gert 2004: Menschenrechte und Friedensethik. In: Sommer, Gert / Fuchs, Albert (Hg.): Krieg und Frieden. Handbuch der Konflikt- und Friedenspsychologie. Weinheim: Beltz, S. 57–75.

Hermann, Axel 2007: Menschenrechte. In: Bundeszentrale für politische Bildung (Hg.). Informationen zur politischen Bildung, Heft 297. URL: www.bpb.de/izpb/8317/menschenrechte (Rev. 27.1.2014).

Nissen, Klaus 2011: Asyl in einer Stahlkiste. In: Frankfurter Rundschau vom 14.6.2011. URL: www.fr-online.de/bad-homburg/oberursel-asyl-in-einer-stahl-kiste,1472864,8556504.html (Rev. 27.1.2014).

10.2 DEUTSCHLAND: MALTESER MIGRANTEN MEDIZIN

DIE WÜRDE DES MENSCHEN IST UNANTASTBAR.
SIE ZU ACHTEN UND ZU SCHÜTZEN
IST VERPFLICHTUNG
ALLER STAATLICHEN GEWALT.

Bereits dieser erste Artikel des deutschen Grundgesetzes verpflichtet zum Schutz der Grundlage aller Menschenrechte: der menschlichen Würde. Dass diese Verpflichtung leider nicht immer eingehalten wird, erfahren viele Flüchtlinge und Migranten, die ohne Papiere in Deutschland leben, am eigenen Leib. Etliche Initiativen nehmen sich dieser Problematik in verschiedener Weise an. Eine davon ist die Malteser Migranten Medizin.

HINTERGRUND

Schätzungen zufolge besitzen zwischen 500.000 und 1,5 Millionen Migranten in Deutschland keinen rechtlichen Status, sie haben weder eine offizielle Duldung noch eine Aufenthaltsgenehmigung. Sie befinden sich also illegal in diesem Land, für die Behörden existieren sie offiziell gar nicht. Werden sie entdeckt, droht ihnen die Abschiebung. Selbstverständlich gel-

ten auch für sie die Menschenrechte, die sie vor Ausbeutung und Willkür schützen. Doch wie sollen sie diese für sich einklagen, wenn sie sich vor den Behörden verstecken müssen?

Bereits 1995 mahnt die katholische Kirche die Verbesserung der Lage von illegalen Migranten an. Sie hat dabei auch die Unterstützung von Papst Johannes Paul II., der in aller Klarheit festhält: »Der Status der Ungesetzlichkeit rechtfertigt keine Abstriche bei der Würde des Migranten, der mit unveräußerlichen Rechten versehen ist, die weder verletzt noch unbeachtet gelassen werden dürfen« (zitiert nach Katholisches Forum Leben in der Illegalität 2004).

In Deutschland haben sich unterschiedliche kirchliche und soziale Initiativen gebildet, die für die Rechte der illegalisierten

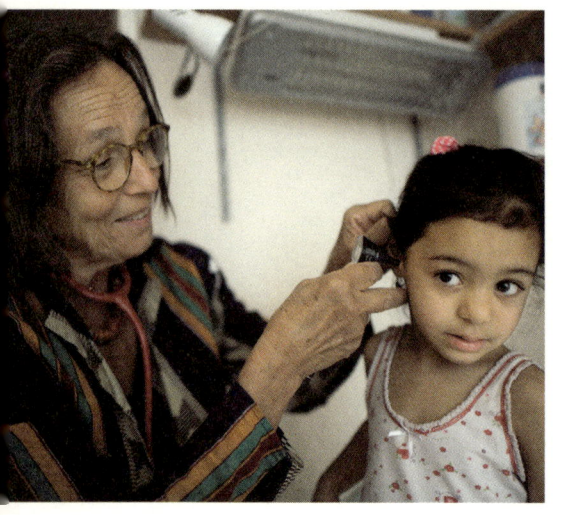

Menschen kämpfen. Organisationen wie der Jesuiten-Flüchtlingsdienst, das Diakonische Werk oder Pro Asyl kämpfen für die Verwirklichung elementarer Menschenrechte, bspw. das Recht auf Sicherheit, auf Bildung für Kinder von ›Illegalen‹ oder auf medizinische Versorgung. Auf Letzteres konzentriert sich die Malteser Migranten Medizin (MMM).

DAS RECHT AUF MEDIZINISCHE VERSORGUNG

Seit 1973 ist Deutschland an einen internationalen Pakt über wirtschaftliche, soziale und kulturelle Rechte gebunden. Dieser setzt das Recht auf Gesundheit fest und verpflichtet den deutschen Staat, dass jede erkrankte Person in den Genuss medizinischer Einrichtungen und ärztlicher Betreuung kommt. Offiziell ist jeder krankenversichert und kann somit jederzeit einen Arzt aufsuchen. Diesen Anspruch nehmen jedoch Menschen ohne Papiere nur selten wahr, da sie bislang fürchten mussten, entdeckt, festgenommen und abgeschoben zu werden – in eine Heimat, in der die Menschenrechte zumeist mit Füßen getreten werden und ihr Leben gefährdet ist. Schuld daran ist die bislang geltende Übermittlungspflicht für Behörden und öffentliche Einrichtungen, auch für Krankenhäuser: Wird dem Sozialamt durch

KEINE BÜRGERRECHTE IN DEUTSCHLAND?

Wer illegal in Deutschland lebt, hat nicht die Bürgerrechte, die für uns so selbstverständlich sind: Menschen ohne Aufenthaltspapiere meiden den Kontakt mit öffentlichen Stellen und haben keine rechtstaatliche Möglichkeit, sich gegen Mietwucher, Lohnbetrug oder Übergriffe wehren zu können. Durch ihre Illegalität sind sie erpressbar und damit leichte Beute für viele, die diese Situation ausnutzen. Die Polizei um Hilfe zu bitten ist nicht möglich. Illegaler Aufenthalt heißt, ohne Krankenversicherung zu leben, keine Geburtsurkunde für das Neugeborene beantragen zu können, nur mit größter Vorsicht die Kinder in Tageseinrichtungen und Schulen zu schicken. Es bedeutet, mit der Angst zu leben. *Dt. Caritasverband o. J.*

ein Krankenhaus bekannt, dass ein ›Illegaler‹ medizinische Versorgung in Anspruch genommen hat – schließlich muss das Sozialamt für die Behandlungskosten aufkommen –, ist es verpflichtet, dies der Ausländerbehörde zu melden. Diese kann dann die Abschiebung des Patienten einleiten. Hier entpuppen sich die Gesetze als paradox: Einerseits wird gesundheitliche Versorgung garantiert, andererseits

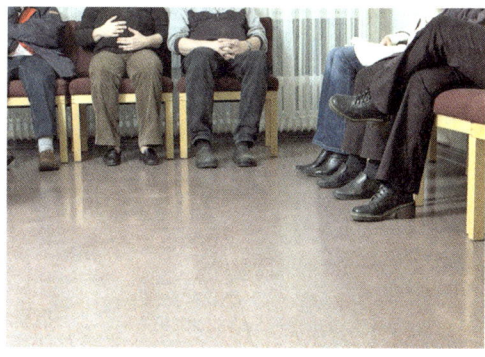

MMM Berlin, Wartezimmer

sind für einige Menschen die Barrieren so hoch, dass sie diese Garantie nicht wahrnehmen können. Der Konflikt, der sich hier auftut, besteht darin, dass einer Personengruppe faktisch ein Menschenrecht verwehrt wird, diese sich aber nicht gegen die Ungerechtigkeit wehren kann, ohne ein anderes Menschenrecht oder gar das eigene Leben aufs Spiel zu setzen. Das Dilemma ist also in den gesetzlichen Strukturen verankert.

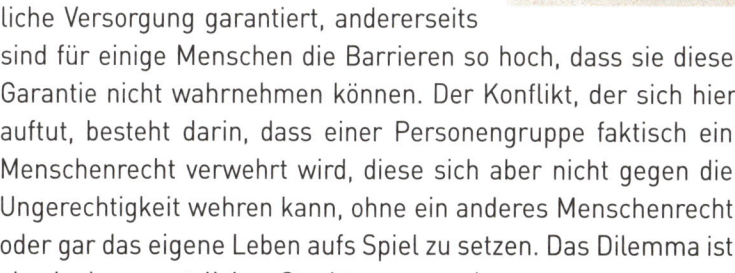

Ärtzliche Behandlung von Illegalen

Bei Krankheit droht Abschiebung

Die Behörden streiten, ob "Illegale" nach dem Krankenhausbesuch gemeldet werden müssen. Oft werden Flüchtlinge deshalb gar nicht behandelt.

TAZ.de, 8.9.2011

DIE FOLGEN

Ärzte berichten, dass Menschen ohne Papiere erst viel zu spät Hilfe aufsuchen oder als Notfälle eingeliefert werden. Krankheiten haben sich dann bereits verschlimmert, sind sehr schmerzhaft oder chronisch geworden. Nun werden auch die Behandlungen komplizierter und aufwändiger. Oft sind kostspielige Therapien oder stationäre Aufenthalte nötig, mitunter bleiben gesundheitliche Schäden zurück. So werden Krebserkrankungen, Blinddarmentzündungen oder Diabetes zu spät erkannt, Kinder bleiben ungeimpft und Schwangerschaften verkomplizieren sich aufgrund fehlender Vorsorgeuntersuchungen.

Um diese Probleme etwas zu lindern, wurde parallel zum staatlichen Gesundheitssystem die Malteser Migranten Medizin ins Leben gerufen.

MALTESER MIGRANTEN MEDIZIN

Schon seit 900 Jahren setzen sich die Malteser nach ihrem Leitsatz ›Bezeugung des Glaubens und Hilfe für Bedürftige‹ für Notleidende ein. Menschen ohne Krankenversicherung zählen für sie zu den Notleidenden unserer Zeit. Um diesen Menschen, meist illegalisierten Migranten, gesundheitliche Versorgung zu ermöglichen, richten die Deutschen Malteser 2001 die Malteser Migranten Medizin (MMM) ein. Zuerst in Berlin, doch inzwischen in einem Dutzend deutschen Städten bieten sie medizinische Versorgung für Menschen ohne Papiere oder Krankenversicherung an. Ehrenamtlich bzw. gegen geringe Entlohnung kümmern sich Ärzte und Krankenschwestern bis heute um jährlich viele Tausend Menschen – allein in Berlin wurden im Jahr 2012 über 11.000 Personen behandelt.

Dr. Adelheid Franz, Leiterin der Malteser Migranten Medizin in Berlin

So auch die Berliner Ärztin Dr. Adelheid Franz, die für ihr Engagement das Bundesverdienstkreuz erhielt. An vier Tagen pro Woche steht sie für Beratung und Behandlung zur Verfügung. Erstuntersuchungen bietet sie genauso an wie eine neurologisch-psychiatrische Sprechstunde und Schwangerschaftsberatung. Hier gilt Anonymität, sodass die Patienten nicht fürchten müssen, den Behörden gemeldet zu werden. Finanziert wird die Arbeit allein durch Spenden, die Abhängigkeit von den Behörden entfällt damit. Dennoch sind die Wege zur nächsten MMM-Krankenstation meist weit und so kommen viele Patienten erst, wenn die Erkrankungen fortgeschritten sind und ihnen die Schmerzen keine andere Wahl mehr lassen.

Doch kann es wirklich sein, dass die Verwirklichung eines Menschenrechts nur durch das ehrenamtliche Engagement einiger Ärzte und engagierter Bürger gewährleistet werden kann? Wie bereits erwähnt, liegt das Problem vorrangig auf der strukturellen Ebene, nämlich in den Gesetzen und Verordnungen. Was die MMM leistet, lindert zwar die Symptome, beseitigt aber nicht die Ursachen des Problems. Dazu bedarf es Veränderungen der Strukturen und Gesetze.

DIE STRUKTUREN VERÄNDERN

Mit ihrer Öffentlichkeitsarbeit, aber auch mit ihrer direkten Hilfe, gelang es schließlich den einzelnen Organisationen, die sich für illegalisierte Migranten stark machen, eine Veränderung in den gesetzlichen Vorschriften zu bewirken. Mit Hilfe der Medien, durch Tagungen und andere Aufklärungs- und Öffentlichkeitsarbeit konnten sie den Gesetzgeber zu einem

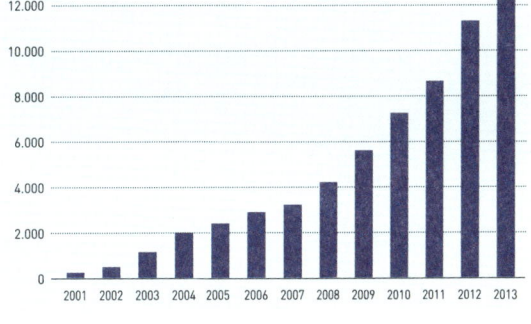

Die Entwicklung der MMM-Patientenzahlen in Berlin; dort wurden im Jahr 2013 über 12.000 Menschen behandelt

Umdenken bewegen. Endlich wurde die umstrittene Übermittlungspflicht und somit das größte Hindernis für Illegalisierte abgeschafft. Seit 2009 gilt die Schweigepflicht nun nicht nur für Ärzte, sondern auch für die Krankenhausverwaltung und die Mitarbeiter des Sozialamtes. ›Illegale‹ Patienten werden nicht mehr automatisch der Ausländerbehörde gemeldet, also müssen die Erkrankten keine Konsequenzen wie Verhaftung und Abschiebung fürchten. Dadurch wird den illegalisierten Migranten zumindest eine gefahrenfreie Notfallversorgung ermöglicht.

> Malteser Migranten Medizin fragt nicht nach Papieren und Krankenversicherung, sondern hilft, wenn eine Wunde versorgt werden muss, ein Zahn eitert oder ein Kind auf die Welt kommen soll. (...) »Die im Dunkeln sieht man nicht«, heißt es bei Bertolt Brecht. Gut, dass sie zur MMM kommen können.
>
> *Dr. Peter Frey, ZDF-Chefredakteur und MMM-Botschafter in Deutschland*

RESÜMEE

Der medizinische Dienst der Malteser ebenso wie die Gesetzesänderung sind wichtige Schritte zur Verwirklichung der Menschenrechte in Deutschland. Jedoch sind Menschen ohne Papiere in Deutschland noch etlichen anderen Benachteiligungen und Gefahren ausgesetzt, zumal sie sich juristisch nicht wehren können. Die Angst vor einer möglichen Abschiebung zurück in ein meist gefahrvolles Heimatland ist zu groß. Sie sind stets bemüht, nicht aufzufallen, und nehmen dafür ungerechte Behandlungen, Kränkungen und Ausbeutung hin. Das macht diese Gruppe von Menschen besonders verletzlich. Genau deswegen sind sie in besonderer Weise darauf angewiesen, dass ihre Würde und ihre Rechte geschützt werden.

Dr. Peter Frey

WEITERFÜHRENDE INFORMATIONEN:

- Die Malteser Migranten Medizin stellt sich im Internet vor: www.malteser-migranten-medizin.de.
- Malteser, Caritas und Jesuiten-Flüchtlingsdienst berichten über ihre gemeinsame Arbeit im Katholischen Forum Leben in der Illegalität. Hier finden sich sämtliche Pressedokumente, Stellungnahmen und Hinweise zur jährlichen Tagung: www.forum-illegalitaet.de.
- Interessante Informationen bietet auch der Rat für Migration, ein bundesweiter Zusammenschluss von Wissenschaftlern und Wissenschaftlerinnen: www.rat-fuer-migration.de. Ebenso der Sachverständigenrat deutscher Stiftungen für Integration und Migration: www.svr-migration.de.

QUELLEN:

Amnesty International o.J.: Allgemeine Erklärung der Menschenrechte. URL: www.amnesty.de/umleitung/1899/deu07/001?lang=de%26mimetype%3dtext%2fhtml (Rev. 27.1.2014).

Bundeszentrale für politische Bildung 2011: Dossier Migration (Febr. 2011). URL: www.bpb.de/gesellschaft/migration/dossier-migration/ (Rev. 27.1.2014).

Deutscher Caritasverband e.V. o.J.: Illegal in Deutschland? Die Hilfe der Caritas für Menschen ohne Aufenthaltsrecht. (Infobroschüre)

Deutsches Institut für Menschenrechte (Hg.) 2008: Frauen, Männer und Kinder ohne Papiere in Deutschland. Ihr Recht auf Gesundheit. Bericht der Bundesarbeitsgruppe Gesundheit/Illegalität. URL: www.institut-fuer-menschenrechte.de/fileadmin/user_upload/Publikationen/Studie/studie_frauen_maenner_und_kinder_ohne_papiere_ihr_recht_auf_gesundheit.pdf (Rev. 27.1.2014).

Katholisches Forum Leben in der Illegalität 2004: Gründungsdokument vom 28.6.2004. URL: www.forum-illegalitaet.de/wir-ueber-uns-1.html (Rev. 27.1.2014).

Malteser Migranten Medizin 2011: 10 Jahre Hilfe für Menschen ohne Krankenversicherung: Malteser Migranten Medizin. URL: www.malteser-migranten-medizin.de/uploads/media/10_Jahre_MMM_Festschrift.pdf (Rev. 27.1.2014).

Stark, Martin 2009: Ärztliche Schweigepflicht hat zukünftig Vorrang. Übermittlungspflichten eingeschränkt. URL: www.jesuiten-fluechtlingsdienst.de/index.php?option=com_content&task=blogcategory&id=19&%20Itemid=39 (Rev. 27.1.2014).

10.3 ISRAEL/PALÄSTINA: RABBINER FÜR MENSCHENRECHTE

Seit Jahrzehnten ist die Lage im Nahen Osten höchst angespannt. Immer wieder kommt es zu Gewalt und Krieg zwischen Israel und seinen arabischen Nachbarstaaten oder zwischen

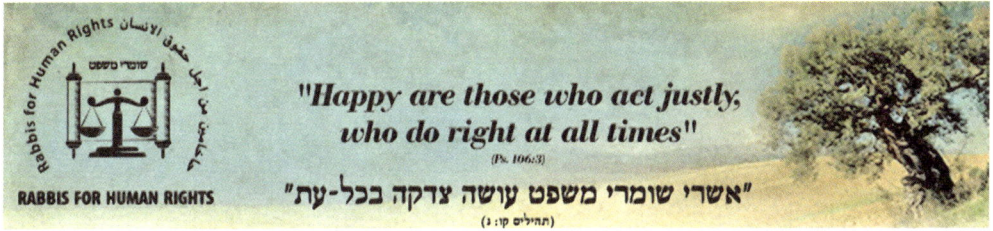

Israelis und Palästinensern. Es geht dabei um Territorium, politische Macht, Sicherheit, aber auch um Religion. Nur durch die Besetzung und strikte Kontrolle palästinensischer Gebiete sieht Israel seine Sicherheit gewährleistet. Doch betreffen diese Restriktionen nicht nur militante Kämpfer, sondern die gesamte palästinensische Bevölkerung wird in ihren Rechten eingeschränkt. Seit 1988 engagiert sich eine Organisation von Rabbinern, die Rabbiner für Menschenrechte (Rabbis for Human Rights, RHR), für die Menschenrechte der Palästinenser, aber auch der wachsenden Zahl nichtjüdischer Immigranten.

»Wohl denen, die das Recht bewahren und zu jeder Zeit tun, was gerecht ist.« (Psalm 106,3)

HINTERGRUND

Die Geschichte des Nahost-Konflikts reicht weit zurück und ist sehr komplex. Viele Parteien mit unterschiedlichen Interessen sind darin involviert, mehrere Kriege brachten Leid über die Zivilbevölkerung der ganzen Region. Eine endgültige, friedliche Lösung scheint auch heute noch in weiter Ferne zu liegen. Inzwischen sind die Fronten so verhärtet, Feindbilder so gefestigt und das Misstrauen so groß, dass Friedensgespräche immer wieder scheitern. Ein zentraler Aspekt, über den keine Einigkeit erzielt werden kann, ist die Herrschaft in den palästinensischen Territorien.

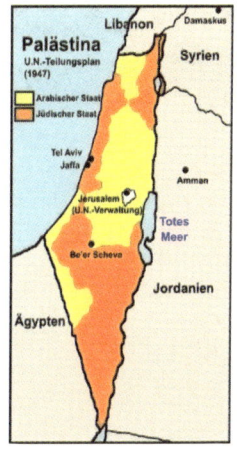

1947 stimmen die Vereinten Nationen gegen den Willen der Palästinenser einer Teilung Palästinas in einen jüdisch-israelischen und einen palästinensisch-arabischen Staat zu. Kurz darauf gründet sich der Staat Israel, die palästinensischen Gebiete bleiben jedoch unter jordanischer bzw. ägyptischer Herrschaft. Im Sechs-Tage-Krieg 1967 werden das Westjordanland einschließlich Ost-Jerusalem und der Gazastreifen von Israel besetzt. Seit einigen Jahren übt die Palästinensische Autonomiebehörde in Teilen der besetzten Gebiete zwar die Herrschaft aus, doch ein souveräner palästinensischer Staat konnte sich bis heute nicht etablieren. Stattdessen kommt es immer wieder zu Auseinandersetzungen zwischen Israelis und Palästinensern, denn auf beiden Seiten gibt es starke Stimmen, die der Gegenseite ein Existenzrecht oder zumindest einen eigenen Staat auf dem umstrittenen Land absprechen und das gesamte Gebiet für sich beanspruchen.

Zahlreiche Bombenattentate auf israelische Ziele forderten im Laufe der Jahre hunderte Todesopfer

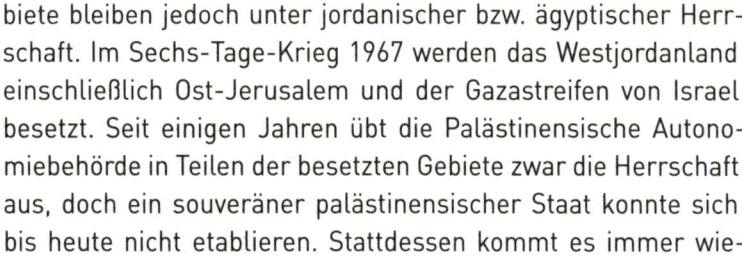

Nach und nach weitet Israel sein Staatsgebiet aus und besiedelt palästinensisches Land. Palästinensische Gruppen wiederum versuchen, mit bewaffnetem Kampf und Selbstmordanschlägen den jüdischen Staat zu schwächen. Das israelische Militär reagiert darauf regelmäßig mit harten Maßnahmen und Vergeltungsschlägen, durch die in den letzten zwanzig Jahren mehrere tausend Palästinenser starben. Zugleich werden nach jedem Anschlag die Restriktionen, Kontrollen und Straßensperren verschärft.

Im Jahr 2003 schließlich baut Israel um seiner Sicherheit willen einen Sperrwall zum Westjordanland. Der Alltag vieler Palästinenser wird dadurch erheblich erschwert. Auf einmal sind Arbeitsplätze,

Der Sperrwall soll am Ende 760 km lang sein, davon der Großteil als Zaunanlage und ca. 25 km als Mauer

Schulen, Felder und Krankenhäuser kaum noch erreichbar, und wichtige Güter wie Medikamente oder Baumaterialien sind nicht mehr oder nur schwer zu bekommen. Auch innerhalb der besetzten Gebiete machen die ständigen Kontrollen, Ausgangssperren und diskriminierenden Gesetze ein normales Leben fast unmöglich.

RADIKALISIERUNG

Eine Annäherung der beiden Seiten wird immer wieder durch radikale Gruppen erschwert. Auf der palästinensischen Seite sind es nationalistische oder islamistische Gruppen wie die Hamas, die Israels Existenzrecht – oft unter Berufung auf den Koran – ablehnen. Immer wieder feuern sie Raketen auf israelische Städte oder verüben andere Gewaltakte.

Israelische Soldaten nehmen einen Palästinenser fest, der als Frau verkleidet einen Terroranschlag verüben wollte

Auf jüdischer Seite kämpft der national-religiöse Zweig der Siedler-Bewegung für die Ausdehnung des Staatsgebietes und die Verdrängung der arabisch-stämmigen Bevölkerung. Mit dem jüdischen heiligen Buch, der Thora, begründen sie ihren Anspruch auf das Land, denn bereits dort würden Orte auf dem heutigen palästinensischen Gebiet dem jüdischen Volk zugerechnet, so ihre Lesart. Trotz internationaler Proteste bauen sie mehr und mehr Siedlungen im Westjordanland und in Ostjerusalem – teils illegal, teils von der israelischen Regierung aktiv gefördert oder still geduldet. Bestimmte Gesetze erleichtern es Israelis, auf palästinensischem Boden zu bauen. Palästinenser erhalten hingegen nur sehr selten eine Baugenehmigung und müssen daher ihre Häuser illegal errichten bzw. erweitern. Diese werden dann oft von israelischen Bulldozern wieder eingerissen – ein klares Beispiel für einseitig diskriminierende strukturelle Gewalt.

Als Vergeltung auf die Räumung eines illegalen Außenpostens steckten jüdische Siedler rund 400 Olivenbäume palästinensischer Bauern in Brand; RHR konnte dies zwar nicht verhindern, aber zumindest dokumentieren und bekannt machen (Oktober 2013)

Palästinensische Bauern leiden in besonderer Weise unter Übergriffen radikaler israelischer Siedler, die bspw. die lebenswichtige Olivenernte zerstören oder den Zugang zu ihren Feldern verhindern. Zwar ist dieses Verhalten auch vor israelischen Gerichten gesetzeswidrig, doch genießt die Siedlerbewegung großen Rückhalt in der Bevölkerung und lässt sich von (oft milden) Gerichtsurteilen nicht bremsen.

DIE MENSCHENRECHTSSITUATION

In solch einem Konflikt treten immer wieder Verstöße gegen die Menschenrechte auf. Während der kämpferischen Auseinandersetzungen kommt es zur Verletzung und Tötung unschuldiger Zivilisten. Palästinensischen Raketenangriffen und Selbstmordattentaten fallen Unbeteiligte zum Opfer. Auch liegen die Munitionslager oder Gefechtsstützpunkte palästinensischer Gruppen oft bewusst in dicht besiedelten Gebieten, sodass sie die eigene Bevölkerung als menschliche Schutzschilde gegen israelische Militärangriffe missbrauchen. Umfassender fallen allerdings die Menschrechtsverletzungen aus, die von israelischer Seite – als der militärisch stärkeren Konfliktpartei – verübt werden:

RHR setzt sich auch für die Rechte der Beduinen ein, hier bei dem Versuch, die Zerstörung eines Beduinendorfs zu verhindern (Nov. 2013)

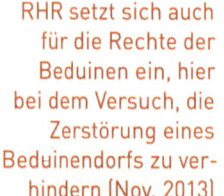

- Willkürliche Verhaftungen von Zivilisten und Angehörigen der palästinensischen Autonomiebehörde
- Gezielte Tötung verdächtiger Personen
- Zerstörung von Eigentum und Enteignungen
- Zerstörung oder Beeinträchtigung der Infrastruktur (z. B. durch die Sperranlage)
- Verweigerung einer ausreichenden Wasserversorgung

- Demütigende und diskriminierende Behandlung durch Militär und Behörden
- Einschränkung der Bewegungsfreiheit und des Rechts auf Freizügigkeit (im September 2007 wurden allein 572 Straßensperren der israelischen Armee im Westjordanland gezählt). Viele kommen dadurch nicht mehr zu ihren Arbeitsstätten oder Feldern (und haben also kein Einkommen), zu Bildungseinrichtungen oder in Krankenhäuser, zu religiösen und kulturellen Stätten; dies verletzt die sozialen, kulturellen und wirtschaftlichen Rechte der Palästinenser.

Viele rechtswidrige Maßnahmen gegen Palästinenser werden nicht verfolgt, die Ermittlungen sind schleppend und werden oft erst aufgenommen, wenn Menschenrechtsgruppen oder Medien Druck ausüben.

DIE RABBINER FÜR MENSCHENRECHTE

Eine dieser Menschenrechtsgruppen sind die Rabbis for Human Rights (RHR), eine seit 1988 bestehende Vereinigung von Rabbinern und Studierenden. Obwohl sie aus den unterschiedlichsten religiösen Strömungen des Judentums kommen – Orthodoxe, Konservative und Reformer –, vereint sie alle der Glaube an die tiefe Verwurzelung der Menschenrechte im Judentum.

RHR versteht sich selbst als das religiöse Gewissen des Landes und tritt unvoreingenommen für die Menschenrechte aller dort Lebenden ein, egal ob Jude, Muslim oder Christ, egal ob Israeli oder Araber. Dabei setzen sie sich nicht nur für die Belange der Palästinenser ein, sondern streiten auch für die Rechte von Minderheiten in der israelischen Gesellschaft, etwa von Arbeitslosen oder ausländischen Arbeitskräften, ebenso für die Gleichberechtigung von Mann und Frau, für günstigen öffentlichen Wohnraum oder eine gute staatliche Gesundheitsversorgung für alle. Dies geschieht im Wesentlichen auf drei Arten:

RHR-Seminar zu Menschenrechten im Rahmen eines vormilitärischen Freiwilligenprogramms für junge Israelis

Mit Bildungsprogrammen, Seminaren, Vorträgen und öffentlichen Veranstaltungen klären sie – auf israelischer wie palästinensischer Seite – über die Werte und Wurzeln des Judentums auf. Damit artikulieren sie eine Gegenstimme zu den nationalistischen und religiös-fundamentalistischen Ansichten, deren extremste Ausformungen die radikale Siedlerbewegung vertritt.

Unsere ständige Präsenz in den Einsatzgebieten und die sofortige Reaktion ist und bleibt die wirksamste Methode bei Rechtsverletzungen bezüglich Grund und Boden.

RHR Jahresbericht 2012/13

Zugleich wecken und stärken sie die gesellschaftliche Sensibilität für staatliches Unrecht.

Durch nationale wie internationale Lobbyarbeit versuchen sie, Druck auf die Politik auszuüben bzw. Öffentlichkeit und Medien auf Missstände aufmerksam zu machen. Durch Pressemitteilungen, regelmäßige Berichte oder eigene Internet-Berichterstattung geben sie den Schwachen der Gesellschaft eine Stimme, die nicht überhört werden kann. Mit Hilfe sogenannter Empowerment-Programme (bspw. im gewaltlosen Umgang mit Konflikten) bemühen sie sich außerdem um nachhaltige Veränderungen in der Zivilgesellschaft, indem sie die Betroffenen befähigen, effektiver für ihre Rechte einzutreten.

Durch aktives Engagement und lokale Kampagnen setzen sie sich in konkreten Fällen für Recht und Gerechtigkeit sowie für eine menschenwürdige Behandlung von Palästinensern, Armen oder Randgruppen ein. Mit der Unterstützung von hunderten Freiwilligen veranstalten sie Demonstrationen, Sitzblockaden oder stellen sich vor Bulldozer, um den Abriss palästinensischer Häuser zu verhindern. Sie helfen Bauern, ihre Olivenfelder zu erreichen, schützen sie vor militanten Siedlern oder bepflanzen verwüstete Felder wieder. Sie klagen vor Gericht gegen unverhältnismäßige Militär- oder Polizeiaktionen, Enteignung durch illegale Siedlungsexpansionen oder diskriminierende Gesetze.

Rabbi Arik Ascherman, RHR-Vorsitzender, wird nach einem gewaltlosen Protest gegen illegale jüdische Siedlungen von der Polizei weggetragen, später vor Gericht gestellt und verurteilt (Juni 2001)

Besonderes Aufsehen erregte RHR 2006, als sie durch ihre Proteste verhinderten, dass die Sperrmauer mitten durch das Dorf Sheikh Saʿad gebaut wurde.

Doch bei allem humanitären und politischen Einsatz vergessen die Aktivisten von RHR nie ihre religiösen Wurzeln und Werte. Diese sind nicht nur Motivation für ihr Handeln, sondern prägen auch die Art und Weise des – stets strikt gewaltlosen – Vorgehens. Damit ist RHR nicht nur eine Menschenrechtsorganisation, sondern zugleich ein wichtiger Akteur im interreligiösen

Dialog. Diese Arbeit hat RHR in Israel und mehr noch international großes Ansehen und mehrere Auszeichnungen verschafft,

> Wir nennen das Prinzip, die Welt ein bisschen besser,
> ein wenig humaner zu gestalten, ›Tikkun Olam‹.
> Das ist die Essenz des Judentums und mein Lebensmotiv.
> *Rabbi Arik Ascherman, RHR-Vorsitzender, zitiert nach Bubis 2006*

unter anderem den renommierten Niwano-Friedenspreis im Jahr 2006. Wichtiger aber ist, dass die Rabbiner für Menschenrechte inzwischen eine der besten und verlässlichsten Informationsquellen über Menschenrechtsverletzungen und illegale Aktionen von Militär oder Siedlern in Israel und den besetzten Gebieten sind.

Von RHR organisierte Hilfe bei der Olivenernte zum Schutz von Menschen und Ernte vor Angriffen von Siedlern

WEITERFÜHRENDE INFORMATIONEN:

- Die Rabbis for Human Rights stellen sich, ihre Arbeit und aktuelle Menschenrechtsprobleme im Internet vor: http://rhr.org.il/eng.
- Die Bundeszentrale für Politische Bildung bietet neben zahlreichen Publikationen auch im Internet eine ausführliche Darstellung der Geschichte Israels und des Nahostkonflikts: www.bpb.de/internationales/asien/israel/.
- Fundierte Information über den Nahostkonflikt durch Veranstaltungen und Publikationen leistet auch der Deutsch-Israelische Arbeitskreis für Frieden in Nahen Osten e.V. DIAK: www.diak.org.
- Ein differenziertes Bild der vielschichtigen Siedlerbewegung findet sich bei Steffen Hagemann: Die Siedlerbewegung. Fundamentalismus in Israel (Schwalbach/Ts. 2010).

QUELLEN:

Amnesty International 2007: Jahresbericht 2007. Israel und die besetzten Gebiete. URL: www.amnesty.de/umleitung/2007/deu03/053?lang=de%26mimetype%3dtext%2fhtml (Rev. 27.1.2014).

Amnesty International 2010: Amnesty Report 2010. Israel und die besetzten Gebiete. URL: www.amnesty.de/jahresbericht/2010/israel-und-besetzte-gebiete?destination=node%2F2939%3Fpage%3D1 (Rev. 27.1.2014).

Baumgart-Ochse, Claudia 2010: Die politisierte Religion der jüdischen Siedler. In: Ansorge, Dirk (Hg.): Der Nahostkonflikt. Politische, religiöse und theologische Dimensionen. Stuttgart: Kohlhammer, S. 29–39.

Bubis, Naomi 2006: Der Rabbi. In: Greenpeace Magazin (Nr. 5.06). URL: www.greenpeace-magazin.de/index.php?id=2737 (Rev. 27.1.2014).

Bundeszentrale für politische Bildung (Hg.) 2008: Dossier Israel. URL: www.bpb.de/internationales/asien/israel/ (Rev. 27.1.2014).

Haaretz-online vom 3.10.2008: Settlers clash with rabbis guarding Palestinian olive harvest near Hebron. URL: www.haaretz.com/news/settlers-clash-with-rabbis-guarding-palestinian-olive-harvest-near-hebron-1.254901 (Rev. 27.1.2014).

Rabbis for Human Rights o. J.: URL: http://rhr.org.il/eng (Rev. 27.1.2014).

Rabbis for Human Rights 2013: Jahresbericht 2012/2013. URL: http://rhr.org.il/eng/2013/08/the-annual-report-2012-2013-of-rabbis-for-human-rights/ (Rev. 27.1.2014).

Weingardt, Markus 2002: Deutsche Israel- und Nahostpolitik. Die Geschichte einer Gratwanderung seit 1949. Frankfurt a. M.: Campus.

11. VERSÖHNUNGSARBEIT

11.1 METHODE

Versöhnungsarbeit stellt ein wesentliches Instrument in Nach-Konflikt-Gesellschaften dar, um einen zunächst negativen Frieden in einen positiven zu transformieren und ein Wiederaufflammen des Konflikts dauerhaft zu verhindern. Voraussetzung für wirkliche und wirksame Versöhnung zwischen ehemals verfeindeten Gruppen ist Empathie, also die Bereitschaft und Fähigkeit, sich in die Situation der jeweils anderen Seite hineinzuversetzen, um sie zu verstehen. Dieses Verständnis kann zugleich den Blick auf eigenes (Fehl-)Verhalten schärfen. Wenn Unrecht, zugefügte Verletzungen und eigene Schuld erkannt werden, kann auch eine Entschuldigung erfolgen und schließlich Versöhnung geschehen. Versöhnung ist also ein Prozess, der Empathie und Schulderkenntnis auf beiden Seiten erfordert und fördert. Dieser Prozess kann von Konfliktgegnern oft nicht aus eigener Kraft geleistet werden, sondern bedarf professioneller externer Unterstützung. Als erfolgreich kann der Versöhnungsprozess dann angesehen werden, wenn die Opfer ihren Peinigern vergeben und in Zukunft sogar Zusammenarbeit möglich ist.

Imam Muhammad Ashafa und Pastor James Movel Wuye, einst erbitterte Feinde in Nigeria, heute Leiter eines gemeinsamen Mediationszentrums und mehrfach ausgezeichnete Friedensarbeiter

DIE IDEE

Nach dem Zusammenbruch eines Unrechtregimes oder nach Beilegung eines bewaffneten Konflikts stellt sich zumeist die Frage, wie mit der Vergangenheit umzugehen ist. Wie soll eine gemeinsame Zukunft ohne Rache oder ständiges Misstrauen dem vormaligen Feind gegenüber funktionieren? Wie kann verhindert werden, dass sich die Schrecken der Vergangenheit wiederholen oder altes Unrecht von neuem Unrecht abgelöst wird? Eine Möglichkeit wäre eine Generalamnestie. Das würde jedoch die Täterseite begünstigen; sie kann die frühere Gegnerschaft und Ungerechtigkeit nicht aus der Welt schaffen, wäre eher ein Schlag ins Gesicht der Opfer. Eine andere Möglichkeit wäre eine Entschädigung der Opfer. Sie kann vielleicht einen gewissen materiellen Ausgleich schaffen, doch psychische wie körperliche Verletzungen können damit nicht ungeschehen gemacht werden – der Graben zwischen Tätern und Opfern bleibt bestehen.

Versöhnungsarbeit als Methode konstruktiver Konfliktbearbeitung ist hingegen bemüht, alle Betroffenen eines Konflikts einzubeziehen. Sie ist also nicht alleine auf die Bearbeitung der dem Konflikt zugrunde liegenden Probleme gerichtet, sondern versucht, das Verhältnis der Kontrahenten zu transformieren: von Hass und Feindschaft hin zu Akzeptanz und – im besten Fall – Freundschaft. Versöhnungsarbeit folgt also einem umfassenden Ansatz, der über die Fragen nach Schuld und Entschädigung hinaus zu einem – innergesellschaftlichen oder zwischenstaatlichen – harmonischen Miteinander der einstigen Gegner führen soll, also einen positiven, gerechten und stabilen Frieden zum Ziel hat.

PRÄMISSEN

Der mennonitische Friedensforscher und Konfliktvermittler John Paul Lederach nennt drei Prämissen für einen nachhaltigen Versöhnungsprozess:

1. Zunächst darf es nicht darum gehen, den Kontakt zwischen den einstigen Konfliktgegnern zu unterbinden oder sie auseinanderzuhalten. Vielmehr müssen Strukturen etabliert werden, die beide auf ›mitmenschliche Beziehungen‹ verpflichten.

2. Da Versöhnung – anders als etwa das Urteil eines Kriegsverbrechertribunals – auf einem gemeinsamen Bemühen der ehemaligen Kontrahenten basiert, muss zwischen den Parteien ein Austausch stattfinden, bei dem sie ihre jeweilige eigene Schuld benennen und bekennen.

3. Für gelingende Versöhnung bedarf es vier zentraler Elemente: Wahrheit führt zur gegenseitigen Anerkennung der Missetaten und des erlebten bzw. verübten Leids. Sie muss einhergehen mit Vergebung, die das Bedürfnis und die Bereitschaft zu einem Neuanfang ausdrückt. Gerechtigkeit steht für Entschädi-

gung erlittenen Unrechts und gesellschaftliche Restrukturie-
rung. Sie hängt zusammen mit Frieden im Sinne von existenti-
eller Sicherheit und Schutz vor zukünftiger Gewalt.

Versöhnung ist also ein Prozess, der ein hohes Maß an Interak-
tion, aber auch an Geduld und gutem Willen der am Konflikt beteiligten Personen und Parteien erfordert. Entsprechend hoch
sind auch die Anforderungen an die ›Versöhnungsstifter‹. Die
Stärke von gelingenden Versöhnungs-
prozessen liegt in ihrer Nachhaltigkeit.
Anders als etwa juristische Strategien
der Konflikt- oder Vergangenheits-Auf-
arbeitung wird hier auf Druck, Zwang
und Gewalt verzichtet. Versöhnung unter
Druck ist ein Widerspruch in sich. Ebenso ist Zwang in der Konfliktbearbeitung
destruktiv und oftmals Anlass für neue
Konflikte oder ein Wiederaufflammen
von Gewalt. Im Idealfall eines erfolgreichen Versöhnungsprozesses wagen die
Konfliktbetroffenen einen gemeinsamen
Neubeginn – sowohl in ihren Beziehun-
gen als auch im Blick auf das Land oder die Gesellschaft, in der
sie zusammen leben.

Versöhnung nach John Paul Lederach

WAHRHEIT

VERGEBUNG

VERSÖHNUNG

GERECHTIG-
KEIT

FRIEDEN

Deutsch-französischer
Soldatenfriedhof für
die Gefallenen des
Ersten und Zweiten
Weltkrieges in
Guebviller, Elsass/
Frankreich

WEITERFÜHRENDE INFORMATIONEN:

- Die deutsche Sektion des 1914 gegründeten Internationalen Versöhnungsbundes stellt sich mit vielfältigen weiterführenden Hinweisen auf ihrer Homepage dar: www.versoehnungsbund.de
- Eine umfassende Einführung in die Thematik, illustriert an Praxisbeispielen aus Bosnien-Herzegowina, bietet das Werk von Stephanie van de Loo: Versöhnungsarbeit. Kriterien – theologischer Rahmen – Praxisperspektiven (Stuttgart 2009).

QUELLEN:

Gutierrez, Juan 1999: Friedens- und Versöhnungsarbeit. Konzepte und Praxis. In: Calließ, Jörg (Hg.): Agenda für den Frieden: Versöhnung. Loccumer Protokolle 55/98, Loccum: Evang. Akademie Loccum, S. 152–196.

Hoppe, Thomas 2004: Erinnerung, Gerechtigkeit und Versöhnung. Zum Umgang mit belasteter Vergangenheit in Post-Konflikt-Gesellschaften. In: Calließ, Jörg / Weller, Christoph (Hg.): Friedenstheorie: Fragen, Ansätze, Möglichkeiten. 2. überarb. Auflage. Loccumer Protokolle 31/03. Loccum: Evang. Akademie Loccum, S. 237–267.

Lederach, John Paul 1999: The Journey toward Reconciliation. Scottsdale: Herald Press.

Murphy, Colleen 2010: A Moral Theory of Political Reconciliation. Cambridge (UK): Cambridge University Press.

Schrader, Lutz 2012: Versöhnung. URL: www.bpb.de/internationales/weltweit/innerstaatliche-konflikte/54748/versoehnung (Rev. 30. 1. 2014).

Voß, Reinhard (Hg.) 1999: Versöhnungsprozesse und Gewaltfreiheit. Idstein: Meinhardt Verlag.

11.2 DEUTSCHLAND: AKTION SÜHNEZEICHEN FRIEDENSDIENSTE

»Wir Deutschen haben den Zweiten Weltkrieg begonnen und damit mehr als andere unmessbares Leiden der Menschheit verschuldet. Deutsche haben in frevlerischem Aufstand gegen Gott Millionen von Juden umgebracht. Wer von uns Überlebenden das nicht gewollt hat, der hat nicht genug getan, es zu verhindern. Wir haben vornehmlich darum noch immer keinen Frieden, weil zu wenig Versöhnung ist (...).« (zitiert nach ASF o. J.)

Mit diesen Worten ruft Lothar Kreyssig die Synode der Evangelischen Kirche in Deutschland im Jahr 1958 zur Gründung der Aktion Sühnezeichen auf (später umbenannt in Aktion Sühnezeichen Friedensdienste ASF). Er mahnt dazu, Polen, Israel und Russland um Vergebung für all die Grausamkeiten zu bitten, die ihnen während des NS-Regimes angetan wurden.

HINTERGRUND

Bereits 1954, auf dem Evangelischen Kirchentag in Leipzig, formuliert Kreyssig einen ähnlichen Aufruf, findet aber kaum Gehör. Zu dieser Zeit verschließen die Menschen in Deutschland – und auch in den Kirchen – ihre Augen vor der Schuld, die sie während der Nazi-Herrschaft auf sich geladen haben. Kreyssig, Jurist und Widerstandskämpfer im Dritten Reich, sowie einige Mitstreiter wie die Theologen Martin Niemöller und Franz von Hammerstein oder der spätere Bundespräsident Gustav Heinemann, bringen nun aber das Versagen der protestantischen Kirche zur Sprache. Sie decken den jahrhundertelang praktizierten Antijudaismus und Antisemitismus auf und kritisieren das Desinteresse der Kirche an den Schicksalen der Opfer und Hinterbliebenen.

Im Jahr 1958 wird Kreyssigs Drängen auf Buße und Umkehr gehört und die Aktion Sühnezeichen ins Leben gerufen, um »der Selbstrechtfertigung, der Bitterkeit und dem Hass eine Kraft entgegenzusetzen« (ASF o. J.). Was sie aussprechen, ist kein großzügiges Hilfsangebot, sondern die demütige Bitte, helfen zu

Dr. Lothar Kreyssig, Initiator der Aktion Sühnezeichen Friedensdienste

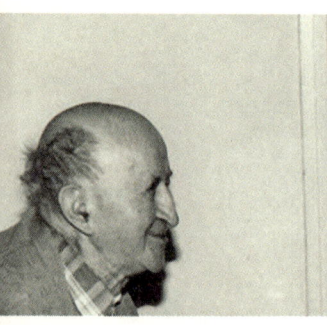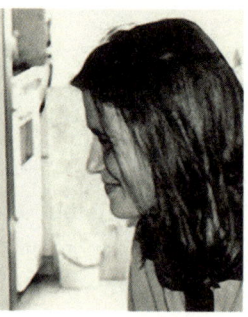

ASF-Freiwillige besuchen und unterstützen seit 1961 Überlebende der Schoa in Israel

dürfen. ASF bekennt sich zur Schuld und nimmt diese an, ohne im Gegenzug Vergebung einzufordern.

Als gesamtdeutsche Aktion gegründet, teilen sich mit dem Bau der Berliner Mauer (1961) zwar die Organisationsstrukturen und die Arbeitsschwerpunkte, doch nicht die Ziele.

DIE ARBEIT IN DER BRD

Das Engagement der westdeutschen ASF beginnt 1959 mit Einsätzen in den Niederlanden und in Norwegen, wo junge Freiwillige beim Bau einer Feriensiedlung, einer Sozialakademie, einer Kirche und eines Behindertenheims helfen. Schnell weitet sich die Freiwilligenarbeit aus: Es folgt die Mitwirkung bei der Errichtung der Versöhnungskirche von Taizé, einer Synagoge im französischen Villeurbanne, eines Kindergartens in Skopje, einer Bewässerungsanlage auf Kreta und einer Begegnungsstätte in Coventry. Nach dem Abschluss des Eichmann-Prozesses beginnt 1961 auch die Zusammenarbeit mit Israel. 1967 werden die ersten Freiwilligen nach Polen entsandt, um in den Gedenkstätten ehemaliger Konzentrationslager mitzuarbeiten. 1968 reisen ASF-Aktivisten auf Einladung von US-amerikanischen

Der Begriff Sühnezeichen steht für die zeichenhafte Übernahme von Verantwortung für die Folgen des Nationalsozialismus. Die nationalsozialistischen Verbrechen sind nicht ungeschehen und auch nicht wieder gut zu machen. Doch durch konkretes Handeln kann ein Prozess der Versöhnung in Gang gesetzt werden.

ASF o.J.

Friedenskirchen sogar in die USA. Auch wenn sich mit der Zeit der Schwerpunkt von Bauarbeiten zu sozialem Engagement verlagert, bleibt der Ansatz doch deutlich erkennbar: Versöhnung praktizieren durch gemeinnütziges Engagement.

DIE ARBEIT IN DER DDR

Etwa zur selben Zeit beginnt die Sühnezeichenarbeit in der DDR mit der Organisation von Sommerlagern für Jugendliche. Eine der am schwersten zerstörten Städte der DDR ist Magdeburg und so nehmen zwei Jugendgruppen unter ökumenischer Leitung die Aufräumarbeiten an den Magdeburger Kirchen auf. Denn, so erklärt der evangelische Diakon Christian Schmidt, »Sühnezeichen wollte auch einen Neuanfang zwischen den entzweiten Kirchen versuchen und anbieten« (zitiert nach ASF o. J.).

Obwohl das Freiwilligenengagement von den Behörden der DDR erheblich erschwert wird, kann Aktion Sühnezeichen in den Jahren 1965 und 1966 Freiwillige nach Polen entsenden, wo sie in Majdanek, Stutthoff, Großrosen, Breslau und Auschwitz – Standorte ehemaliger nationalsozialistischer Konzentrations- und Vernichtungslager – ihre Versöhnungsarbeit aufnehmen. So legen sie in Auschwitz bspw. die Fundamente der Gaskammern des einstigen Vernichtungslagers frei, in dem rund 1,5 Millionen Menschen umgebracht worden waren. Zur gleichen Zeit werden auch zwei Gruppen in Lidice und Terezin/Theresienstadt (beides heute Tschechische Republik) aktiv. Nach der Lockerung der Ein- und Ausreisebestimmungen wird endlich der lang angestrebte internationale Jugendaustausch zwischen Deutschen, Polen und Tschechoslowaken realisiert. In den siebziger und achtziger Jahren dehnt sich das Arbeitsfeld noch weiter aus: Freiwillige machen sich in Buchenwald, Sachsenhausen und Ravensbrück für das innerdeutsche Gedenken an die Opfer des Nationalsozialismus stark und stellen zudem verwüstete jüdische Friedhöfe in der ganzen DDR wieder her.

ASF-Freiwillige pflegen den alten jüdischen Friedhof in Loštice, Tschechien

WIEDERVEREINIGUNG

Seit der Wiedervereinigung sind diese Einsätze auf weitere Länder ausgedehnt und auch zeitlich erweitert worden. Seit 1991 sind viele Langzeitfreiwillige in Russland, der Tschechischen Republik, Israel, Polen, Weißrussland, Norwegen, den Niederlanden, Belgien, Frankreich, Großbritannien und den USA im Einsatz. Die Internationalisierung aber funktioniert auch umgekehrt. So können inzwischen Jugendliche aus aller Welt in Projekten in Deutschland

mitarbeiten, die dem Gedenken an die Opfer des NS-Regimes gewidmet sind.

Heute haben Freiwillige die Möglichkeit, sich in vier Arbeitsbereichen einzubringen: Sie können mit älteren Menschen, mit Menschen mit Behinderungen, mit sozial Benachteiligten oder in der historisch-politischen Bildung arbeiten. Jeder dieser Programmbereiche bietet eine Vielzahl unterschiedlicher Projekte, in denen sich jährlich ca. 180 junge (und auch manche ältere) Freiwillige engagieren. Hinzu kommen jedes Jahr rund 20 Sommerlager in verschiedenen Ländern, in denen internationale Gruppen für 2–3 Wochen in konkreten Projekten mitarbeiten.

ASF baut Brücken zwischen Ländern und Generationen

BOTSCHAFT

Das Signal von ASF ist sichtbar und erlebbar: Wir – junge Deutsche – wollen durch aktives Tun und durch den Dialog lernen. Ein gleichberechtigter Austausch zwischen den Menschen und Kulturen soll die Wirkung der Vergangenheit aufnehmen und sich mit dieser auseinandersetzen. Was sich zwar im Laufe der Jahrzehnte von einer direkten Mitschuld an den Verbrechen der Naziherrschaft zu einer historischen Schuld gewandelt hat, bedarf gleichbleibend der Versöhnung. Für manche Überlebende der Schoah (Holocaust) ist das Zusammentreffen mit Freiwilligen der Aktion Sühnezei-

Ohne die Versöhnungsarbeit der vielen Freiwilligen von ASF stünde die ›große Politik‹ auf schwachem Grund.
ASF hält die Erinnerung an die Verbrechen des Nationalsozialismus nicht durch leere Gesten und Rituale wach, sondern durch Engagement und Förderung von aktiver und lernender Mitarbeit.
Katrin Göring-Eckardt MdB, damalige Präses der Synode der Evang. Kirche in Deutschland; zitiert nach ASF o. J.

chen Friedensdienste auch heute noch die erste Begegnung mit Deutschen seit dem Krieg. Ihr Leiden an den Wunden der Vergangenheit lässt die bleibende Notwendigkeit von Versöhnung spürbar werden.

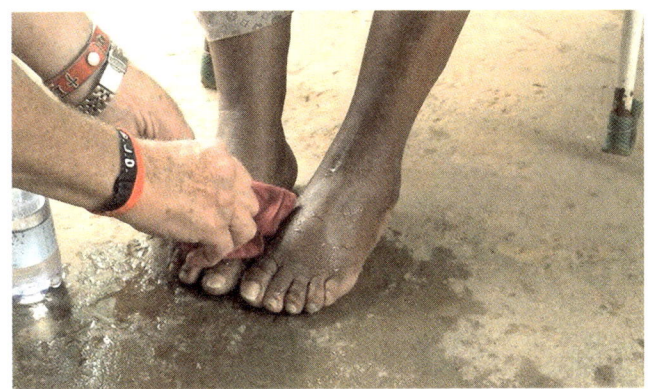

WEITERE INFORMATIONEN

- ASF stellt sich und ihre Arbeit auf der eigenen Homepage vor; Interessierte an einem freiwilligen Einsatz im In- und Ausland werden hier fündig: www.asf-ev.de.
- Kleine Impressionen bieten auch diverse Kurzfilme über die ASF-Arbeit auf deren Homepage, bspw. über ein ASF-Sommercamp in Polen im Jahr 2010: www.youtube.com/watch?v=p01j19Syo0s (Rev. 30.1.2014).
- Eine spannende Biografie von Lothar Kreyssig hat Konrad Weiß verfasst: Lothar Kreyssig: Prophet der Versöhnung. Gerlingen (1998).

QUELLEN:

ASF Aktion Sühnezeichen Friedensdienst e. V. o. J.: Offizielle Website. URL: www.asf-ev.de (Rev. 30.1.2014).

Brinkel, Wolfgang (Hg.) 1985: Begegnungen. Texte zu Frieden und Versöhnung. Berlin: Aktion Sühnezeichen/Friedensdienste.

Friedenszentrum Martin Niemöller Haus e. V. o. J.: Ausstellung »Unterwegs zur mündigen Gemeinde. Die Evangelische Kirche im Nationalsozialismus am Beispiel der Gemeinde Dahlem«. (Hier: Tafel 39 + 40) URL: www.niemoeller-haus-ausstellung.de/ (Rev. 19.12.2013).

Weiß, Konrad 1998: Lothar Kreyssig: Prophet der Versöhnung. Gerlingen: Bleicher-Verlag.

11.3 SÜDAFRIKA: DESMOND TUTU UND DIE WAHR-HEITS- UND VERSÖHNUNGSKOMMISSION

Wahrheits- und Versöhnungskommissionen sind in der Regel ein Instrument der ›Transitional Justice‹ (›Übergangsgerechtigkeit‹). Ihr Anliegen ist, die Vergangenheit und Geschichte eines bewaffneten Konflikts oder eines repressiven Regimes – wie hier im Falle Südafrikas – aufzuarbeiten und damit einen konstruktiven Weg in eine friedliche und sichere Zukunft zu ebnen. Die Kommissionen sind zeitlich begrenzt und klären die begangenen Verbrechen primär durch Anhörung von Zeugen auf. So soll die Wahrheit auf den Tisch kommen – in der Hoffnung und mit dem Ziel, dass dann auch Schuldbekenntnisse und Reue möglich werden und dies schließlich zur Versöhnung aller am Konflikt Beteiligten beiträgt.

HINTERGRUND

Bis Anfang der 1990er-Jahre ist Südafrika ein rassistischer Apartheid-Staat: Die schwarze und farbige Bevölkerungsmehrheit wird von einer kleinen weißen Minderheit (ca. 10 %) diskriminiert, unterdrückt, ausgebeutet, in ihren Menschen- und Bürgerrechten radikal beschnitten, von der politischen Mitwirkung ausgeschlossen und, wo sich Widerstand regt, brutal verfolgt.

F. W. de Klerk, Präsident von Südafrika 1989–1994, und sein Nachfolger Nelson Mandela

Mitte der 1980er-Jahre gerät das Land durch wachsenden, teilweise gewaltsamen Widerstand und internationale Wirtschaftssanktionen zunehmend unter Druck. Zögerlichen Reformen folgt schließlich der komplette Systemwandel. 1994 wird der einstige Widerstandsführer Nelson Mandela zum Präsidenten gewählt, nachdem er 27 Jahre (bis 1990) in politischer Haft gehalten worden war. Seine radikale, fast übermenschliche Vergebungs- und Versöhnungsbereitschaft gegenüber den Weißen, seinen einstigen Peinigern, ist die entscheidende Voraussetzung, dass nach der Apartheid nicht Rache und (gewaltsame) Vergeltung geübt werden.

Ohne Mandelas eindeutig gewaltlose Haltung und Politik wäre die Überwindung der Rassentrennung in Südafrika kaum so friedlich gelungen.

> Die Länder Europas haben Jahrhunderte gebraucht, um ihre Demokratie zu entwickeln. Wir hatten gerade einmal 14 Jahre seit dem Ende der Apartheid! Und wir hatten davor 300 Jahre eine Gesellschaft, die auf Rassentrennung beruhte.
>
> *Desmond Tutu, zit. nach Stern Nr. 28/2008, S. 52*

DIE ÜBERGANGSPHASE

Zwischen 1990 und 1994 stellt sich die schwierige Aufgabe, den Übergang von Rassismus und Gewalt zu einer friedlichen Demokratie zu gestalten – ohne Gewalteskalationen, Racheakte oder eine gänzlich zerrissene Gesellschaft zu riskieren. Besondere Bedeutung kommt – wie schon in den Vorjahren – dem South African Council of Churches (SACC, Südafrikanischer Kirchenrat) zu. Er vermittelt nicht nur zwischen weißer Regierung und schwarzer Opposition, sondern – mit Erfolg – auch zwischen rivalisierenden Oppositionsgruppen, insbesondere dem African National Congress (ANC) von Nelson Mandela und der Inkatha Freedom Party. Eine herausgehobene Rolle kommt dabei Desmond Tutu zu. Als SACC-Generalsekretär war er bereits 1984 mit dem Friedensnobelpreis für seinen gewaltlosen Widerstand geehrt worden. 1986 wird er zum Erzbischof von Kapstadt ernannt und ist damit der erste Schwarze im Amt des Oberhauptes der südafrikanischen Anglikaner.

Im Zuge der Verfassungsgebung wird auf das von Präsident Mandela und Bischof Tutu gleichermaßen propagierte Prinzip der Versöhnung zurückgegriffen. Dies wird als ein guter Weg erachtet, einerseits die Leiden der nicht-weißen Bevölkerung anzuerkennen und andererseits das gleichberechtigte und friedliche Zusammenleben aller Volksgruppen voranzutreiben.

Bischof Tutu bei einem vergeblichen Versuch, zu einem Gespräch mit Staatspräsident P. W. Botha (1984-1989) vorgelassen zu werden

BISCHOF DESMOND TUTU

Das prominenteste Mitglied und Vorsitzender der Wahrheits- und Versöhnungskommission war der anglikanische Erzbischof und Friedensnobelpreisträger Desmond Tutu. Schon zu Beginn der sechziger Jahre gab Tutu seinen damaligen Beruf als Lehrer aus Protest gegen die Vorgaben der Regierung auf, wonach schwarze Kinder eine schlechtere schulische Bildung erhalten sollten als weiße. Nach seinem Studium der anglikanischen Theologie in London kehrte er nach Südafrika zurück. Er kritisierte öffentlich das Unrechtsregime und machte international auf die Situation der nicht-weißen Bevölkerung in Südafrika aufmerksam. 1978 wurde er Generalsekretär des South African Council of Churches (SACC), 1985 zum Bischof von Johannesburg und ein Jahr später zum Erzbischof von Kapstadt ernannt. Obwohl die Anglikaner nur eine kleine Minderheit in Südafrika stellen, genießt Tutu große Aufmerksamkeit und Anerkennung bei den Nicht-Weißen.

In seiner Widerstandsarbeit ist Tutu von dem Prinzip der absoluten Gewaltlosigkeit und dem Wunsch nach Versöhnung geleitet. Allerdings vollzog sich in der Form des Gewaltlosen Widerstands über die Jahre ein gewisser Wandel, weg vom verbalen Protest hin zu Formen des aktiven zivilen Ungehorsams (z. B. Wehrdienstverweigerung oder Boykott von Mietzahlungen). Durch den Aufbau eines weltumspannenden Netzwerks von kirchlichen Akteuren gelang es Tutu, international breite kirchliche, zivilgesellschaftliche und politische Unterstützung für den Kampf gegen die Apartheid zu mobilisieren. Dies erhöhte stetig den Druck auf die weiße Regierung, bis sie ihm schließlich nicht mehr standhalten konnte und die Apartheid überwunden wurde.

IDEE

Diesem Anliegen folgend, wird 1995 eine Wahrheits- und Versöhnungskommission eingesetzt; sie arbeitet bis 1998. Zum
Vorsitzenden der Kommission wird Desmond Tutu ernannt. Aufgrund seiner Biografie, seines religiösen Amtes und vor allem
seines langjährigen Eintretens für Frieden und für das Wohl des
Landes genießt er höchstes Ansehen. Zu-
dem gilt er als mutig, unabhängig und unparteiisch – schwarze Politiker kritisiert
er ebenso wie zuvor die weiße Politik. Keiner in Südafrika steht glaubwürdiger für
das Bemühen um Versöhnung zwischen
allen Gruppen.

Anhörung vor der
Wahrheits-
und Versöhnungs-
kommission

Grundlage der Arbeit der Wahrheits- und
Versöhnungskommission ist der National Unity and Reconciliation Act (Gesetz
zur nationalen Einheit und Versöhnung) von 1995. Aus diesem
leitet sich der Auftrag ab, politisch motivierte Straftaten aufzu-
klären, die zwischen dem 1. März 1960 und dem 5. Dezember
1993 begangen wurden. Die Kommission umfasst drei Referate
mit insgesamt 17 Mitgliedern: a) das Komitee für die Aufklärung
der Verbrechen während der Apartheid, b) das Komitee für die
Entschädigung der Opfer, und c) das Komitee für die Gewährung
einer Amnestie für Täter.

> Wir werden eine Gesellschaft errichten,
> in der alle Südafrikaner, schwarze und weiße,
> aufrecht gehen können, ohne Angst in ihren Herzen,
> in der Gewissheit ihres unveräußerlichen Rechtes
> der Menschenwürde – eine Regenbogennation
> im Frieden mit sich selbst und mit der ganzen Welt.
> *Nelson Mandela bei seiner Amtseinführung als Präsident am 10.5.1994*

Jeder, der sich während der Apartheid aus politischen Motiven
strafbar gemacht hat, kann vor der Kommission vorsprechen.
Diese überprüft anhand von Zeugenaussagen den Wahrheitsge-
halt seines Geständnisses und gewährt unter bestimmten Bedingungen eine weitreichende Amnestie. Dies gilt sowohl für die
Schergen des weißen Apartheidregimes wie auch für ehemalige Widerstandskämpfer, deren Taten gleichermaßen untersucht

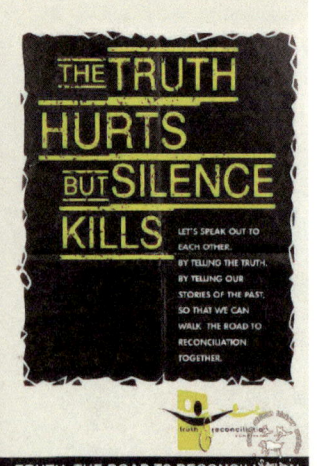

Mit solchen Plakaten wurde aufgerufen, an den Sitzungen der Wahrheits- und Versöhnungskommission teilzunehmen

werden. Ebenso können Opfer von Straftaten Aussagen machen und werden (nach Prüfung) aus der Staatskasse entschädigt.

Ein Versöhnungsprozess in einem Konflikt solcher Dimension war ein gewagtes Unternehmen, ein Versuch »to do what has not been done before« (Botman 2004). Die Kommission sollte Opfer und Täter an einen Tisch und ins Gespräch bringen, um so die Grundlage für eine ›Versöhnung durch Wahrheit und Entschädigung‹ zu schaffen: Den Tätern wurde Amnestie versprochen, wenn sie ihre Schuld anerkannten; die Opfer sollten vom Staat entschädigt werden. Diesem Ansatz liegt das Prinzip der ›Restorative Justice‹ (wiedergutmachende Gerechtigkeit) zugrunde: »Bei der Art von Gerechtigkeit (...) geht es anders als bei der Vergeltung nicht in erster Linie um Bestrafung. Strafe ist nicht das grundlegende Prinzip. ›Restorative Justice‹ legt großen Wert auf Heilung. (...) [Sie] betrachtet den Täter als Person, als Subjekt mit einem Sinn für Verantwortung und einem Sinn für Scham; er muss wieder in die Gemeinschaft eingegliedert werden und darf nicht aus ihr ausgeschlossen werden.« (Tutu 2006)

WIRKUNG

Es war von Anfang an klar, dass Vergangenheitsbewältigung und ›nationale Versöhnung‹ weder alleine noch abschließend von der Versöhnungskommission geleistet werden kann. Dennoch hat sie in ihrer relativ kurzen Arbeitsphase (bis Juli 1998) viel erreicht: Die Opfer wurden ernst genommen und gehört, Tausende konnten der Öffentlichkeit ihre Geschichte erzählen und erhielten materielle und psychologische Hilfe; zahllose

Wahre Versöhnung ist nie billig, weil sie auf Vergebung basiert, die teuer ist. Vergebung wiederum hängt ab von Reue, die auf der Anerkennung von falschem Handeln basiert, und damit auf der Enthüllung der Wahrheit.
Man kann nicht vergeben, was man nicht weiß.
Desmond Tutu anlässlich seiner Ernennung zum Vorsitzenden der Wahrheits- und Versöhnungskommission am 30.11.1995

Verbrechen wurden aufgeklärt oder erstmals bekannt; das Amnestieversprechen bewog viele, auch hochrangige Täter, sich zu äußern; dadurch wurden auch einige politisch Verantwortliche für die Verbrechen benannt, selbst wenn ihnen formaljuristisch keine Schuld nachgewiesen werden konnte; die Vergangenheit wurde als wichtiger Teil der eigenen Geschichte wahrgenommen und nicht verdrängt.

Ohne Vergebung kann es keine Zukunft in der Beziehung zwischen Individuen oder zwischen Nationen geben.

Desmond Tutu

Allerdings hatte die Arbeit der Kommission auch unbestreitbare Schwächen, die ihr zum Teil heftige Kritik eintrugen: Die Täter konnten nicht zur Reue oder Buße verpflichtet werden, wurden aber dennoch amnestiert, wenn bestimmte gesetzliche Voraussetzungen erfüllt waren; viele Verbrechen blieben ungeklärt; Opfer bekamen keine oder erst sehr spät eine Entschädigung u. a. m.

Insgesamt fallen die Urteile über die Kommissionsarbeit von Friedensforschern, politischen Beobachtern und Verantwortungsträgern innerhalb wie außerhalb Südafrikas ganz überwiegend positiv aus – daher auch die ›Nachahmung‹ des Modells in anderen Nach-Konflikt-Gesellschaften (zum Beispiel Peru, Ost-Timor, Serbien-Montenegro, Elfenbeinküste): Bürgerkriegsähnliche Auseinandersetzungen zwischen Weißen und Nicht-Weißen blieben aus, das politische, wirtschaftliche und alltägliche Leben brach nicht zusammen, die politische Lage hat sich auch nach Mandelas Rückzug aus der Politik (1999) als stabil erwiesen – kurzum: Die Wahrheits- und Versöhnungskommission unter dem Vorsitz von Erzbischof Tutu »hat einen drohenden Flächenbrand verhindert, der das

neue Südafrika (...) in kürzester Zeit hätte zunichte machen können, mit unabsehbaren Folgen für alle Bevölkerungsgruppen.« (Hohmann 2006)

WEITERFÜHRENDE INFORMATIONEN:

- Ausführliche Informationen (englisch) über die Arbeit der Wahrheits- und Versöhnungskommission finden sich auf deren noch bestehender homepage unter www.justice.gov.za/trc/ (Rev. 14.1.2014)
- Von seinen Erfahrungen und Erlebnissen als Mitglied der Kommission berichtet Desmond Tutu in seinem Buch: Keine Zukunft ohne Versöhnung (Düsseldorf 2001).
- Fundierte Informationen über Südafrika und den Versöhnungsprozess bietet die Länderseite der Gesellschaft für Internationale Zusammenarbeit GIZ (Autorin: Rita Schäfer) unter http://liportal.giz.de/suedafrika.html (Rev. 30.1.2014).

QUELLEN:

Allan, Alfred / Allan, Arietjie 2000: The South African Truth and Reconciliation Commission as a Therapeutic Tool. In: Behavioral Sciences & the Law, Nr. 18 (4)/2000, S. 459–477.

Arendt, Reinhard (Red.) 1998: Der Preis der Versöhnung. Südafrikas Auseinandersetzung mit der Wahrheitskommission (Medico-Report 21). Frankfurt a.M.: Medico International 1998.

Botman, H. Russell 2004: Truth and Reconciliation. The South Africa Case. In: Coward, Harold / Smith, Gordon S. (Hg.) 2004: Religion and Peacebuilding. Albany (NY): State University of New York Press, S. 243–260.

Gobodo-Madikizela, Pumla 2006: Angst vor dem Geruch von Blut. Interview in: Der Spiegel Nr. 19/2006. URL: www.spiegel.de/spiegel/print/d-46847803.html (Rev. 30.1.2014).

racismnoway o.J.: Archbishop Desmond Mpilo Tutu. URL: www.racismnoway.com.au/teaching-resources/factsheets/42.html (Rev. 30.1.2014).

Schäfer, Rita o.J.: Südafrika. URL: http://liportal.giz.de/suedafrika.html (Rev. 30.1.2014).

Tutu, Desmond 2006: Einzigartige Versöhnung in Südafrika. In: Süddeutsche Zeitung vom 19.01.2006, S. 2.

Weingardt, Markus 2010: RELIGION MACHT FRIEDEN. Das Friedenspotenzial von Religionen in politischen Gewaltkonflikten. Bonn: Bundeszentrale für politische Bildung, S. 336–348.

12. FORSCHUNG – BILDUNG – BEGEGNUNG: DAS PROJEKT WELTETHOS

KEIN FRIEDE ZWISCHEN DEN NATIONEN
OHNE FRIEDE ZWISCHEN DEN RELIGIONEN.

KEIN FRIEDE ZWISCHEN DEN RELIGIONEN
OHNE DIALOG ZWISCHEN DEN RELIGIONEN.

KEIN DIALOG ZWISCHEN DEN RELIGIONEN
OHNE GEMEINSAME, GLOBALE ETHISCHE STANDARDS.

KEIN ÜBERLEBEN UNSERES GLOBUS
OHNE EIN GLOBALES ETHOS, EIN WELTETHOS,
GEMEINSAM GETRAGEN VON RELIGIÖSEN
UND NICHTRELIGIÖSEN MENSCHEN.

HANS KÜNG

Das Projekt Weltethos ist ungewöhnlich. Es verfolgt den Frieden auf vielfältige Weise: durch Förderung des interreligiösen und interkulturellen Dialogs, durch Friedensbildung, durch interreligiöse Stellungnahmen, durch Begegnung, durch Öffentlichkeitsarbeit, nicht zuletzt durch wissenschaftliche Forschung und Erarbeitung hilfreicher Materialien u.a.m. Sie lässt sich daher nicht einer bestimmten Methode konstruktiver Konfliktbearbeitung zuordnen. Und da die Arbeit und Wirkung der Stiftung Weltethos weit über Deutschland hinausreicht, lässt sie sich auch nicht als national oder international kategorisieren. Daher sei dem Projekt Weltethos abschließend ein eigenes Kapitel gewidmet.

Wir reden normalerweise nicht von Weltethik,
weil es nicht um ein ethisches System, eine ethische Doktrin geht.
Wir reden von Ethos, das heißt von der Gesinnung, Werten
und Normen von Einzelnen und Gemeinschaften.

Hans Küng

DIE ERKLÄRUNG ZUM WELTETHOS

Die Idee eines allen Religionen, Kulturen und Völkern gemeinsamen Ethos findet sich in der uralten, zum Sprichwort gewordenen ›Golden Regel‹: »Was du nicht willst, das man dir tu' – das füg' auch keinem anderen zu!«

Die Erklärung
zum Weltethos liegt
inzwischen in
zahlreichen Sprachen
vor, hier Malaysisch
(Bahasa Malaysia)

Der Schweizer katholische Theologe Hans Küng hat den Gedanken eines weltweiten, globalen Ethos wieder aufgegriffen und ausgearbeitet. 1990 publiziert er seine Überlegungen zu einem ›Projekt Weltethos‹, deren Kern die oben genannten Grundannahmen darstellen.

Ein Jahr später wird Küng vom Rat des Parlaments der Weltreligionen gebeten, für das (nach 1893) zweite Parlament der Weltreligionen eine ›Erklärung zum Weltethos‹ vorzubereiten (vgl. Kap. 6 ›Dialog‹). Das ist keine leichte Aufgabe, gilt es doch, die Zustimmung von über 6.000 Vertretern aus rund 250 Religionsgemeinschaften und Organisationen zu gewinnen und überdies Formulierungen zu finden, die auch für nichtreligiöse Menschen akzeptabel wären. Im Verlauf von zwei Jahren und in Zusammenarbeit mit Dutzenden von Experten weltweit gelingt es Hans Küng tatsächlich, rechtzeitig zum Parlament der Weltreligionen von Chicago (28.8.–4.9.1993) einen konsensfähigen Entwurf vorzulegen.

Unter den zeitgenössischen Denkern, die überzeugt davon sind,
dass es tatsächlich einen großen, den Weltreligionen gemeinsamen
Bestand an ethischen Grundsätzen und Lehren gibt,
ragt Hans Küng hervor, dem ich viele Male begegnet bin.
Dieser katholische Priester hat, gemeinsam mit Gleichgesinnten aus
anderen Weltreligionen, in zäher ökumenischer Arbeit
den allen Religionen gemeinsamen moralischen Grundkanon
herausgefiltert und aufgeschrieben. (…)
Küngs ökumenisches Projekt hat mich von Anfang an begeistert.
Helmut Schmidt, Bundeskanzler a.D.

In dieser ›Erklärung zum Weltethos‹ verpflichten sich die Unterzeichner auf vier unverrückbare Weisungen (zitiert nach Parlament der Weltreligionen 1993):

**VERPFLICHTUNG AUF EINE KULTUR DER GEWALTLOSIGKEIT
UND DER EHRFURCHT VOR ALLEM LEBEN:**
»Jeder Mensch hat das Recht auf Leben, körperliche Unversehrtheit und freie Entfaltung der Persönlichkeit, soweit er nicht die Rechte anderer verletzt. Kein Mensch hat das Recht, einen anderen Menschen physisch oder psychisch zu quälen, zu verletzen, gar zu töten. Und kein Volk, kein Staat, keine Rasse, keine

Religion hat das Recht, eine andersartige und andersgläubige Minderheit zu diskriminieren, zu ›säubern‹, zu exilieren, gar zu liquidieren. Niemand täusche sich: Es gibt kein Überleben der Menschheit ohne Weltfrieden! Deshalb sollten schon junge Menschen in Familie und Schule lernen, dass Gewalt kein Mittel der Auseinandersetzung mit anderen sein darf. Nur so kann eine Kultur der Gewaltlosigkeit geschaffen werden.«

VERPFLICHTUNG AUF EINE KULTUR DER SOLIDARITÄT UND EINE GERECHTE WIRTSCHAFTSORDNUNG:

»Kein Mensch hat das Recht, einen anderen Menschen – in welcher Form auch immer – zu bestehlen oder sich an dessen Eigentum oder am Gemeinschaftseigentum zu vergreifen. Umgekehrt hat aber auch kein Mensch das Recht, sein Eigentum ohne Rücksicht auf die Bedürfnisse der Gesellschaft und der Erde zu gebrauchen. Niemand täusche sich: Es gibt keinen Weltfrieden ohne Weltgerechtigkeit! Deshalb sollten schon junge Menschen in Familie und Schule lernen, dass Eigentum, es sei noch so wenig, verpflichtet. Sein Gebrauch soll zugleich dem Wohl der Allgemeinheit dienen. Nur so kann eine gerechte Wirtschaftsordnung aufgebaut werden.«

VERPFLICHTUNG AUF EINE KULTUR DER TOLERANZ UND EIN LEBEN IN WAHRHAFTIGKEIT:

»Kein Mensch und keine Institution, kein Staat und auch keine Kirche oder Religionsgemeinschaft hat das Recht, den Menschen die Unwahrheit zu sagen. Deshalb sollten schon junge Menschen in Familie und Schule lernen, Wahrhaftigkeit in Denken, Reden und Tun einzuüben. Niemand täusche sich: Es gibt keine Weltgerechtigkeit ohne Wahrhaftigkeit und Menschlichkeit! Ohne eine ethische Grundorientierung freilich vermag er kaum, das Wichtige vom Unwichtigen zu unterscheiden. Bei der heutigen täglichen Flut von Informationen sind ethische Maßstäbe eine Hilfe, wenn Tatsachen verdreht, Interessen verschleiert, Tendenzen hofiert und Meinungen verabsolutiert werden.«

»Gibt es noch universelle Werte? Ja, es gibt sie, aber wir dürfen sie nicht für selbstverständlich erachten. Sie müssen durchdacht, verteidigt und gestärkt werden.« Kofi Annan, UNO-Generalsekretär 1997–2006 und Friedensnobelpreisträger, in seiner Weltethos-Rede 2003

VERPFLICHTUNG AUF EINE KULTUR DER GLEICHBERECHTIGUNG UND DER PARTNERSCHAFT VON MANN UND FRAU:

»Kein Mensch hat das Recht, einen anderen zum bloßen Objekt seiner Sexualität zu erniedrigen, ihn in sexuelle Abhängigkeit zu bringen oder zu halten. Niemand täusche sich: Es gibt keine wahre

Menschlichkeit ohne partnerschaftliches Zusammenleben! Deshalb sollten schon junge Menschen in Familie und Schule lernen, dass Sexualität grundsätzlich keine negativ-zerstörende oder ausbeuterische, sondern eine schöpferisch-gestaltende Kraft ist. Die Beziehung zwischen Mann und Frau sollte nicht durch Bevormundung oder Ausbeutung bestimmt sein, sondern durch Liebe, Partnerschaftlichkeit und Verlässlichkeit.«

KONSENS STATT KONFLIKT

Diese Weisungen sollen als Fundament für eine nachhaltige friedliche Entwicklung in der Welt dienen. Damit die Religionen aber einen Beitrag zum Frieden leisten können, sollten sie sich weniger auf das Unterscheidende und Trennende, sondern mehr auf das Gemeinsame und Verbindende besinnen. Das Projekt Weltethos strebt also keineswegs eine neue Religion, keine »Über-Religion« und auch keine »Religionsvermischung« (Synkretismus) an, ganz im Gegenteil dürfen und sollen alle Religionsgemeinschaften ihre jeweiligen Spezifika bewahren. Vielmehr beschreibt das »Weltethos« einen bereits bestehenden Grundkonsens von Werten und ethischen Maßstäben, der allen Religionsgemeinschaften gemeinsam ist. Vereinfacht lässt sich dieser Grundkonsens in der bereits erwähnten, weltweit bekannten ›Goldenen Regel‹ zusammenfassen: »Was du nicht willst, das man dir tu', das füg' auch keinem anderen zu!« Oder positiv: Was du willst, das man dir tut, das tue auch den Anderen!

Karl Konrad Graf von der Groeben und Hans Küng

DIE STIFTUNG WELTETHOS

1995 liest Karl Konrad Graf von der Groeben Küngs Buch »Projekt Weltethos« und ist sofort begeistert. Er beschließt, die Verbreitung der Weltethos-Idee zu fördern, indem er die Gründung einer Stiftung finanziell unterstützt.

Seit 1995 widmet sich die Stiftung Weltethos (Tübingen) der interkulturellen und interreligiösen Forschung, Bildung und Begegnung. Im Folgejahr entsteht auch in der Schweiz (Zürich) eine Stiftung Weltethos, der ebenfalls Hans Küng vorsteht. Als programmatische Grundlage dient nach wie vor die ›Erklärung zum Weltethos‹, doch die inhaltliche Weiterarbeit wie auch die praktische Umsetzung des Satzungsauftrages ist äußerst vielfältig:

Der Forschungsauftrag wird verwirklicht durch theologische, politikwissenschaftliche, ökonomische und religionswissenschaftliche Grundlagenforschung, insbesondere durch die Erstellung und Förderung wissenschaftlicher Publikationen im Sinne interkultureller, interreligiöser und interkonfessioneller Verständigung. Dazu zählen insbesondere die zahlreichen weiterführenden Schriften von Hans Küng – etwa ›Weltethos für Weltpolitik und Weltwirtschaft‹ – und den Mitarbeitern der Stiftung Weltethos, in denen die Weltethos-Thematik weiter ausgearbeitet und konkretisiert wird. Zudem werden Kooperationen mit anderen wissenschaftlichen Einrichtungen gepflegt (bspw. mit dem 2012 gegründeten Weltethos-Institut an der Universität Peking) und externe Wissenschaftler im In- und Ausland unterstützt. Im Jahr 2012 entsteht an der Universität Tübingen außerdem ein Weltethos-Institut, das ebenfalls von der Stiftung Weltethos getragen und verantwortet wird. Schwerpunkt dieses Instituts ist die wissenschaftliche, gleichwohl praxisorientierte Beschäftigung mit Fragen der Wirtschaftsethik und der interkulturellen Pädagogik durch Forschung und Lehre, Kooperationsprojekte mit der Wirtschaft oder öffentliche Veranstaltungen.

Die Weltethos-Ausstellung wird vielfach in Schulen gezeigt und im Unterricht behandelt

Die Bildungsarbeit besteht insbesondere in
• Lehr- und Vortragstätigkeit zur Verbreitung der erarbeiteten Forschungsergebnisse, insbesondere der Ideen eines grundlegenden, allen Menschen gemeinsamen Ethos, eines Weltethos, in Kirchen- und Moscheegemeinden, Volkshochschulen, Akademien, Schulen, Hochschulen, Verbänden, Parteien, unterschiedlichsten Interessengruppen, national und international;
• Fortbildung Interessierter durch Tagungen, Vorträge, Workshops oder (universitäre) Seminare zur Vertiefung der Weltethos-Thematik;
• Öffentlichkeitsarbeit im Dienst eines Weltethos mit Hilfe der Medien (Zeitungsartikel, Interviews, Rundfunk- und Fernseharbeit – bspw. die siebenteilige Fernsehserie »Spurensuche: die

Weltreligionen auf dem Weg«); eine besondere Rolle kommt ferner der Wanderausstellung »Weltreligionen – Weltfrieden – Weltethos« zu, die in mehreren Sprachen rund um den Globus Tausende Menschen erreicht; primär für junge Menschen wurde zudem die interaktive Internet-Lernplattform A Global Ethic Now! entwickelt.

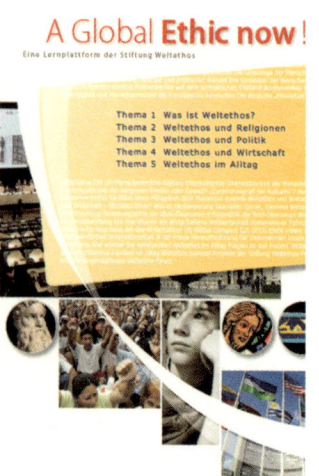

Interreligiöse und interkulturelle Begegnungen werden gefördert, indem bspw. entsprechende gesellschaftliche, politische oder kulturelle Initiativen angeregt und unterstützt werden, z. B. ›vertrauensbildende Maßnahmen‹ zwischen Religionsgemeinschaften, Kolloquien, Studienreisen oder Kongresse. Ferner werden Netzwerke interkultureller und interreligiöser Beziehungen zur Förderung eines globalen Ethos ausgebaut.

RESÜMÉE

Mit ihren vielfältigen Publikationen und Aktivitäten, mit Vorträgen und Ausstellungen, mit Lehrmaterialien und interaktiven Internetauftritten, durch Tagungen oder Fortbildungsveranstaltungen u. a. m. trägt die Stiftung Weltethos inzwischen in etlichen Ländern weltweit, vor allem aber im deutschsprachigen Raum zur Verbreitung der Idee eines gemeinsamen, dem Frieden dienenden Ethos bei – eines Ethos, dem religiöse wie nichtreligiöse Menschen gleichermaßen zustimmen können. Dabei ist sie auf unterschiedlichsten gesellschaftlichen und politischen Ebenen aktiv, wird in den verschiedenen Religionsgemeinschaften eben-

Im Dialog miteinander, in der Begegnung zwischen Religionen, kann Vertrauen wachsen. Und im gemeinsamen Willen, zur Entschärfung beizutragen, kann das Projekt Weltethos große Dienste leisten.
Margot Käßmann, Landesbischöfin a. D. 2007

so wahrgenommen wie in Schulen und Hochschulen. Dadurch erreicht die Weltethos-Idee gleichermaßen achtjährige Grundschüler und die Diplomaten in der UNO-Generalversammlung, Studenten und religiöse Autoritäten, Christen und Muslime, die interessierte Öffentlichkeit und Staatschefs, Wirtschaftsbosse und sogar Liebhaber klassischer Musik – wie im Oktober 2011 bei der Aufführung des Chor- und Orchesterwerkes »Weltethos« durch die Berliner Philharmoniker unter Sir Simon Rattle.

HANS KÜNG

Hans Küng, geboren 1928 in Sursee/Schweiz, studierte Philosophie und Theologie an der Universität Gregoriana in Rom, an der Sorbonne und am Institut Catholique in Paris.

Von 1960 bis zu seiner Emeritierung 1996 war Küng Professor für Ökumenische Theologie und Direktor des Instituts für Ökumenische Forschung an der Universität Tübingen. Gastprofessuren führten ihn nach New York, Basel, Chicago, Ann Arbor/Michigan und Houston/Texas. Ihm wurden zahlreiche Auszeichnungen sowie Ehrendoktorate verschiedener Universitäten weltweit verliehen.

1962–1965 war Küng auf Ernennung durch Papst Johannes XXIII. als offizieller theologischer Berater am Zweiten Vatikanischen Konzil tätig. Vor allem wegen seiner Infragestellung der Unfehlbarkeit des Papstes wurde ihm 1979 vom Vatikan die kirchliche Lehrbefugnis (Missio) entzogen, blieb jedoch katholischer Priester. Von ihrer Gründung 1995 bis März 2013 ist Professor Küng Präsident der Stiftung Weltethos (Tübingen und Zürich), seither ihr Ehrenpräsident.

Er entwarf die ›Erklärung zum Weltethos‹ des Parlaments der Weltreligionen 1993, sowie 1997 den Vorschlag des InterAction Council für eine ›Allgemeine Erklärung der Menschenpflichten‹. 2001 wurde Küng zusammen mit Richard von Weizsäcker von UN-Generalsekretär Kofi Annan in eine ›Gruppe hochrangiger Persönlichkeiten‹ berufen, die für die Vereinten Nationen das Manifest »Crossing the Divide. Dialogue among Civilizations« (dt. »Brücken in die Zukunft«) verfasste.

Hans Küng ist Mitherausgeber mehrerer Zeitschriften und Verfasser dutzender Bücher, die in zahlreiche Sprachen übersetzt wurden. Unter den zahlreichen Ehrungen ist der Niwano-Friedenspreis (2005) hervorzuheben, die höchste Auszeichnung für religionsbasierte Friedensakteure.

WEITERFÜHRENDE INFORMATIONEN:

- Über die Geschichte, Ziele und Arbeit der Stiftung Weltethos finden sich ausführliche Informationen auf deren homepage unter www.weltethos.org.
- Neben zahlreichen Materialien steht dort auch die ›Erklärung zum Weltethos‹ in 16 verschiedenen Sprachen zum Download. Alle weiteren Publikationen der Stiftung Weltethos (einschließlich der Ausstellungsposter) und von Hans Küng können ebenfalls über die Homepage im Online-Shop erworben werden.
- Die interaktive Weltethos-Lernplattform vermittelt in zahlreichen Film- und Tondokumenten die Inhalte des Projekts Weltethos: www.global-ethic-now.de.
- Das 2012 gegründete Weltethos-Institut an der Universität Tübingen hat einen eigenen Internetauftritt unter www.weltethos-institut.org.

QUELLEN:

Bauschke, Martin 2010: Die Goldene Regel. Staunen – Verstehen – Handeln. Berlin: EB-Verlag.

Küng, Hans 2012: Handbuch Weltethos. Eine Vision und ihre Umsetzung. München: Piper.

Küng, Hans 2003: Projekt Weltethos. München: Piper (Neuauflage).

Küng, Hans (Hg.) 2002: Dokumentation zum Weltethos. München: Piper.

Küng, Hans 1997: Weltethos für Weltpolitik und Weltwirtschaft. München: Piper.

Küng, Hans / Kuschel, Karl-Josef (Hg.) 1993: Weltfrieden durch Religionsfrieden. Antworten aus den Weltreligionen. München: Piper.

Küng, Hans / Senghaas, Dieter (Hg.) 2003: Friedenspolitik. Ethische Grundlagen internationaler Beziehungen. München: Piper.

Schlensog, Stephan / Lange, Walter (Hg.) 2011: Weltethos in der Schule. Loseblattsammlung im Ordner, 3. erw. Auflage. Tübingen: Stiftung Weltethos.

BILDNACHWEIS

Seite 10: © picture alliance / AP / (Suzanne Plunkett)

Seite 11: Nähere Informationen zu Hintergrund, Vorgehen und Aktionen dieser interreligiösen Friedensinitiative unter www.religionenaufdemwegdesfriedens.de.

Seite 12: © Walter L. Buder

Seite 13: © Josef Gottscheber »Pepsch«

Seite 14: Rechteinhaber leider unbekannt

Seite 17: © epd-bild / Norbert Neetz

Seite 19: © woessner/toonpool.com

Seite 22: © picture alliance / Keystone

Seite 23: © maartenhoek – Fotolia.com

Seite 24: Hands across a divided Derry, © Peter Williams/WCC

Seite 25: © Uli Reinhardt / Zeitenspiegel

Seite 29: © ullstein-Bild/AP

Seite 30: http://www.berghof-foundation.org

Seite 31: www.banksy.co.uk

Seite 33: ullstein bild – The Granger Collection

Seite 34: © Erika Sulzer-Kleinemeier

Seite 35 + 36: © Martin Juen (Pressefotograf)

Seite 38: Kai von Appen »Kirche humaner als SPD-Senat«, erschienen auf www.taz.de am 02.06.2013, Foto: picture-alliance/dpa/dpaweb

Seite 39: © Diemut Meyer

Seite 43: Ruanda, © RETROSPECCIÓN

Seite 44: © Christoph Lang

Seite 45: © Barthese

Seite 44: © fotoagentur version-foto.de

Seite 47: ullstein bild – United Archives / 0061

Seite 49: http://www.berghof-foundation.org

Seite 50: http://heplev.wordpress.com/tag/friedenserziehung/

Seite 51: © NDR, Fotograf: Christian Papesch

Seite 53: www.kirchliche-dienste.de

Seite 54 oben: Projekt gegen Rassismus und Gewalt: http://www.neue-bremm-online.de/rechtsextremismus_heute/der_organisierte_rechtsextremismus.html

Seite 54 unten: © Björn Kietzmann

Seite 55 oben: www.kirchliche-dienste.de

Seite 55 unten: http://www.berghof-foundation.org

Seite 56: www.kirchliche-dienste.de

Seite 57: © ApuuliWorld / iStockphoto.com

Seite 58–60: © Jessie Bohr, privat

Seite 62 + 63 (oben): © Laurent Filoche

Seite 63 (unten): © Reiner Schwalme/toonpool.com

Seite 64: © mega herz

Seite 65: Bureau for Reconstruction and Development (BRD)– Afghanistan

Seite 67 + 68: www.gewaltfreihandeln.org

Seite 69: © Forum Ziviler Friedensdienst e. V. (forumZFD)

Seite 71: Thomas Oelerich, Agentur thanks-and-more / forumZFD

Seite 70: © theseoduke

Seite 73: © United Nations Photo / Eskinder Debebe

Seite 74 + 75: © Sierra Leone Fellowship of Evangelical Students (SLEFES)

Seite 77: © The Library of Congress

Seite 78: © Mustafavi Students Movement

Seite 79: Rechteinhaber leider unbekannt

Seite 80: www.tucsoncitizen.com

....

Stiftung
Weltethos

Interkulturelle und interreligiöse Forschung, Bildung und Begegnung

»Kein Friede zwischen den Nationen ohne Friede zwischen den Religionen!«

Mit diesem Satz unterstrich der Schweizer Theologe **Prof. Dr. Hans Küng** schon in den 1980er Jahren die **politische Bedeutung der Weltreligionen** und des **interreligiösen Dialogs.** Er wurde zur programmatischen Grundlage der von Hans Küng 1995 gegründeten **Stiftung Weltethos.**

Die Weltethos-Idee wirbt für einen **globalen Bewusstseinswandel im Ethos:** Menschen – ob weltweit, national oder lokal – sind für ein friedliches Zusammenleben und für ein gelingendes Handeln auf elementare ethische **Werte, Maßstäbe und Haltungen** angewiesen.

Solche Werte sind seit der Menschwerdung des Menschen überall auf der Welt entstanden und finden sich deshalb in allen großen religiösen und philosophischen Traditionen der Menschheit. Sie müssen also nicht neu erfunden, wohl aber den Menschen neu bewusst gemacht, sie müssen vor allem gelebt und weitergegeben werden.

Inspiriert von Hans Küngs Buch »Projekt Weltethos« verabschiedete 1993 das Parlament der Weltreligionen in Chicago die **»Erklärung zum Weltethos«.** Erstmals in der neueren Geschichte der Religionen verständigen sich dort Repräsentanten aller Weltreligionen auf Kernelemente eines gemeinsamen Menschheitsethos, eines **Weltethos:**

- das **Prinzip Menschlichkeit,**
- die **»Goldene Regel«** der Gegenseitigkeit,
- die Werte **Gewaltlosigkeit, Gerechtigkeit, Wahrhaftigkeit** und die **Partnerschaft von Mann und Frau.**

Die **Stiftung Weltethos** hat es sich zur Aufgabe gemacht, die **Grundlagenforschung** in Sachen Weltethos voranzutreiben und weltweit praktische Wege zur **Verbreitung** und **Umsetzung** dieser Prinzipien und Werte in unterschiedlichen Bereichen der Gesellschaft zu suchen.

www.weltethos.org

Weltethos, das ist die Vision eines globalen Bewusstseinswandels im Ethos.